《21世纪交通文化建设研究与实践》系列丛书

船检文化

李科浚　孙立成　主　编

图书在版编目（CIP）数据

船检文化/李科浚等主编.–北京：人民交通出版社，2009.12

（21世纪交通文化建设研究与实践系列丛书）

ISBN 978-7-114-07624-4

Ⅰ.船… Ⅱ.李… Ⅲ.船舶检验–运输企业–企业文化–中国 Ⅳ.F512.6

中国版本图书馆CIP数据核字（2009）第023205号

《21世纪交通文化建设研究与实践》系列丛书

书　　名：船检文化
著 作 者：李科浚　孙立成
责任编辑：张征宇　乔文平
出版发行：人民交通出版社
地　　址：（100011）北京市朝阳区安定门外外馆斜街3号
网　　址：http://www.ccpress.com.cn
销售电话：（010）59757969，59757973
总 经 销：人民交通出版社发行部
经　　销：各地新华书店
印　　刷：北京盛通印刷股份有限公司
开　　本：787×980　1/16
印　　张：16.75
字　　数：274千
版　　次：2009年12月第1版
印　　次：2011年3月第2次印刷
书　　号：ISBN 978-7-114-07624-4
印　　数：4001-5500册
定　　价：50.00元

《船检文化》编委会

总 序

国民之魂，文以化之；国家之神，文以铸之。“加强文化建设，明显提高全民族文明素质”，是党的十七大提出的实现全面建设小康社会奋斗目标的新要求。胡锦涛总书记在党的十七大报告中明确指出：“当今时代，文化越来越成为民族凝聚力和创造力的重要源泉、越来越成为综合国力竞争的重要因素，丰富精神文化生活越来越成为我国人民的热切愿望。要坚持社会主义先进文化前进方向，兴起社会主义文化建设新高潮，激发全民族文化创造活力，提高国家文化软实力，使人民基本文化权益得到更好保障，使社会文化生活更加丰富多彩，使人民精神风貌更加昂扬向上。”这不仅深刻阐明了兴起社会主义文化建设新高潮的重大现实意义和深远历史意义，更为新时期加强文化建设指明了方向和路径。

交通文化是社会主义先进文化的重要组成部分，是交通行业的灵魂，是实现交通又好又快发展的重要精神支柱。交通运输是支撑经济良性发展、促进社会全面进步的基础性、先导性产业和服务性行业，服务是其本质属性。基于这一认识，我们提出了“交通发展要服务国民经济和社会发展全局、服务社会主义新农村建设、服务人民群众安全便捷出行”，提出了“发展现代交通业，建设一个更安全、更通畅、更便捷、更经济、更可靠、更和谐的现代公路水路交通系统”。从文化的角度看，这也正是我们基于交通运输的本质属性和交通行业的神圣使命所作出的价值选择，是交通文化的核心内涵，是引导交通事业科学发展的价值导向，也是贯彻落实党的十七大关于加强社会主义文化建设的具体体现。

交通部党组高度重视文化建设工作。2006年全国交通工作会议明确提出：“努力建设具有鲜明行业特点和时代特征的交通文化，用文化和精神的力量凝聚全行业，使交通行业更加充满活力，不断开创交通事业发展的新局面。”2006年6月26日召开的全国交通行业精神文明建设工作会议更加明确地提出：“加强交通文化建设，努力增强行业软实力”，力争文化建设在今后五年内取得明显进展。随后，部印发了《交通文化建设实施纲要》，对交通文化建设的指导思想、目标任务、工作原则和工作措施作出了具体安排和部署。这是交通部颁布的第一个有关交通文化建设的重要文件，它强调新时期交通文化建设要深入贯彻科学发展观和构建社会主义和谐社会的要求，建设具有鲜明时代特点和交通行业特色的精神文化、制度文化和物质文化；要以实践社会主义荣辱观为主线，以弘扬爱国主义为核心的民族精神和以改革创新为核心的时代精神为重点，大力加强精神文化建设；要在实践中加强探索和研究，系统总结交通文化建设的丰硕成果，确立符合先进文化前进方向和交通事业发展要求的交通行业的核心价值体系；要实施"五个一工程"，即形成一批交通文化研究成果，提炼一种交通精神，征集确定一个交通行业徽标，创作一批交通文艺作品，完善一批交通博物馆，将全行业文化建设提高到一个新水平，全面增强交通文化的吸引力和感召力，不断增强交通行业的凝聚力，提升交通行业的影响力，提高交通发展的软实力，为交通事业又好又快发展营造良好的文化环境。

为全面深入推进交通文化建设工作，2006年11月部务会议研究决定成立了交通文化建设研究工作指导委员会，按照行业文化、系统文化、专业文化、组织文化四个层次，分别成立了交通行业文化建设研究总课题组和公路文化、道路运输文化、交通规费征稽文化、港口文化、海事文化、救捞文化、船检文化、航海文化、廉政文化、公路执法文化、长江航运文化、交通公安文化、路文化、桥文化、车文化、站文化、船文化、航标文化、航道文化、交通行政机关文化、交通企业文化和交通事业单位文化等22个子课题组，由行业内有一定研究基础、有积极性、有较好的支撑条件、具有代表性的部门或单位牵头，并邀请文化学、管理学、社会学等方面的专家学者共同参与，按照力求出精品的要求，系统地开展了交通文化研究工作。经过广大研究人员一年多的辛勤劳动和艰苦努力，研究工作进展顺利，取得了一批可喜的研究成果。出版这套多卷本的《21世纪交通文化建设研究与实践》系列丛书，是交通文化建设研究成果的重要组成部分。丛书从多个层面、多个领域系统地总结了交通文化源远流长的发展历史、积淀丰厚的特色文化、形式多样的实践活动、绚丽多彩的建设成果。"系统文化"侧重于交通行业不同系统的特色文化研究，重点提炼和阐述了各系统具有系统特色的价值理念；"专业文化"侧重于不同专业领域的特色文化研究，重点收集、挖掘和整理了交通行业物质文化成果；“组织文化”侧重于交通行业不同组织的特色文化研究，重点梳理、凝炼和展示了各类交通组织的特色价值理念、行为规范和形象标识。整个研究工作坚持以社会主义核心价值体系为指导，将“铺路石”、“航标灯”等交通行业传统精神与包起帆、许振超、陈刚毅等先进典型所展现的时代精神有机结合，在建设交通行业核心价值理念体系方面做了积极探索。

交通文化建设是一项长期性、系统性、复杂性的工作，既要整体部署，又要稳步推进。近年来，尤其是实施《交通文化建设实施纲要》以来，全行业日益重视交通文化建设，注重丰富交通发展的文化内涵，取得了一些有行业特点和时代特征的文化成果，涌现了青岛港、天津港等一批优秀企业文化建设单位和青岛交运集团“情满旅途”、南京长途汽车站“爱心始发站”等一批知名服务品牌，形成了南京交通局“交通文化通论”等一批理论研究成果。《21世纪交通文化建设研究与实践》系列丛书的出版发行，对于全国交通行业深入贯彻落实党的十七大精神，兴起交通文化建设新高潮，进一步提高交通行业凝聚力和战斗力，推动交通事业又好又快发展，切实做好“三个服务”，必将起到重要的推动作用。

交通部部长 李盛霖

二〇〇七年十二月十三日

导论

交通为人员流动和物资流通提供基础条件，为人和物的空间位移提供运输服务，是支撑经济良性发展、促进社会全面进步的基础性产业和服务性行业。交通是一个古老而年轻的行业，自农业社会到工业社会以至信息社会，交通就一直伴随着人类文明的发展而演进，并构成人类文明的重要组成部分。中国是一个具有悠久历史的文明古国，在延绵数千年的文明进程中，曾造就了其他文明古国概莫能及的相对发达的交通体系；新中国成立后，中国交通事业进入一个崭新的发展阶段，经过近60年的建设尤其改革开放近30年的建设，交通发展在数量规模、质量水平和结构层次等方面都发生了翻天覆地的变化，取得了举世瞩目的成就，已跻身世界交通大国之列，正朝着世界交通强国迈进。中国交通发展的历史伟绩和现代成就为中华文明和世界文明做出了重大贡献，与此同时，在这个历经风雨的漫长岁月中，勤劳智慧的中华民族创造了与历史俱进、与时代同步的丰富多样、绚丽多彩的交通文化，为中华文化和世界文化的不断发展增添了更加丰富的内涵和更为亮丽的色彩。

一、交通文化的概念

理解交通文化的概念需先考查文化的概念。关于“文化”一词，长期以来，国内外一直没有形成统一的定义。但是，人们对文化内涵的解释还是存在共识，一般认为：文化是人类在社会历史发展过程中不断创造的各种精神财富、制度体系和物质财富的总和，其核心内容是人类创造各种精神财富、制度体系和物质财富所秉持的或反映出的价值理念。这是人们对社会主文化内涵所作的解释。基于这一认识，人们于是对隶属于社会主文化的各种亚文化的概念也做出了界定，如组织文化、系统文化和行业文化等。

交通文化也是隶属于社会主文化的一种亚文化，交通文化建设的理论渊源是文化人类学。对于交通文化的概念，可以根据社会主文化概念的核心内容和基本要素作出界定：交通文化是交通行业在长期的交通建设、运输和管理实践中逐步形成并不断发展的为广大交通员工所普遍认同并付诸实践的具有鲜明行业特点和时代特征的价值理念，是交通行业各种精神文化、制度文化和物质文化的总和，是交通发展的重要成果，是交通文明的重要结晶。其中，精神文化是交通行业的核心文化，是交通行业纲领性的核心思想，是指导交通发展的核心价值；制度文化是交通行业的浅层文化，是交通行业制定并执行办事规程、道德规范和行为准则所秉承的价值理念；物质文化是交通行业的表层文化，是交通行业生产物质实体、展现外在形象所秉承的价值理念。对于这一概念，可从以下角度进一步理解其内涵：

交通文化的核心内容是价值理念。价值理念属于意识形态或思想认识范畴，体现为交通行业对交通发展所秉持的态度、所采取的方式和所表现的行为，为交通发展所倡导的精神、所制定的规范和所树立的形象，这些态度、方式和行为都自觉或不自觉地反映了交通行业所秉承的价值理念，从而形成了交通文化。

交通文化的本质要求是强调实践。交通文化是交通行业普遍认同并付诸实践的价值理念，其突出强调价值理念的实践性，强调所倡导的价值理念要得到普遍认同和真正落实，要使之内化于心、固化于制、外化于形，从而在交通建设、运输和管理实践中发挥出实际的作用，为交通发展提供精神动力、制度保障和物质基础。

交通文化的层次定位是行业文化。从价值理念的从属主体来看，有国家的、民族的、组织的和个人的价值理念等，交通文化则属于整个交通行业的价值理念。因此，交通文化是对整个交通行业各部门、各单位价值理念的提炼与整合，代表了交通行业从业人员的主流思想，代表了整个行业广泛认同和普遍接受的价值理念。

交通文化的鲜明个性是交通特色。交通文化是交通行业的特色文化。各个行业的特色文化在其形成和发展过程中，虽然受到整个国家、民族的价值理念的影响，但各个行业生产特征、服务要求和管理模式存在很大差异，其价值取向也必然存在较大差异。交通作为经济社会发展的基础性产业和服务性行业，其所秉承的价值理念自然也有别于其他行业，从而有其自身鲜明的个性特色。

二、交通文化的特点

不同行业有其各自的结构形态和嬗变沿革，以及不同的静态表征和动态特征，因而体现出与之相对应的文化体系特点。从这方面考察，交通文化具有多样性、层次性、传承性、时代性等突出特点。

交通文化的多样性。交通行业由多个系统、多种专业、多种组织构成。从职能范围看，交通行业主要有公路建设与管理、道路运输、规费征稽、港口、航运、海事、救捞、船检、公安等系统；从专业性质看，交通行业主要有公路、桥梁、车辆、站场、船舶、航标、航道等专业领域；从组织性质看，交通行业主要有行政机关、执法单位、交通企业和事业单位等组织。不同的系统、专业、组织都有其自身的生产特征、服务要求和管理模式，因而具有不尽相同的价值理念，从而形成了文化的多样性。交通文化的多样性，要求交通文化建设要充分考虑不同文化价值理念的个性与共性，整个行业的文化建设在价值理念的提炼和价值体系的整合上要兼收并蓄、博采众长，从而形成能为整个行业广泛认同并普遍接受的价值理念。

交通文化的层次性。按照交通行业的职能、专业和组织等分类，可将交通文化细分为交通系统文化、交通专业文化和交通组织文化，各组成部分按照某种秩序有机结合，呈现出一定的层次性。其中，行业文化是一个面，系统文化是一条线，组织文化是一个点，专业文化则可看作对系统文化的细分，因为公路、桥梁、车辆、站场、船舶、航标和航道等是隶属于各交通系统的物质实体。整个交通文化体系因此呈现出一种“点-线-面”式的层次特征。各层次文化所秉承的价值理念具有内在的联系，一般来说，上层文化价值理念是对下层文化价值理念的归纳，上层文化更为抽象，下层文化更为具体。交通文化的层次性，要求提炼、整合交通行业的价值理念要自下而上、由点到面，逐层归纳，从而形成具有深厚基础的价值理念。

交通文化的传承性。交通文化形成于交通发展的实践，并随着交通的发展而发展。交通发展过程就是交通文化形成的过程，交通发展的历史沿革就是交通文化的传承沿革。交通发展在不同时期面临着不同的发展任务和发展条件，因而有着不同的价值理念和文化内涵。传承是发展的基础。交通文化的传承性，要求用历史唯物主义和辩证唯物主义的观点和方法去认识交通文化，从源远流长、积淀丰厚的发展历史中发掘、提炼交通文化的价值理念元素，充分吸收传统文化的合理成分，进而将交通行业优良的传统文化发扬光大。

交通文化的时代性。中国乃至世界交通发展都已进入新的阶段，快速推进中的中国交通现代化要求坚持科学的价值理念，发展先进的交通文化，以此促进交通事业又好又快发展。因此，建设交通文化，必须坚持先进文化前进方向，在传承交通传统文化的基础上，充分融入现代意识，不断丰富和发展其科学内涵，确立具有时代特征的价值理念，发展具有现代意识的物质文化、制度文化和精神文化体系。

三、交通文化的功能

交通文化的作用集中体现在“内聚人心、外塑形象”两个方面，具有凝聚、导向、激励、约束、外塑和辐射等基本功能。认识这些基本功能，是认识交通文化的建设目的与建设意义的基础。

交通文化的凝聚功能。交通文化所倡导的价值理念一旦为整体行业认同并接受，就成了千百万从业人员共同的理想与追求，进而以其强大的粘合力，从各个方面将整个行业及其成员聚合起来，形成巨大的向心力和凝聚力，形成强烈的集体意识与团队精神，为实现共同的理想与追求而齐心协力、共同奋斗。

交通文化的导向功能。交通文化所倡导的价值理念是整个行业的共同理想和共同追求的集中反映，代表了千百万交通人的主流思想和主流意识。这种共同的理想和追求，通过教育和灌输，会引导行业的个体与群体在思想、观念上做出调整，使其与整个行业所确立的价值取向保持一致，从而起到一种导向作用。

交通文化的激励功能。交通文化建设的核心要旨是以人为本、以文化人，强调确立共同的理想、营造和谐的氛围。这些都有利于增强各部门、各单位干部职工的使命感和责任感，激发干部职工的积极性和创造性，使广大干部职工乐于参与交通建设，乐于发挥聪明才智，为实现共同理想、实现自身价值而做出努力。

交通文化的约束功能。交通文化一旦形成，就建立了自身系统的价值理念，就为行业整体及其成员明确了价值取向，同时也确立了道德规范和行为准则，从而对行业整体及其成员起到一种约束作用。但是，这种约束具有自觉性，是一种软约束，这种软约束产生于整个行业的文化氛围，使各个成员产生共鸣，继而达到自我控制。

交通文化的外塑功能。交通行业特色文化所倡导并实践的价值理念是交通行业的旗帜，旗帜就是形象，这种形象包括理念形象、行为形象和视觉形象。这些形象是社会公众了解和评价交通行业的标志和表征。因此，交通文化具有外塑形象的重要功能。

交通文化的辐射功能。交通文化的辐射功能主要体现在所倡导并实践的价值理念通过外化而为广大社会公众所了解、所感受，会影响整个社会价值理念的形成与发展，从而使交通文化成为社会主文化的生长点和贡献源，为社会主义文化大发展、大繁荣做出贡献。

四、交通文化的载体

凡文化均有其价值理念的承载体或附着体。人类通过劳动创造文化。人类的劳动作用于自然形成物质文化，作用于社会形成制度文化，作用于人类自身形成精神文化。交通文化的载体主要包括主体载体、组织载体、制度载体和物质载体等。从根本上说，建设交通文化就是建设和优化这些载体。

主体载体。交通行业从业人员是交通行业的主体，自然也是交通文化的主体。交通行业从业人员既是交通行业价值理念的倡导者和实践者，也是交通行业价值理念的承载者和传播者。交通文化说到底是交通人的文化，是交通人的思想意识和价值取向。建设交通文化，要注重人的决定性因素，突出人的主体性地位，一是注重发掘广大从业人员的价值理念元素，确立具有深厚群众基础的价值理念体系；二是注重依靠广大从业人员建设交通文化，践行价值理念；三是注重通过文化建设来提升广大从业人员的综合素养，运用文化的力量来增强从业人员的凝聚力和向心力，激发交通从业人员的积极性和创造性。

组织载体。交通行业的行政机关、事业单位和交通企业等各种组织，既是交通行业的基本单元，也是交通文化建设的基本单元。这些组织作为交通文化的载体，与文化的内在联系主要体现在以下几个方面：一是组织内涵反映组织文化的性质。组织内部共同的目标追求、一致的价值取向、和谐的分工合作都是文化使然，其既是文化作用的结果，也是文化自身的表征。二是组织结构体现组织文化的个性。组织结构决定了组织内部的职责关系，其选择和形成受到组织文化的影响，并反作用于组织文化，从而使得不同的组织结构体现出不同的文化个性。三是组织功能体现组织文化的要求。组织的功能主要体现在整合人力资源、规范人的行为、满足人的需要，从而履行组织使命，实现组织目标，这些功能和作用与组织文化的功能和作用是一致的，正好体现了组织文化建设的目的和要求。建设交通文化，要求将组织建设作为重点内容，着力提升组织管理理念，改进组织管理方式，按照科学管理、规范管理的要求，优化组织的内部结构与协作关系。

制度载体。制度是要求组织成员共同遵守的办事规程、道德规范和行为准则。组织制度和组织文化之间关系十分密切。一方面，组织文化是组织制度制定与执行的重要决定因素，影响着组织制度的形成及其功效的发挥。组织制度是组织文化的产物，组织制度所具有的规范约束和激励作用等本身就体现了组织文化建设的直接目的和内在要求。这样，组织制度就成为了组织文化的重要载体，组织制定并执行各种办事规程、道德规范和行为准则都反映了组织文化所倡导的价值理念。另一方面，组织制度对组织文化的形成和发展也具有重要影响，有什么样的组织制度也必然会使组织成员表现出相应的处事态度和行为方式，从而营造相应的组织氛围、孕育相应的组织文化。建设交通文化，要求将制度建设作为重点内容，按照以人为本、科学管理的要求，以实现员工价值、规范员工行为为价值取向，着力健全组织内部的管理制度，推进制度创新与制度变革。

物质载体。物质载体是反映交通文化特色内容的重要载体和交通文化先进程度的重要标志。交通文化的物质载体主要包括以下几类：一是交通行业的生产资料，包括基础设施、运输装备及其支持保障系统，如公路、桥梁、车站、港口、航道、航标、车辆和船舶，办公场所、生产车间和服务场所等，这是交通生产力的物质基础，其外形特征、结构特点、技术价值、美学价值、历史价值、民族特色、地域特征、人文内涵及其社会经济意义等，是交通文明的重要标志，也是交通文化的重要特色所在。二是交通行业的形象标识，如各系统、部门和组织的徽标、着装和歌曲等，这也是交通文化的可感知性象征物，充分体现了交通文化的个性和风格。三是交通行业各种组织保障员工基本权益、提升员工综合素养的各种实体手段，如保健、卫生和安全等设施，技术培训、职业教育和文化教育等文化设施，这些也都充分体现了交通文化的个性和风格。建设交通文化，要求将物质载体建设作为重点内容，既要着力保证物质实体的经济社会意义，也要着意丰富物质实体的技术价值、美学价值、历史价值、民族特色、地域特征和人文内涵，着力提升交通行业的外在形象。

五、交通行业的价值体系

交通文化建设坚持社会主义先进文化前进方向，用马克思主义中国化最新成果武装和教育广大干部职工，用中国特色社会主义共同理想凝聚力量，用以爱国主义为核心的民族精神和以改革创新为核心的时代精神鼓舞斗志，用社会主义荣辱观引领风尚。经过长期的探索与实践，交通行业逐步形成了具有鲜明行业特色和时代特征的交通精神文化、制度文化和物质文化，形成了实践证明对于引导交通事业快速发展、科学发展、和谐发展具有重要指导作用的价值体系。

（一）行业使命：发展现代交通，做好“三个服务”

发展现代交通，促进民富国强，是国家和人民赋予交通行业的神圣使命。交通是支撑经济良性发展、促进社会全面进步的基础性产业和服务性行业，是促进经济增长、优化产业布局、改善人民生活、保障国家安全、维护社会稳定的基础条件和重要依托。交通发展的主要任务是发展现代交通业、实现交通现代化，根本目的是促进人民富裕、实现国家强盛。在目前及今后相当长时期内，交通行业围绕履行这一使命，必须把握世界交通发展的总体趋势和我国交通发展的阶段特征，着力调整交通结构、转变发展方式、推进自主创新、完善行业管理，加快推进交通由传统产业向现代服务业转型，努力提高做好“三个服务”（服务国民经济和社会发展全局，服务社会主义新农村建设，服务人民群众安全便捷出行）的能力和水平。

（二）共同愿景：建设一个更安全、更通畅、更便捷、更经济、更可靠、更和谐的现代化公路水路交通运输系统，实现人便于行、货畅其流，让人们享受高品质

的运输服务，让经济社会发展更加充满活力，让交通与自然、交通与社会更加和谐。

交通行业致力于建设一个更安全、更通畅、更便捷、更经济、更可靠、更和谐的现代化公路水路交通运输系统，体现了交通行业基于自身使命而对未来交通发展愿望与发展前景的美好憧憬，对未来交通发展目标与发展效果的理想追求，是交通行业重要的价值取向。为实现这一愿景，一代代交通人前赴后继，作出了艰苦卓绝的不懈努力，取得了举世瞩目的巨大成就，交通事业各个方面不断地实现了历史性突破和跨越式发展。目前，公路主骨架、水运主通道、港站主枢纽和支持保障系统建设全面推进，高速公路、特大桥梁、长大隧道和专业码头建设快速发展，万车竞发、百舸争流的繁荣景象已经初步形成，货畅其流、人便于行的良好效果已经日益显现，现代化公路水路交通运输系统已经初具规模，更加宏伟的发展目标正在又好又快地大力推进之中，交通发展的美好愿景必将成为现实。

（三）交通精神：艰苦奋斗、勇于创新，不畏风险、默默奉献

交通精神是民族精神和时代精神在交通实践中的生动体现，是对交通行业先进典型精神内核的高度概括，是交通行业广大从业人员共同创造的精神财富，是交通行业履行自身使命、实现共同愿景的强大动力，代表了交通行业广大从业人员的思想意志和精神风貌。交通精神的核心要素是“艰苦奋斗、勇于创新，不畏风险、默默奉献”。

艰苦奋斗是交通行业的优良传统。立足我国建设任务繁重、经济基础薄弱的基本国情，交通行业各条战线广大员工，本着高度的使命感和责任感，始终保持勤俭节约、艰苦朴素、拼搏进取、努力奋斗的优良传统，大力推进我国的现代化交通建设，确保交通发展的质量、效益和效率，创造了无数可圈可点的光辉业绩，涌现了以“一代人要有一代人的作为、一代人要有一代人的贡献、一代人要有一代人的牺牲”的“青岛港精神”，“胸怀祖国、热爱边疆的爱国精神，刻苦钻研、勤奋好学的进取精神，不懈探索、敢于突破的创新精神，恪尽职守、忘我工作的敬业精神，淡泊名利、清正廉洁的自律精神，生命不息、奋斗不止的拼搏精神”这一“刚毅精神”，以及“勇闯新路、改革进取的精神，干字当头、艰苦奋斗的精神，遵纪守法、诚实劳动的精神，领导干部以身作则、吃苦在前、享受在后的精神”这一“华铜海精神”等为代表的彰显艰苦奋斗精神的先进典型。

勇于创新是交通行业的时代追求。锐意进取、勇于创新，是交通行业在长期的改革与发展实践中不断适应新的形势变化和发展要求，有效解决突出矛盾和问题，不断取得重大进展与突破的成功经验。长期以来，交通行业抓住机遇、与时俱进，

注重理念创新、科技创新、体制机制创新和政策创新，为实现交通事业又好又快发展提供不竭动力，涌现了以 “报效祖国，服务人民的主人翁精神，立足本职、追求卓越的敬业精神，求真务实、勇攀高峰的科学精神，锲而不舍、勇于拼搏的进取精神，团结协作、淡泊名利的团队精神”这一“起帆精神”，“爱岗敬业、无私奉献的主人翁精神，艰苦奋斗、努力开拓的拼搏精神，与时俱进、争创一流的创新精神，团结协作、互相关爱的团队精神”这一“振超精神”，“恪尽职守、忘我工作的敬业精神，立足岗位、刻苦自励的拼搏精神，敢为人先、勇攀高峰的创新精神，凝心聚力、团结协作的团队精神”这一“孔祥瑞精神”，以及“凝心聚力的和谐意识，拼搏奉献的创业精神，敢为人先的创新精神，追求卓越的创优精神”这一“润阳大桥精神”等为代表的凸显勇于创新精神的先进典型。

不畏风险是交通行业的突出意志。交通建设逢山开路、遇水架桥，车辆行驶于陡峭险峻的群山之间，船舶航行于风急浪高的水面之上，无不存在一定风险，正所谓“行船走马三分险”。长期以来，中国航海者面对风浪惊涛的海洋环境和突如其来的各种困难，总是勇往直前、镇静应对、精诚协作，圆满完成国家和人民交付的各项运输任务，彰显了“乘风破浪、不畏艰险、同舟共济”的“航海精神”。尤其，在发生海上安全事故的情形下，我国海上搜救队伍更是凭藉精湛的技能和过人的胆略，不顾个人安危，及时赶赴现场，全力施行搜救，确保人民生命与财产安全，凸显了“把生的希望送给别人、把死的危险留给自己”的“救捞精神”，是交通行业坚强意志力和大无畏精神的突出体现。

默默奉献是交通行业的真情付出。我国公路水路交通建设、运输和管理大多是在气候恶劣、地形复杂、人烟稀少的特殊条件下展开的，广大交通建设、运输和管理人员，无数的铺路工、养路工和航标工，寒来暑往、经年累月，不顾风吹雨打、不计名利得失，在平凡的岗位上、在艰苦的条件下，恪尽职守、真诚奉献，用宝贵的青春和人生，铺就了无数大道、送去了万家温暖、确保了万家平安，留下了无数可歌可泣的感人事迹，涌现了以“为人民服务到白头”的“小扁担精神”，“爱岗敬业、默默奉献”的“铺路石精神”，“燃烧自己、照亮别人、奉献社会”的“航标灯精神”，“尚法弘德，为民负责，执法为民，服务社会”的“海事精神”，以及“尽职在岗、奉献在船”的“孙彪精神”等为代表的凸显默默奉献精神的先进典型。

(四) 职业道德：爱岗敬业、诚实守信、服务群众、奉献社会

交通行业开展职业道德建设，坚持用社会主义荣辱观引领风尚，按照《公民道德建设实施纲要》的要求，大力倡导并努力践行以“爱岗敬业、诚实守信、服务群

众、奉献社会”为主要内容的职业道德，为交通事业又好又快发展提供有力的制度保障。

爱岗敬业是职业道德的基础。爱岗敬业要求从业人员干一行、爱一行、精一行。交通行业为全社会提供交通基础设施和客货运输服务，交通工程建设关乎百年发展大计，客货运输服务涉及广大公众利益，从业人员首先要热爱本职工作、履行岗位职责，要结合岗位需要、立足岗位工作，加强业务学习、注重实践锻炼，不断提高个人综合素质，在工作中恪尽职守、精益求精，为保证工程建设和运输服务质量作出自己应有的贡献。

诚实守信是职业道德的精髓。诚实守信要求从业人员做到诚实、诚恳，讲信义、守信用。交通行业倡导并实践诚实守信的职业道德，要着眼于切实解决交通、运输和管理中群众反映强烈、社会危害严重的突出问题，健全诚信机制，开展诚信教育，强化诚信意识，进一步推进“共铸诚信交通”实践活动，做负责任的行业、负责任的部门、负责任的岗位，努力提高整个行业的公信力和信誉度。

服务群众是职业道德的更高要求。交通行业本身是服务性行业，服务是交通的本质属性，做好服务是交通发展的突出主题。交通行业各部门、各单位广大员工要着力增强服务意识，努力提高做好服务的能力和水平。要继续开展文明行业、文明单位、示范窗口建设活动，大力推行热情服务、周到服务、规范服务，为人民群众提供更加安全、便捷、高效的优质服务。

奉献社会是职业道德的最高境界。交通作为经济社会发展的基础性产业和服务性行业，与社会生产和社会生活的各个方面息息相关，广大从业人员要将奉献社会作为职业道德建设的出发点和归宿，立足各自的本职工作，以宽广的胸襟和坦荡的胸怀，以自己的才华和汗水真情地反哺于人民、回馈于社会，在奉献中实现自我、发展自我。

六、交通文化建设的现实意义

大力推进交通文化建设，是交通行业深入贯彻落实科学发展观，促进交通事业全面发展的重要方面。党的十七大报告指出：深入贯彻落实科学发展观，要按照中国特色社会主义事业总体布局，全面推进经济建设、政治建设、文化建设、社会建设，促进现代化建设各个环节、各个方面相协调；推动社会主义文化大发展大繁荣，要坚持社会主义先进文化前进方向，兴起社会主义文化建设新高潮，提高国家文化软实力。大力推进交通文化建设，就是要确立符合先进文化前进方向和交通事业发展要求，具有鲜明行业特点和时代特征的价值体系，并付诸交通发展实践，提升交通文化软实力，为实现交通又好又快发展提供精神动力、制度保障和物质基础。

建设交通文化有利于确立共同理想，树立共同目标，进一步增强发展现代交通的使命感和责任感。理想就是信念，理想就是旗帜。交通文化建设大力倡导并努力践行建设一个更安全、更通畅、更便捷、更经济、更可靠、更和谐的现代化公路水路交通运输系统，致力促进人民富裕、实现国家强盛，这些核心价值一旦为交通行业各部门、各单位干部职工所接受，就成了广大交通员工共同的理想和信念，成了统一干部职工思想认识的旗帜和标杆，进而增强广大交通员工的使命感和责任感，引领广大交通员工为发展现代交通、促进民富国强而自强不息、奋斗不止。

建设交通文化有利于继承优良传统，弘扬时代精神，进一步提高做好“三个服务”的能力和水平。交通精神是交通行业的灵魂。交通文化建设大力倡导并努力践行以“艰苦奋斗、默默奉献、不畏风险、勇于创新”为核心要素的交通精神，是交通行业继承优良传统、体现时代要求，努力做好“三个服务”的精神追求和强大动力。建设交通文化，弘扬交通精神，就是要宣传先进典型，弘扬浩然正气，以此激发广大交通员工的积极性和创造性，使之成为不断提高做好“三个服务”的能力和水平的强大动力。

建设交通文化有利于凝聚行业力量，提升行业形象，进一步增强构建和谐交通的凝聚力和影响力。交通文化建设按照以人为本的核心要旨，在精神文化、制度文化和物质文化等各个层面，大力倡导并努力践行交通发展的事业追求和社会责任，努力实现好、维护好、发展好用户利益、公众利益、员工利益。这些价值取向，既是一种宣示，更是一种承诺，其所体现的人本主义和人文关怀，有利于改善交通行业的内在氛围、提升交通行业的外在形象，改善行业内外的关系，提高交通行业的凝聚力和影响力，从而提升交通发展的软实力，促进交通事业又好又快发展。

（执笔人：王先进　刘卫民　顾枫　李春　樊东方　毕仁忠　邱曼丽　刘利　张榕榕）

前 言

当今世界，文化与经济相互交融，文化在综合国力竞争中的地位和作用越来越突出。经济发展的过程，可以说是一个文化发展的过程。美国历史学家戴维•兰德斯在《国家的穷与富》一书中指出：“如果经济给了我们什么启示，那就是文化乃举足轻重的因素。”一个国家如此，一个行业和一个企业的发展也是如此。IBM咨询公司对世界500强企业的调查表明：这些企业都有优秀的企业文化，它们的技术创新、体制创新和管理创新植根于优秀而独特的企业文化。美国哈佛商学院通过对世界各国企业的长期分析研究得出结论：一个企业本身特定的企业文化是影响企业业绩的深层重要原因。一个组织光有坚硬的物质积累而没有丰富的文化内涵，或者光有华丽的外表，而没有雄厚的物质基础，都必将走向失败。前者败在文化的缺乏，后者败在没有把文化转化成有效的生产力来强化物质基础。世界船检事业的发展和中国船检的实践已经证明并将继续证明这一点。

船舶检验即指验船机构对船舶进行的技术检验，其目的是促使船舶具备安全航行的技术条件。从公元前11世纪中国的周武王设立“舟牧”或“苍兕”，并建立“五覆五反”的检验制度，到作为世界船检事业里程碑的18世纪欧洲的简易船舶检验，再到21世纪的大船检理念，船检事业的发展已经今非昔比，百尺竿头，跃上层楼。在促使船舶具备安全航行的技术变革上，现代船检人致力于研制规范，进行有关安全和环保技术的第三方公正检验、认可、认证、评估，还承担监理、监造、公证和咨询，甚至派生出工业服务和司法服务等。

在船检实践的基础上，形成了具有国际性、公益性、公正性和创新性的船检文化。船检文化是船检人生产生活方式的文化表达，是现代海洋文化的子文化，是船检实践的观念体现。船检文化在其展开过程中形成了精神层、制度层、物质层三个层面。船检文化的精神层面相当于航母的核动力中枢，它规定着组织的核心价值目标、组织哲学、组织精神和组织道德；船检文化的制度层面主要以体制、机构和管理来塑造员工的行为，把制度内化于人们的信念与价值追求；船检文化的物质层面是以服务产品、视觉符号、传播载体和品牌标志为主体来扩大组织的冲击力与影响力，强化组织成员的自我认同和价值归属。

200年来，世界船检文化经历了奠基、融合和升华三个发展阶段。在工业革命后，世界各航运发达国家纷纷建立起本国的船检组织，各国船检组织各自独立地进行着物质文化、制度文化和精神文化的探索和构建。20世纪30年代，为适应航运和造船的迅速发展需要，世界各国的船检行业开始加强协作，并成立船检人的世界性组织——国际船级社协会。20世纪90年代以来，随着经济全球化迅速发展，国际产业分工持续深刻变化，产业格局大幅调整，安全、环保、安保和高效航运新要求也顺应而生。世界船检文化的规范化和制度化程度不断提高、世界船检机构间的合作与竞争意识不断深化、世界船检行业的科研规范化和信息取得长足发展。世界船检文化是特殊性文化与普遍性文化逐步融合发展的结果，它反映着世界政治经济格局的变化，体现了船检行业实践同船检文化之间的作用和反作用，在交融与博弈中与其他文化相互渗透相互促进，并使船检组织的文化自觉程度越来越高。

60年来，新中国船检文化经历了初创、成长和壮大三个阶段。新中国成立以后，中国船检文化以分散管理为制度特点，以支持社会主义建设为核心，形成了具有强烈的技术监督导向的安全文化。改革开放以来，体制机制的改革推动中国船检文化的整合，全方位的对外开放使中国船检组织与国际海事界以及世界发达国家的船检机构相互交融，中国船检文化体系初步形成。1998年以来，船检体制的深刻变革为船检文化发展带来新的契机，安全意识、质量意识、责任意识、环保意识和公正意识越来越成为中国船检文化的核心内容。中国船检文化在发展过程中始终坚持把船检文化的核心价值观与中国船检实际相结合，坚持把推动行业发展与提高员工素质相结合，坚持把发展船检文化与推动船检实践相结合，坚持把突出核心文化精神与文化全面发展相结合，坚持把吸收先进船检文化与发扬优秀民族文化相结合。

作为中国船检文化建设的先进代表，中国船级社在文化建设上科学实践，通过转换管理模式夯实文化建设的体制基础，强化员工队伍素质构筑文化建设的主体基础，完善传播方式打造文化建设的载体基础。中国船级社坚持以安全质量为核心、坚持以提升核心竞争力为目标、坚持世界先进船检文化与优秀传统文化相结合、坚持全员参与，形成了“技术立社、诚信为本”的建社方针和“与众不同、国际一流”的战略定位。

中国船检人顺应全球化浪潮，适应世界造船业发展，在借鉴世界船检文化优秀成果的基础上，在与世界船检文化的互动中，培育出中国特色的船检文化。中国特色的船检文化就是与中国经济发展同呼吸、与中国现代海洋文化共命运、与中国交通事业发展并腾飞、与环境相友好、与社会相和谐、与法律相衔接、与多方求共赢、与船检人相濡以沫的文化。推进中国特色的船检文化建设，需要建立共同的价值观，构筑合作与交流的互动平台，提升船检行业综合实力，不断整合精神、制度、行为与形象文化，推进诚信、质量、服务、和谐与创新建设，处理好利与义、制度与执行、人与物、短期与长期、愿景与实施的相互关系。

世界船检文化不只是历史，中国现代船检文化不只是纪念。中国特色船检文化的斑斓画卷等待船检人书写上世界一流的业绩，挥洒上青春中国的豪迈。

中国船级社总裁　李科浚

二〇〇八年十月

目　录

第一章 船舶检验的概况与属性

什么是船舶检验？船舶检验就是检验船舶吗？一般读者这种顾名思义的理解应该说有一定道理，但是不够全面准确。船舶检验即指验船机构对船舶进行的技术检验，其目的是促使船舶具备安全航行的技术条件。船舶检验的服务方式主要表现为：在规范研制的基础上，依据规范进行有关安全和环保技术的第三方公正检验、认可、认证、评估，以及监理、监造、公证和咨询等。其业务内容主要是规范提供、入级检验、法定检验、有关技术咨询服务，以及由第三方公正派生出的工业服务和司法服务等。

一、船舶检验概况

随着现代工业的迅猛发展和全球经济一体化，船舶检验行业已发展成为一个跨行业、跨国界的知识、技术高度密集的行业。除船舶领域外，船舶检验行业的业务范畴已延伸到海洋工程、工业产品、基础设施、船用配套产品、能源、食品等几乎无所不包的各个工业领域。从一些著名的国际船舶检验机构业务比重来看，非船领域的检验收入甚至已超过了业务总量的2/3。因此，已很难用一种单纯的定义界定船舶检验行业。

但是，从船舶检验行业的诞生和发展历程来看，我们仍然可以将这个行业称之为船舶检验。因为，即使船舶检验业在非船领域叱咤风云，但从根本上来说，其业务仍然建立在船舶检验制度基础之上。也就是说，船舶检验的陆上业务活动，其源于并且始终植根于海上业务的实践累积。

（一）国际船舶检验

在17世纪，海上贸易、运输和保险业相继兴起。由于当时运输和通信技术很不发达，海上运输虽然收益巨大，但是具有极大的风险。从事远洋运输的木质船舶不得不装载大炮以抗击猖獗的海盗，环球航行的船舶也远远不能与现在的万吨巨轮相比，因此当时的海洋远航仅仅依靠船长们的技巧和勇气。

海洋运输带来的巨大风险与收益也给保险商们提出了一个难题。由于缺乏经验和技术，保险商很难判断船舶的质量和可靠性。对于那些远航的船只，保险商往往没有实地考察就不得不接受其投保。一旦发生事故，船长、货主和保险商各方就会遭受严重损失。因此为了减少损失，海洋运输的相关各方非常重视船海信息与经验交流。17世纪荷兰被称为“海上马车夫”，成为海洋帝国，控制海上霸权。这一时期，荷兰首都阿姆斯特丹被称为“信息股市”，成为欧洲信息和知识的交换中心，出现了《荷兰通讯》、《阿姆斯特丹通讯》等报纸，这些报纸刊登联合东印度公司船只抵港的信息，还有保险方面的内容，深得人们的喜爱。这些信息交流产生了对船舶安全进行技术鉴定和监督的需求。

1668年，在英国伦敦泰晤士河边，爱德华·劳埃德开设了劳埃德咖啡馆。这家咖啡馆最早是海事人员的聚集地，从事海运的人员在这里聊天交流，搜集商船进出港情报，贩卖海运保险。为了给顾客提供方便，细心的爱德华总是准备很多表格登记顾客保险过的船只。后来劳埃德咖啡馆里出现了一份专门刊载船舶、航运和保险活动的《航运消息报》，受到海上从业人员的极大欢迎，劳埃德咖啡馆随之变成了一个供人们索取海事信息与资料的俱乐部。

在俱乐部活动的基础上，英国海上保险商创立了由专家组成以判断船舶质量的机构，对船舶进行技术鉴定和分级登记，开创了船级管理和入级检验业务。1760年世界第一家船检组织“英国劳氏船级社”（“船级社”一词系习惯用语）诞生了。正是世界第一家船检组织的诞生，为船检文化开启了新的纪元，为船检文化“基因”的传播扩散提供了组织载体。

1. 各国船舶检验机构

自1760年英国诞生第一家船级社后，欧美国家出于本国海运利益需要，先后组建船舶检验机构。作为船检文化载体的船检机构，通常分为两类：一类是政府的船检机构，另一类是非政府的船检机构。船级社属于非政府船检机构。随着时间的推移，1828年法国成立第二家船级社。其后，在1861～1913年间掀起第一波组建船级社高潮，此期间多为非政府性船检机构；在第二次世界大战后的1947～1960年间，各国产生第二波组建船舶检验机构高潮，此期间多为政府性船检机构。

目前，世界上共有50多个船级社。其中，最具影响的船级社是美国船级社(ABS)、法国船级社(BV)、中国船级社（CCS）、挪威船级社（DNV）、德国劳氏船级社（GL）、韩国船级社（KR）、英国劳氏船级社（LR）、日本船级社（NK）、意大利船级社（RINA）和俄罗斯船级社（RS），它们全部是当今国际船级社协会（IACS）的正式会员，其基本情况如下：

（1）美国船级社（ABS）。以制定海运界的安全标准为业务核心，对船舶设计、建造、营运和其他海上设施制定技术标准（也即规范）。增进安全、提供服务、提供方案是ABS的三大目标，ABS以这些目标为立业之本，致力将ABS建设成全球一流的船级社。其客户服务网以总部休斯顿为中心，覆盖全球70多个国家和地区，150多个办事处。ABS还有子公司，为全球范围的工业界和公司提供风险管理、安全、质量、环境咨询以及颁发证书的服务。

BUREAU
VERITAS

（2）法国船级社（BV）。它是一个国际化集团，是一个具有理事会和监事会的联合股份公司，由Wendel Investissement 投资公司控股（占99.5%），总部设在法国巴黎，核心业务是对质量、健康、安全、环境和社会责任进行符合性评估。BV通过风险管理和性能优化为客户创造附加值，面向世界上各个行业、各种规模的组织提供服务。BV是规模最大、最多元化的船级社，散货船检验是它的强势，它有强大的信息系统VERISTAR。

（3）挪威船级社（DNV）。它是一个独立自治的基金会。DNV的目标是维护生命、财产和环境，提供领导国际的风险管理服务。作为领导世界海事的船级社之一，DNV编制了船舶和移动式海上平台的建造规范，并对船舶和移动式海上平台进行检验服务，向全世界的陆上和海上以及加工工业提供安全、质量和可靠性咨询服务，在美国、欧洲和亚洲占有主要的市场。DNV风险分析技术的应用和相关的健康、安全和环境咨询服务在世界上具有领先地位，尤其在陆上和海上的石油和天然气开采与石油化工加工领域。DNV已经开发出了具有知识产权的技术和软件以支持其在健康、安全和环境（HSE)咨询以及风险评估方面的服务。DNV的质量和环境管理体系认证也在市场上被公认为具有世界领先地位。此外，DNV还在太空及航空领域里非常活跃。它具有广泛的研究和发展设施，在挪威，荷兰，新加坡，Fujairah，美国和马来西亚拥有实验室。DNV采用了最新的评估技术和计算机数据处理工具，在亚洲太平洋地区（包括中国）石油生产设施的安全评估工作中具有非常丰富的经验。DNV是船级社中比较务实、讲战略、重人才、重科技含量的船级社。

（4）德国船级社（GL）。它是典型的欧洲船级社，站在测试、研发和持续提高安全的最前沿。近140年来，GL一直在为航运业提供服务，制定技术、安全和质量方面的标准。GL的服务范围稳步扩展，已经从单纯的船级社发展成为全球性的技术监控集团（globally operating technical monitoring group）。在GL眼中，技术以客户为尊，客户至上的服务才能提供附加值。在75个国家和地区拥有173个办事处，3000名员工。从德国首相到外交部和运输部，一直积极地支持GL的业务开展，并作为联邦政府专门的技术机构而得到重视。在集装箱的设计、建造和运行方面，GL是当然的第一，拥有30%的入级集装箱船队，75%的新造大型集装箱船也都在GL囊中。

Lloyd's Register

（5）英国劳氏船级社（LR）。它是一个独立的风险管理组织，旨在全球范围内为客户提供量身定做的服务。在海运方面的业务主要是船舶入级，对船舶的设计、建造和营运方面制定规范。LR 集团的业务范围已远远超出了船舶领域，扩大到陆上工业、管理体系、铁路、航空、石油和天然气等行业。LR在管理体系认证方面处于世界一流水平。劳氏质量认证公司(LRQA)是全球知名的管理体系认证机构。作为世界上最早成立的船级社，目前劳氏船级社面临的主要问题是：在英国的社会认可度、政治地位下降，传统西方市场急剧萎缩，本土科研、现场检验人力资源供给不足。

（6）日本船级社（NK）。亦称日本海事协会。终极目标是改善海上服务，保护海上人命和财产。NK为船舶及其他海上设施的设计、建造和维护制定规范，保护海上人命财产安全，防止海洋环境污染，以出色的服务赢得自己的声誉。NK的主要业务是船舶检验，制定的规范被运用在新造船和现有船上，确保航运安全。NK的验船师遍布全世界，随时为客户提供服务。NK总部设于东京，在日本和世界各地的重要港口均设有分社和办事处。除提供船舶入级服务外，也代表包括国家主管机关在内的第三方进行检验，为海上和非海上建造项目提供技术服务、工程评估、提供咨询，在与船舶相关的多种领域开展研发。

2. 国际船级社协会（IACS）

IACS是国际海事界的重要组成部分，是海事安全链的重要一环，对保护海上人命财产安全和防止海洋污染发挥着积极的作用并做出了重要贡献。

IACS活动可追溯到1930年《国际载重线公约》及其建议案，该公约建议船级社之间进行合作，以保证“尽可能统一作为干舷依据的强度标准”。根据该公约的内容，意大利船级社（RINA）于1939年主持召开有七个船级社参加的第一次大会，决定船级社间加强合作，后于1968年成立国际船级社协会（IACS）。1969年，IACS被国际海事组织（IMO）授予观察员身份，成为IMO中唯一能制定和 应用规范的、具有观察员地位的非政府组织。成立IACS的宗旨是：改善海上安全标准，防止海洋环境污染，向有关国际海事组织和国家海事机关提供咨询和合作的机会，同世界海运业密切合作。

目前，IACS有10名正式会员和2个副会员。这些船级社拥有6000余名验船师和3700余名技术支持人员，在全世界设有1200多个办事机构，拥有世界上90%以上的商船入级，入级船舶超过4万艘、4亿总吨，每年检验船舶50

余万次。入级船舶总量约占世界船舶总艘数的60%，占世界船舶总吨位的90%以上。另外，世界上有100多个国家政府授权这些船级社执行法定检验；有100多个船旗国和政府管理机构选用这些船级社的规范作为其船舶发证的基础。进入21世纪后，IACS成员船级社每年约投入7000多万美元用于船舶设计和安全检验研究。

（二）中国船舶检验

中国船舶检验作为一种历史悠久的生产实践活动，最早可追溯到3000多年前的西周时期。周武王（公元前1046年）设立主管舟船的官吏，称为“舟牧”或“苍兕”，并建立“五覆五反”的检验制度。从唐朝创立市舶使制度到明朝建立船舶使用期限和船舶监造制度，再到清朝漕船建造额式和“九验之法”的规定，以及《淮关量船条例》的颁发，中国的船舶检验在漫长的历史进程中不断有所创造，有所前进。

1840年鸦片战争后，中国丧失航权，船舶检验被列强垄断。民国初期，北洋政府交通部虽经调查准备设立航政管理局收回航政管理权，但是，由于清朝覆灭后对外条约未能更改，再加上军阀割据、战乱不断和外国势力的阻挠，直至北洋政府消亡，这一愿望都未能实现，由外国列强控制的海关理船厅掌握的航政、船检权依然如故。1927年，国民政府成立交通部航政司设立船舶管理科从事船舶检验，并于1930年以后相继公布施行《海商法》、《海商法施行法》、《船舶法》、《船舶登记法》等法规，后来陆续公布《船舶检查技术规程》、《船舶丈量技术规程》等50多个规章规程。国民政府于1933年2月14日加入《1929年国际海上人命安全公约》，1935年8月19日加入《1930年国际载重线公约》。抗日战争胜利后，我国商船吨位一度猛增，1948年，海事界有识之士成立“中国验船协会”。但因为国内外形势动荡不安，中国船检事业始终没有得到应有的发展。

在漫长的历史变迁中，中国船检实践活动形成了一定的船舶建造和检验的规范、规章制度，尤其是在20世纪30年代，国民政府接受了相关国际公约，促进了中国船检规范的制度化。但是，在中国古代和近现代始终没有形成一个完整的船舶检验行业和专门的船检组织，只是一种具体的船检实践工作。这种船检工作具有保障航运和船舶安全的积极因素，但主要还是为了政府课税的需要。应该说，中国古代和近现代船检实践活动为中国船检文化积淀了一些物质和精神文化元素，其中历代有识之士在船舶检验方面的探索和奋斗精神，为中国航运、造船业所做出的努力，对于我们建设当代船检文化来说具有积极的作用。

1949年新中国建立，中国大陆船检事业迎来了一个崭新的开端。中华人民共和国从国民政府手中接管船舶检验工作后，即于1952年根据时任政务院财政经济委员会主任陈云同志的批示，开始筹备成立船舶登记局，并于1956年8月1日成立，后改为中华人民共和国船舶检验局。1963年国务院颁布《中华人民共和国船舶检验局章程》，规定船检局是船舶安全的技术监督机构，负责对船舶执行监督检验，同时承担船舶入级检验，并对各省、市、自治区的地方船检机构在业务上进行指导。1981年从各航运单位和港口独立出来。1993年国务院发布《中华人民共和国船舶与海上设施检验条例》，2003年国务院又发布《中华人民共和国渔业船舶检验条例》，这是目前船舶检验工作的法律依据。1986年10月1日中国船级社成立，与船检局实行“一个机构、两块牌子”的工作模式。1998年全国水运体制进行改革，将船舶检验的政府管理职能划归新成立的中华人民共和国海事局。

今天，在各级政府的领导下，中国船舶检验多支队伍与海事界有关方共同承担起祖国航运安全与环保的重任。

1. 海事局船舶检验管理机构

1998年，在国家水运体制改革中，中华人民共和国船舶检验局与中国船级社实行“局社分开、政事分开”，船舶检验管理职能调整至中华人民共和国海事局，并于海事局内设立了船舶检验管理处承担全国的船舶检验管理工作。随后，为了加强对水运地区船舶检验部门的管理，海事局在全国水网地区成立大连、天津、上海、武汉、广州五个船舶检验管理处，对全国水网地区船舶检验实施分片管理。其中，大连船检管理处负责东北地区；天津船检管理处负责华北地区；上海船检管理处负责华东地区；武汉船检管理处负责华中和西南地区；广州船检管理处负责华南地区和海南省。

海事局船舶检验管理机构不从事具体检验业务，只对船舶检验实施行业管理。但由于历史原因，其辖属的广州船舶检验处和黑龙江船舶检验处则执行具体检验。近十年来，海事局为了加强船舶检验的行业管理，颁布实施了20余部规章和90多部管理规定，并和国家人事部一道在全国船舶检验机构内推行

了资质认可和验船师考试上岗制度。

2. 中国船级社（CCS）

中国船级社系交通部直属事业单位，国际船级社协会正式会员，中国唯一从事船舶入级检验业务的专业机构。其前身为成立于1956年的中华人民共和国船舶登记局（后更名为中华人民共和国船舶检验局）。1986年，为了国际业务开展的需要，交通部颁布《中国船级社章程》，正式组建中国船级社，并实行了与中华人民共和国船舶检验局“一个机构、两块牌子”的工作模式。1998年，根据全国水运体制改革的要求，中华人民共和国船舶检验局与中国船级社实行“局社分开、政事分开”，除船舶检验管理职能外，原中国船级社与中华人民共和国船舶检验局“一个机构、两块牌子”模式下的所有业务全部由中国船级社承袭。

中国船级社的宗旨是通过对船舶和海上设施提供合理和安全可靠的入级规范，通过提供独立、公正和诚信的入级及法定服务，为航运、造船、海上开发、保险业及相关制造业服务，为促进和保障人命和财产的安全、防止水域环境污染服务。

中国船级社的主要业务有：

（1）按照国家有关法律、法规及规定和有关国际公约、规则，为船舶、海上设施、集装箱及相关工业产品提供合理和安全可靠的技术规范和标准，通过检验、认证和技术服务，保障船舶、海上设施、集装箱具备安全航行、安全作业的技术条件，保障人民生命财产的安全和防止水域环境污染，为交通运输、海上开发及相关的制造业和保险业服务。

（2）经中国政府授权、委托，承担中国籍船舶、海上设施、集装箱及相关工业产品的技术鉴定（审图）、法定检验和发证，安全管理体系要求的船舶审核和发证，进出口船舶及相关工业产品的技术状况勘验、鉴定、检验及发证，重大水上安全事故的调查和技术鉴定。

（3）经外国政府和地区政府主管机关授权，承担相关检验、发证以及安全管理体系审核认证和发证。

（4）办理国内外船舶、海上设施、集装箱及相关工业产品的入级检验、鉴证检验、公证检验和发证。

（5）接受外国检验机构委托，承

担代理检验和发证。

(6) 承担有关国际、国家标准管理体系认证和其他工业设施、产品的检验和发证。

(7) 开展水上安全、环境保护检验技术的科学研究；制订颁布船舶、海上设施、集装箱及相关工业产品的入级检验、鉴证检验等规范、规则和标准；受政府主管机关委托，承担有关法定检验技术规范、规则和标准的编制。

(8) 提供保障安全生产和防止环境污染方面的技术咨询和技术服务。

(9) 参加国际船级社协会(IACS)等有关的非政府间国际组织；在政府主管机关组织下，参加国际海事组织(IMO)有关会议和技术活动。

中国船级社最高船级符号被伦敦保险商协会纳入其船级条款，享受保费优惠待遇。截至2007年12月，中国船级社接受25个国家或地区的政府授权，为悬挂这些国家或地区旗帜的船舶进行法定检验。中国船级社在国内外设有逾60家检验网点，形成了覆盖全球的服务网络。中国船级社先后于1996年至1997年、2006年至2007年两度成功出任国际船级社协会(IACS)理事会主席，为国际船级社事业的发展做出了自己的贡献。

3. 渔业船舶检验局

成立于1979年，原为中华人民共和国船舶检验局渔船分局，现为中华人民共和国渔业船舶检验局，隶属于农业部，是中国渔业船舶检验的管理机构。

中华人民共和国渔业船舶检验局负责贯彻执行国家有关渔业船舶检验的法律法规，履行有关国际公约的义务，起草渔业船舶检验的法律法规、渔业船舶及船用产品检验计费标准，起草渔业船舶法定检验规则，制定渔业船舶检验规范、规程、证书格式及指导性文件并监督实施，承担渔业船舶和渔船用产品法定检验及监督管理，以及渔业船舶检验机构检验业务核定等，同时代表国家出席国际海事组织(IMO)有关渔船安全的国际会议。2003年，国务院颁布《中华人民共和国渔业船舶检验条例》，确定了渔业船舶检验局行使渔业船舶检验及其监督管理职能的法律地位。目前，中华人民共和国渔业船舶检验局在全国相关的港口设有直属检验机构，与相关省、市、自治区人民政府设置的渔船检验机构一道形成了覆盖全国的渔船检验网络。

4. 地方船舶检验机构

系各省、自治区、直辖市交通主管部门管理的船舶检验机构。根据《中华人民共和国船舶检验条例》关于地方船舶检验机构与中国船级社业务分工的规定，地方船检机构主要负责本地区船舶及船用产品的监督检验及审图工作、地方船舶修造厂生产技术条件认可及焊工

1998年，中国船级社访问香港海事处。右三为时任中国船级社社长谢金海

考试发证等工作。近年来，地方船舶检验机构从加强自身建设做起，强化内部管理，实施质量管理体系建设，有效地提高了船舶检验业务质量；加强人才引进与培训，大大提高了技术队伍素质，成为我国航运安全和水域环境保护不可缺少的力量。

5. 港澳台船舶检验机构

是指中国香港地区、澳门地区、台湾地区的船检机构。

香港地区政府设有香港海事处，专门负责船舶检验管理和从事检验工作。目前，香港特区政府已经授权中国船级社承担香港地区的船舶法定检验业务。

2005年，中国船级社与台湾“中国验船中心”签署双重船级船舶检验合作协议。前排右一为中国船级社总裁李科浚

台湾地区于1951年成立了“中国验船中心”，开展船舶入级检验、法定检验和机海损公证检验，并沿续至今。改革开放后，“中国验船中心”加强了与“中国船级社”的业务合作，双方积极开展业务交流与人员互访，对共同促进祖国船检事业的发展做出了积极的贡献。

澳门地区由于其独特的经济基础，未曾设有过相应的船舶检验机构。

随着改革开放不断深入，中国的船检事业不断总结经验进行新的尝试。在各方的大力支持下，中国船级社（CCS）根据海南省统一管理船舶检验的经验，于2007年开始对福建省船舶检验进行统一管理，显示出我国船舶检验管理格局的一个新动向。

时代不断发展，中国船检事业的各个队伍为我国航运事业发展承担了各自的使命，在我国航运现代化建设的过程中，各个队伍密切配合，相互促进，为推动社会主义经济建设发挥着积极作用。

二、船舶检验的基本属性

船舶检验作为一种实践活动，其基本属性体现为国家属性和市场属性。国家属性表明船舶检验是为国家利益服务的，市场属性表明船舶检验的市场服务性。这两种属性互为依托，互为联系。

（一）船舶检验的国家属性

船舶检验的法定机构作为本国政府代表团成员出席国际海事组织（IMO）会议，维护国家利益；接受外国政府授权，依据授权为外国政府服务，这就决定了船舶检验具有的国家属性。随着各国对海上安全与防污染执法的日益关注，国际社会对海上安全与防污染的要求日益强化，船舶检验的国家属性更加凸显。

据历史记载，1817年英国政府针对蒸汽机船不断发生锅炉爆炸事故的状况，决定对蒸汽机船的锅炉建立检验制度，强制蒸汽机船进行检验登记。1854年，英国政府在其颁布的第一部海商法中，把100立方英尺的船体容积定为1总吨，统一了船舶吨位丈量。1882年英国政府承认劳氏船级社（LR）为勘划船舶干舷的权力机关，赋予其对船舶执行法定检验的权力，开始了船舶检验在授权范围内的依法检验行为。1912年后，在英国远洋客船“Titanic”号海难事故教训下，国际社会从1914年开始依靠国际合作防范海上事故的发生，从保障海上人命与财产安全、防止船舶造成海洋环境污染角度制定国际海事公约，要求各缔约国政府承担规定的义务，颁布必要的国家法律、法令和规则，贯彻生效的国际公约，并采取必要的措施保证公约的履行和国家法规的实施。同时，国际海事公约规定，允许船旗国政府授权认可的组织执行公约规定的法定检验。

由此，各缔约国政府认识到船级社的入级检验最终目的与国际公约和国家法规最终目的的一致性，认定其上百年历史中积累的检验、技术与服务对船舶安全保障的作用，多授权船级社依法进行有关法定检验，强化了船舶检验的国家行为。

依法检验的有关事宜，在《1974年国际海上人命安全公约》中做出了严格规定。它在对“准许授权”、“授权范围”、“对被授权组织行动的协助”等事项做出规定的同时，要求船旗国主管机关应明确和保证有关授权指定的验船师或认可组织的具体职责及条件；船旗国主管机关应采取适当措施充分保证其授权的认可组织在履行检查和检验职能方面的全面性和有效性，并应负责做出必要的安排；同时还应建立并实施对认可组织的审核机制，以使授权职能的执行情况得到有效监督。

这就是说，在国际海上安全与防污染依法检验中，由国际海事组织（IMO）会商各国政府制定国际海事公约，待公约生效后由签约的船旗国政府执行，有关港口国政府监督。而船舶检验机构中的法定检验是在签约国政府授权范围内的执法行政行为，接受船旗国政府的考核和监督，这就相当于船舶检验机构受聘于政府执行法定检验，所以不承担履约赔偿责任。例如，1984年，“Sundancer”号货船触礁沉没后，船舶所有人和经营人以美国船级社在事故前不久为该船签发了船级证书和船旗国政府的法定证书为由，在纽约法院起诉美国船级社在该船改装检验中行为过错，认为船级社没有能够发现影响船舱水密性的缺陷导致了事故的发生。但是，法官认为，船舶所有人并不能认为船级证书就是船舶适航的标志，而船级社的检验收费与事故损失的差额悬殊，如果让船级社承担这种赔偿，它将因不能承受本应由保险公司承担的赔偿而无法生存。根据《海商法》规定，船舶所有人（并非船级社）应尽适当的谨慎使船舶适航，这是船舶所有人不可推卸的义务。最终判决船级社无须承担责任。

1994年，国务院副总理朱镕基接见访问中国船级社的挪威船级社代表团

相对于西方船级社的法定检验行为，中国的船舶检验更具有鲜明的国家属性，甚至在历史的印迹中打上了维

护国家权益的烙印。中国大陆船舶检验的各支队伍，无不是从国家对水上安全执法管理中诞生，在水上安全执法的发展中壮大。1963年，国务院颁布《中华人民共和国船舶检验局章程》，确立了船舶检验局对全国船舶检验执行业务指导的国家地位。其后，船舶检验局在1982年开始的自成体系发展中，完善了对全国船舶检验的业务管理，同时履行对船舶进行法定检验的职责，并且船舶检验局在向中国船级社的转化过程中，从1986年起开始接受国外船旗国政府授权执行有关法定检验。1993年，中国船级社作为国家的船舶检验机构在中国政府授权下进行法定检验，履行国家职责，同时承办国内外船舶、海上设施和集装箱的入级检验和公证检验业务。海事局船舶检验管理机构、渔业船舶检验局、省市自治区地方船舶检验机构，至今仍然是国家或地方政府对船舶安全与防污染的执法行政部门。

中国船级社作为国家的船舶检验机构积极参与国际海事事务，维护了国家利益。在1986年国际海事组织（IMO）启动的历史性“全面审议1966LL公约技术条款”的议题中，船首高度是该议题最重要的内容之一。中国船级社经过长期研究，组织课题攻关，力争把研究成果纳入国际载重线公约修正案。在2002年IMO第45次稳性会议上，中国船级社专家充分论证了我国公式的优势，最后经表决采纳了我国公式并获批准。这是中国重大提案首次获得IMO的认可，使国际三大海事公约之一的《国际载重线公约》中首次写入了中国人推导的公式，为中国赢得了荣誉。在国际涂层标准制定过程中，中国船级社积极主动介入，及时向中国工业界通报有关信息，促进了中国造船工业界对该标准制订的关注，并最终推迟了IMO对该标准的强制实施日期，为国内造船厂争取到了2～3年宝贵的准备时间，避免了其给已签订建造合同的船厂和船东带来的不利影响。

（二）船舶检验的市场属性

形象地说，船舶检验是为船东对船舶的终生安全进行“健康”保健的行为，这从根本上说是一种市场行为。它依据国际公约、国家法规和技术规范对船舶与海上设施，从设计建造到营运报废的全过程进行跟踪检验，以使其在生命周期内具备安全航行与作业、防止其造成环境污染的技术条件，同时用其累积、储备的大量实践经验、研究成果和知识，如同“技术银行”一样为海事界和工业界服务。

船舶检验业务，政府机构与非政府机构的大不相同。前者业务单纯从事船舶法定检验与管理；后者业务比较广泛，主要是以水上安全与环境保护为宗旨进行安全技术研究、入级规范编制，并在此基础上提供入级服务、法定服务和公证服务，同时为满足社会需求推广其第三方公证业务，开发产品质量认可认证服务、管理体系认证服务和工业工程技术服务等。这些服务，是面向市场的服务，具有明显的市场属性。

1. 入级服务

入级服务是以保障船舶安全、环保和质量为宗旨，依据入级与建造规范进行检验定级的一种非强制性检验与发证业务，是船舶检验中最早的服务形式。在200多年前英国劳氏船级社诞生后的100多年中，船舶检验主要是以划分船舶等级，借以标示船舶安全水平为主的入级检验。后来，在船舶规范问世后，改变以往无论船舶质量好坏全部接收入级，仅以等级标示船舶安全水平的做法，采取以规范技术要求为衡量标准，合格后才能接收船舶入级、签发入级证书和有关技术文件，同时授予相应的船级符号，并通过其附加标志对船舶的安全使用条件予以限定。营运中的入级船舶须按规定定期检验，定期换发船舶证书，以标示船舶的安全性。

入级服务是以追求船舶与海上设施终生安全的全程服务，从设计建造到营运报废进行跟踪服务。其中，包括建造中的图纸审查、建造检验、以及建造后营运中的年度检验、定期检验、特别检验、坞修检验以及报废评估等诸多环节。每个环节的检验项目、间隔时间及拆检范围和要求都有不同的规定。目的是“终生保健”。

如今，船舶入级项目已从船体扩大到轮机和冷藏装置，办理入级的产品已从船舶发展到海上移动设施。

2. 法定服务

法定检验服务是以保障海上安全，防止水域环境污染为宗旨，按照船旗国政府颁布的法定要求进行的一种强制性检验与发证业务。它由政府主管部门或授权有资格的船舶检验机构执行，是船级社依据船旗国政府授权，按照船旗国颁布的法定要求对客户提供的强制性检验技术服务，产生于入级检验之后。

为了充分达到保障船舶航行安全、防止水域环境污染的目的，法定检验也对船舶与海上设施进行生命周期内的全程跟踪检查，包括建造中的图纸审查和建造检验，以及营运中各种检验。但是，法定检验的检验项目与入级检验不同，一般来说，船旗国政府会从安全装备方面增加一些必要设备的检验，以及为避免人为因素影响船舶安全进行的安全管理认证。

目前，船舶法定检验项目主要有：船舶安全技术检验、船舶安全管理体系认证（ISM）、船舶与港口设施保安管理体系认证（ISPS）；法定检验的对象还包括集装箱法定检验和海上设施法定检验等。检验或认证合格后，船级社代表授权的船旗国政府签发相应的证书和证明文件，并按规定定期进行换证检验或认证，合格后换发新证。

3. 公证服务

公证检验服务是船舶检验机构接受有关方委托对当事双方负责的现场勘验和鉴别活动，源于对船舶机海损事故处理中的现场勘验，历史较久。其检验后出具的检验报告可作为交接、计费、理算、索赔及海事仲裁等行为的有效凭证，具有法律效用。检验内容包括原因分析，损坏部位、范围和程度的确定，以及损坏修理工程项目等内容。

至今的公证检验主要包括船舶机海损检验、货损检验、船舶拖航检验、船舶起退租检验、保修项目检验、船舶事故纠纷技术鉴证、船舶买卖核价及废钢船钢铁重量核定等。

4. 产品质量认可认证服务

产品质量认可认证是对工业产品生产质量进行检验认可，对产品生产过程进行认证的一项服务，分为船用产品检验认可和非船用产品检验认证。其中船用产品检验认可是以保障装船产品如材料、部件、设备等在船上使用的安全性、可靠性和防污染性为目的而进行的，深入制造厂生产过程中的检验。它依据产品的性质和生产情况分为产品型式认可、工厂认可和产品出厂检验。产品获得船舶检验机构认可后，才能装船使用，装船前须予以确认。

有关非船用产品的质量检验认证，是船级社在船用产品制造检验经验基础上开发的对陆用产品的检验业务。它通过在产品生产过程中对有碍产品质量的要素进行系统检验认证，以确认产品的生产质量。数年来，各国船级社多在该领域有所发展。中国船级社从20世纪90年代起，已对风能发电、管道运输、石油化工等领域的机械电器产品开展了产品质量认证业务。

5. 管理体系认证服务

管理体系认证是船级社依据国际标准化组织（ISO）颁布的有关管理体系的系列国际标准，对企事业单位为增强竞争力而建立的相应管理体系进行的认证。其中包括ISO9000《质量管理和质量保证》系列标准质量管理体系认证、ISO14000《环境管理》系列标准环境管理体系认证和ISO18000《职业健康与安全管理》系列标准管理体系认证等。

20世纪90年代，在国际社会对产品质量和环境的高度期待中，国际标准化组织（ISO）在总结世界各国，特别是工业发达国家质量管理和环境管理经验的基础上，于1987年颁布了ISO9000《质量管理和质量保证》系列标准，1996年颁布了ISO14000《环境管理》系列标准，得到包括中国在内的国际社会积极采用，促使企业建立健全质量管理体系和环境管理体系，实施质量保证和环境安全保证，增强企业单位的竞争能力。各国船级社从保障水运企业管理质量出发，相继组建公司开展管理体系认证业务，同时随着业务发展逐步扩大到海洋和陆地工业领域。为了提高认证效率，各国船级社相继开展了多种管理体系合为一体的综合认证服务。

中国船级社（CCS）于1993年组建认证公司，率先在国际国内开展管理体系认证，现已在交通水运、石油化工、钢铁冶金、机械电器、金融服务等行业开展业务。

6. 工业工程技术服务

工业工程技术服务是船级社把船舶检验的检验、检测、认可、认证、评估等第三方公证服务推广到海洋与陆地工业工程领域的一项技术服务，并且在船级社的服务中扩大了它的服务范围。

从国际社会来看，最早进入工业服务的是法国船级社（BV）和英国劳氏船级社（LR）。其中，法国船级社于1910年率先对陆上工业设施进行质量检验，1928年又推进到了航空和土木工程领域；英国劳氏船级社也在20世纪初从对水电动力装置、电力输送装置和石油化工装置的质量监督做起，开始了工业技术服务。其后，随着工业发展的需求，各国船级社相继另组公司开展工业工程技术服务，至今已在石油钻采设施、石油化工设施、管道工程设施、动力工程设施、输电工程设施、风电工程设备、工业起重设备、装卸机械设备、压力容器设备、铁路港口设施、机场设施、水热核动力设备、环保设备，以及建筑工程、桥梁工程、钢结构工程等诸多领域服务。各国船级社则依据自身能力和专长分得其中的业务，进行有关设施设备的监造和工程建设的监理。而法国船级社的工业技术服务最广，现已在上述领域之外进入了航空航天、市政工程、国际贸易、食品安全、卫生保健、日常用品等行业。

另外，1947年美国开始在墨西哥湾钻采海底石油，1969年挪威开始在欧洲北海钻采海底石油，先后带动了有关船级社进入海洋工程领域的检验服务。其中，英国劳氏船级社、美国船级社、挪威船级社对海上移动设施和固定设施检验的行动较早，特别是在后续发展中，挪威船级社与美国船级社据世界领先地位。其他各国船级社也都陆续开发海洋工程检验业务，并在国家把海上设施检验纳入法定检验后，巩固了船级社在海上设施检验的地位，使海上设施检验成为了船级社的主要业务之一。

中国船级社（CCS）从20世纪80年代初开始进入海洋石油工程领域服务。它从研制海上设施入级规范做起，推进到对海上移动平台和固定平台，并随着我国海洋石油开发的进展，将这项检验业务逐步拓展到对海上油气处理装置、单点系泊装置、海底管道等各种海洋设施的检验，近年又开始了市场竞标承揽海洋工程检验的业务。

与此同时，中国船级社于20世纪90年代成立公司开始开发陆上工业工程技术服务，至今已在石油钻采设备、石油化工设备、工业码头起重设备等大型设备监造，以及桥梁工程、码头工程、钢结构工程等工程建设监理方面取得了相当发展。

第一章 船舶检验的概况与属性

第二章　船检文化的基本内容

在人类文明的发展史中，文化的持续影响力要比有限的物质力量大得多。文化作为一种“软实力”（Soft Power）被哲学家、政治家、社会学家频频提及。胡锦涛总书记指出，文化“越来越成为民族凝聚力和创造力的重要源泉，越来越成为综合国力竞争的重要因素”。从地理角度来说，大河文明、大陆文明和海洋文明是人类基本的文明形态。大河文明和海洋文明的发展离不开船舶制造技术的发展。船检文化正是在现代经济不断发展、世界贸易日趋昌盛、国际化航运日益频繁的大背景下产生和发展的。作为文化的一种具体形式，船检文化在促进国际海运事业、船舶制造业、海上安保、海洋生态保护的发展等方面扮演着重要而独特的角色。船检文化的功能通过船检机构提供的服务性产品而充分发挥。打造国际一流的航运事业必须依赖于一流的船检事业支撑，一流船检事业的锻造需要有一流船检文化的支撑。

一、船检文化的概念

文化，是以知识、信仰、艺术、道德、法律、习俗为载体而表征出来的某一共同人群的行为特质。《辞海》给“文化”的定义：“广义指人类在社会实践过程中所获得的物质、精神的生产能力和创造的物质、精神财富的总和。狭义指精神生产能力和精神产品，包括一切社会意识形式：自然科学、技术科学、社会意识形态。有时又专指教育、科学、文艺、卫生、体育等方面的知识与设施。”船检文化作为一种具体的文化形式，首先是一种行业文化，同时也具有组织文化和企业文化的特点。因此，要弄清船检文化是什么，就必须首先理清行业文化、组织文化与企业文化这几个概念与船检文化的关系，梳理出它们之间的异同，在比较中呈现出船检文化的独特本质。

（一）行业文化与企业文化

一般说来，行业文化是指该行业在人类文化、社会文化和经济文化背景中逐步形成的与本行业相关的基本信念、价值观念、道德规范以及由此产生的思维方式、行为方式、品牌效应的综合体现。从文化整体产生角度上，形成一种纯粹的行业文化需要很深厚的积累。自从英国的劳氏船级社在18世纪60年代创立以来，一些国家的船检机构也相继成立。随着国际海事组织和国际船级社协会等行业组织的诞生，船检事业越来越多地呈现出独特的行业特质。相伴而生的行业文化也就深刻地影响着这一行业的发展模式、制度选择、政策取向、员工的价值趋向以及各种资源开发和生产要素组合的水平。

企业文化是指一个企业组织在生产经营和管理过程中，综合民族文化和现代意识，从企业制度、发展战略、经营哲学、企业环境、企业产品与企业服务，以简要的方式凝炼出来的能够引领企业走向更高目标的企业精神、道德规范与价值观念等道德判断和行为规范的总和。企业文化主要表现为综合民族文化和现代市场意识、以观念形态而存在的价值观、体现企业特点的群体意识、为公司全体成员所共有的信念和愿景。

行业文化与企业文化相比，它们之间既存在很多联系，也存在一些区别。具体说来，联系表现在：

1. 企业文化和行业文化都归属文化一脉，但外延与内涵不同。行业文化比企业文化的外延更大，比如交通行业文化肯定就比路桥监理公司的文化涵盖更多内容。而企业文化外延小，但内涵丰富。企业文化一定是在行业文化的基础上发展起来，没有行业文化为基础，则企业文化就成为无本之木，行业文化的外延规定着属于这个行业的企业文化的方向。在核心价值取向上，企业文化只有不断地融入行业文化，才能不断创新出自己的文化新特质。某一行业下属的一个企业如果没有这个行业文化特质的基本体现，那么这个企业文化的建设就必然有问题。反过来说，普遍性来自于特殊性的积累，企业文化也正是生成行业文化的火种和源泉。

2. 行业文化和企业文化都有目标，但行业文化只有相对抽象的远景，而企业文化既有比较具体的愿景又有相对抽象的远景。由于行业利益的相对抽象，行业文化更多强调的是整体服务水准的提升，而企业愿景则重在强调企业的经济效益与发展使命，通过愿景来激励员工为企业的利润奋斗，并能积极规划企业的远期发展战略。

3. 行业文化和企业文化寿命不同。行业性组织属于国际或国家的制度框架内的设置，寿命具有持久性，在一个国家内还可能具有强烈的行政色彩。作为行业组织，领导和员工并不拥有共同程度的危机感和紧迫感，员工甚至缺乏强烈的危机感和紧迫感。而企业则不同，尤其是市场化的企业，因抵抗危机、化解矛盾和获得利润而生存，且闯荡型居多，寿命难以保证持久，危机感强烈。

4. 企业文化是对行业文化的扬弃和拓展。企业的目标、战略、类型、性质、规模、人员结构等方面与行业的相应要素是有所区别的。企业往往对行业文化的战略进行分解、对价值观进行演绎、对核心理念进行提升、对道德规范进行细化、对组织结构与特性经常进行适应性的设计、改造或重构，这是必然的。企业确保生机和活力的动力是来源于不同于自己行业的其他企业的文化品性。也许是作为企业独特的精神和风格而发挥作用，也许是以更有影响力的价值理念而团结人心。总之，企业文化的鲜明个性就是现代市场竞争的最好名片。企业文化总是努力把行业文化的一些理念作为背景内聚于自己的文化理念中，把行业文化的整体风格和行业特点内化进自己的价值目标、道德规范与员工的行为方式，而尽显个性化。

（二）组织文化与企业文化

在组织文化建设中流传着这样一个故事：欧洲文艺复兴时期，在一个酷暑的中午，伟大的艺术家达·芬奇路过一个工地，师傅们正挥汗如雨地砌着砖头。达·芬奇好奇地走过去问一位师傅，能告诉我你在干什么吗？这师傅没好气地瞪了他一眼说，“你没长眼睛啊，没看见我在砌砖头吗！”达·芬奇只好去问第二位师傅。这师傅亲切多了，回过头平静地说：“我在砌一堵墙”。然后继续他的工作。达·芬奇还是不明白，就去问第三位师傅，师傅你在干什么啊。这位师傅从容地停下手中的活，转过身面带微笑看了看他，又看了看工地，然后微微仰起头充满神往地说：“我啊，我在建一座教堂”。从第一个工匠的单纯的“砌砖头”到第二个工匠的“一堵墙”，再到第三个工匠的“建一座教堂”，三个工匠的不同表现代表着三种组织文化特征。单纯的“砌砖头”，这里一定暗含着一个个人利益量化标准，即每砌一块砖头，将获得多少报酬，员工的个人价值追求、目标与企业的目标严重不一致，员工理解不了企业的战略部署，只知道完成自己的机械的动作。“一堵墙”的意识体现了员工的视野扩大了，单纯的利益核算更多地服从于较大整体的利益考量，已经从个人层面提升到局部的考虑，个人的单纯利益动机有所淡化，公共考量进而增加，体现了组织对个人的思想行为的引导作用。“建一座教堂”的认知不光显示了一个完整的方案，还有心灵价值的累计，员工不仅是在完成单一的动作行为，在行为中他还把自己的价值信仰与组织的价值信仰协同起来，体现了组织整体的价值取向和行为对员工的精神引领。组织文化就是要把组织中整体和组织各个成员的价值取向及行为统一起来，使之符合组织所确定的目标，在潜移默化中把组织的系统价值和规范标准内化为员工的价值追求。

由于我们国家的文化传统赋予“组织”很多政治意义，使得“组织文化”与单纯的市场型的企业文化之间产生一些区别。作为组织的集合体与作为企业的集合体肯定有很多区别，比如有政府组织、非政府组织、公益组织、民间组织；有经济组织、文化组织、政治组织；有党组织、团组织、妇女组织、联合组织；有盈利性组织与非盈利性组织。企业是围绕利润运行的，它只能是经济组织、盈利性组织与合作性组织。组织是特定人群基于共同的目标和特定的使命而组合成的有机整体。作为个体的集合体要求个人必须放弃自己的一些习惯与行为方式，依从于组织的习惯与行为方式行事。这就使得“相互合作与配合”成为体现整体力量的“组织”的重要表征。

当“组织”和“企业”这两个概念分别与“文化”结合成“组织文化”与“企业文化”时，原本处于“组织”和“企业”之间的区别就在文化的共同作用下而日趋减弱。但依旧有区别。组织文化作为一种新型管理哲学，是组织在长期活动与生产经营中所形成的并共同遵守的共同目标、基本信念、道德规范和共同的价值理念。组织文化和企业文化区别与联系大致表现如下：

1. 组织文化外延大于企业文化，企业文化内涵大于组织文化。企业在某种程度上就是组织，因为它也是特定人群的集合体。二者都作为文化的结合体，自然也各具有文化的内涵。

个人加入组织是因为要借助组织的这种配合与协作，完成个人力量简单相加的总和所不能完成的各种任务，这种任务所指极其广泛。而加入企业的人，更多是受利益驱使或企业的价值与未来发展势头的引导。表明组织成员的目的和动机更为广泛。

2. 组织文化更关注层级管理，而企业文化更关注整体的价值观。这里并不否认组织也有自己的核心价值观，但组织作为一种管理理念一直伴随着科层制而来，系统的结构与明晰的层次更是传统管理组织关注的焦点。所有组织的最大特征是层级的划分，当我们出生时，我们需要依赖于家庭层级组织，不管我们对这种依赖喜欢与否，它总是我们最好的依赖。当我们步入校园时，那里有老师的权威和教育组织的制约，不管我们对老师喜欢与否，我们总要从他们那里获得知识。当我们走出校园，奔赴各自的工作岗位时，最具有组织意义的层级性限制和上下级的层级权威才真正开始，不论我们喜欢与否，我们必须依赖我们的老板。有人说，世界已经扁平化，全球已经村落化，交往已经网络化，尊重已经平等化。但没有人能否认我们的全部生活依旧要依赖于各种权威关系和上下级关系建立起来的组织。不管世界发生如何的变革，组织依旧是我们生存的基本细胞之一。没有层级化和组织化，个人的力量永远是弱小的。因此，组织文化从某种意义上可以称之为基于科层管理的层级文化。

而企业则更多地围绕着愿景、目标、授权、团队、协作、核心价值开展活动，关注由企业共同价值观能外化出什么样的凝聚力、激励力、约束力、导向力、纽带力和辐射力，并使之上升为员工的精神追求。企业文化中，层级管理的色彩要明显弱于组织文化。

3. 组织文化建设更注重思想政治工作，尤其是非经济性组织文化。而企

业文化建设的着眼点首先是搞好生产经营活动，尽管企业的思想政治工作也是企业文化建设的一部分，但着重点是不一样的。组织文化通常都具有较强烈的政治意识形态灌输，组织利益立足于国家利益。组织文化建设又具有某种公民教育的社会责任，政治观、公民的价值观、理想信念教育、历史观和爱国主义教育等公共利益的教育依然是组织文化建设的基础，具有公益性。而企业文化建设是服务于市场需求，根据企业发展情况选择经营理念，其核心是培育企业精神、企业价值，强化企业内部的文化认同感、价值统一与行动一致，优化企业形象，增益企业产品的文化附加值与影响力，具有其自身的个性。

（三）船检文化是行业文化与组织文化的统一

通过对行业文化、组织文化、企业

文化之间的分析和比较，我们看到了这三者之间的共同点和不同点，在此基础上，我们对船检文化的概念进行一下分析。

船检文化自身作为一种文化形式，具有独特性。它既属于交通行业文化的一部分，具有组织文化的特征，同时还体现出大部分企业文化的共性。船检事业的国家属性和市场属性重叠并存的特性决定了船检文化的特殊定位。一方面，船检事业的国家属性决定了船检文化必然与国家利益的紧密相关。与一般企业相比，船检文化的国家属性更加明显。另一方面，船检事业的市场属性又决定了船检文化具有行业文化和企业文化的特质。

如果说文化是企业的“血液”，那么船检文化就是船检事业的血液，而保证快捷、安全航行、运输等交通行业文化的内在要求也必然要内化于船检文化体系内；组织文化的层级、授权、战略等要求，也必然要作为船检文化的血肉而留存于船检文化体系内；而作为企业文化的核心价值观，在船检文化中则以国家利益与国家价值这一更务实的高度获得内在提升与统一。比如国际航行的船舶，作为某一船级社的入级船舶，它航行在任何海域，代表的是国家船检形象。有没有做好，不仅仅影响到船检机构的形象和利益，而且涉及国家形象和利益。一旦因船检的失误而造成重大沉船事故或水域污染，需要负责任的就不仅仅是相关的船舶检验机构，国家作为这一事业的授权单位也必然受到影响，将直接影响船检国的船舶形象和国家形象。

与企业文化明显的逐利性相比，逐利不是船检事业所注重的，船检事业更注重的是服务。尽管它采用公司制的市场化运作方式，并由国家授权进行船舶入级检验和法定检验，但收费都是国家批准的，不能以市场的经营规则自行定价，这就决定了船检文化虽然具有企业文化的一些特点，但并不是完全意义上的企业文化。

管理大师彼得·德鲁克说：“组织以其价值观为成长边界”。船检组织也必须依赖于自己的核心价值观与服务理念来拓展自己的影响力与事业边界。总之，船检文化与行业文化、组织文化以及企业文化有很多区别，也有千丝万缕的内在联系。船检机构作为一个行业组织，其自身的基本文化构成要素依旧包含着麦肯锡（Mckinsey）所提出的7S模式：企业的组织要素由战略（strategy）、结构（structure）、系统（systems）、风格（style）、人员（staff）、共同价值观（shared values）以及技能（skills）组成。不管货运、客运船检，还是渔船检验，在国际船检事业的大背景下，每一个船检机构作为一个行业组织，在文化建设上都必然要拥有这些核心的要素。尤其是共同价值观，作为组织员工共同拥有的信念，它可以使员工相信：只要按照这些价值观做事，组织和个人都能够获得成功，船检形象与利益就能得到很好的维护。

通过以上的关系梳理与比较，可以说，船检文化就是船检主体所创造的价值理念。它是在国际海事与中国交通事业大发展的背景下，为促进水上人命财产安全及防止水域污染，在船检实践活动中形成的独立、公正、诚信、服务的船检理念，以及法律法规、制度、规范、道德准则等以物质形式和精神形式存在的文化总和。

二、船检文化的本质

黑格尔认为山是阻隔文化的障碍，水是联系文化的纽带。在黑格尔所处的时代，要打通不同地域间的交往必须借助于航海工具，即便是在航空载体日趋普及的今天，水上运输依旧是不同地域间人们从事经济交往的最重要、也是最实惠的运输渠道。水上运输业及其所使用的工具，以其行业的独特性显示出丰富的文化特点与文化魅力。今天，生态文明呼唤“生态海洋”，和谐世界期待“航运安全”，船检以其不“随波逐流”的龙骨刚性与载体柔性，回应着全球化时代对世界航运的无缝对接的呼声，在价值观念、制度设计、标准应用、员工作业等等方面无不展示出自己的文化特质。

（一）船检文化是现代海洋文化的子文化

海洋文明是人类借助于海洋载体而形成的物质成果、精神文化和艺术成就，它是伴随着海外殖民和海洋经济而发展起来的。人类走向海洋，是同人类认识自然能力的提高相联系的。船检文化是依存于浮力哲学而兴盛起来的航海文化的一部分，正如古希腊著名思想家柏拉图所说：“我们环绕着大海而居，如同青蛙环绕着水塘”。作为“青蛙”的人类，自然要熟知海洋的本质并

依存于海洋。人类自诞生之日起，就对神秘而浩瀚的海洋充满着探索与征服的欲望，在古希腊早期传统文化中，海洋一直被希腊人视为一种挑战，谁能征服海洋谁就是英雄。因为在高山、海洋面前，人类不愿意成为异己力量的支配对象，而是想尽办法征服高山与海洋。但在人类社会的早期，一种文明在地理位置上靠近海洋，并不一定是海洋文明。四大文明古国基本上都是大河文明，原因在于对海洋的征服还没有真正开始。尽管早在公元前3000多年，古代腓尼基人就开始勇敢地航海于东部地中海和爱琴海，并开始从事零星的殖民活动与货物掠夺或贸易往来，但只是一种小规模的探索。

人类走向海洋，是人类认识自然能力与征服自然能力的不断确认。反过来，对海洋的开发利用则推动了人类文明的进程和现代航运事业与造船业的迅猛发展，也促成了航运文化与船检文化的飞速崛起。海洋文明的发展最初表现为探索、征服与开拓，表现为典型的重商主义与跨海域交往的冲动。在海运事业发展的早期，海洋文化是伴随着海洋贸易中旧殖民主义和新殖民主义的侵略特性逐渐丰满起来的，并在海盗文化的作用中不断强化着对资源、航线、沿海要塞的控制欲。正如修昔底德在《伯罗奔尼撒战争史》给我们揭示的那样，海盗在自利与扶助他们同族中的弱者的双重动机驱使下，他们乘船从海上来，“袭击那些没有城墙保护而分散在四处的村镇；他们以劫掠这些地区来谋得他们大部分的生活。在那个时候，这种职业完全不认为是可耻的，反而当作是光荣的。这种态度，就是在现在的习俗中，还可以找到例证：大陆上居民中有些在海上行劫而致富的，他们还被认为是可以自豪的。在古诗中，我们也发现了，对于由海上来的人，总是问这个问题：‘你们是海盗吗？’被这样询问的人从不畏缩而否认曾经作过海盗而谴责他们。”再回推到荷马时期，《奥德赛》以及《阿波罗颂歌》中也有大量赞美海盗职业的溢美之词。

随着人们对海洋的认知不断加深，人类开始清醒地认识到，海洋既是人类的精神财富，也是人类的物质财富和经济大繁荣的重要条件。大规模征服海洋，在公元前1600年前后的爱琴海文明中已经初显端倪。到公元前5 世纪至4 世纪的地中海文明，以及15世纪开始的大西洋文明，以及由此产生的葡萄牙、西班牙、荷兰、英国等航海大国与超级舰队，更集中呈现出海洋经济对特定地域的经济繁荣的巨大诱惑。航海事业的发展，尤其是远洋航海的大发展，成就了葡萄牙和西班牙，而发展到17世纪的荷兰，更成为“海上马车夫”。英国也是凭借着海上力量而成为世界霸主。

随着人类的建造能力不断提高，现代的海洋文明已经发展到囊括海洋探险、海洋资源开发、海洋地质分析、海洋气候研究、航海与运输、安全与环保等一系列研究范围。作为不提供终端产品的船检事业，尽管只提供检验、评估、咨询等服务，然而由于这种服务的特殊性——它和人命与财产的安全相关度巨大，与探险、海洋运输、开采海洋资源等必须借助于航行及海上作业所有海洋事业紧密相关。比如一艘巨轮本身就是一件大宗产品，高资本密集型产品，再加上所运输的几十万吨货物，甚至是危险、高污染的化学品和油品，一旦发生意外，由于海上航行远远不如在陆地上那么易于控制，灾难造成的船员伤亡与巨轮沉没、油品或化学品的泄露危害都是极其巨大的。船检服务产品因其与人命安全和环境保护密切相关而成为现代海洋文明的一个重要的支撑点，而船检文化也成为了现代海洋文化的重要子文化系统。

现代海洋文化是一种开放的文化。高原大山隔绝了不同文明，也滋养了不同文化。人类赖以生存的独特的区域化文明，都与大江大河紧密相连，两河流域的文化、长江黄河的文化概莫能外。更有意思的是，滋润这些文明的大河都流向大海，百川奔流，最终都汇集到一个共同的去处——胸襟博大的海洋。爱琴海文明、地中海文明、大西洋文明都是随着航海事业与造船事业的发展而不断向大海与大洋深处挺进的重要海洋文明的发展坐标。在东方，“片板不许入

海”、“禁滨海人民私通海外诸国”、“禁民入海捕鱼”的明、清两代的海禁与“迁海令”，早已成为历史。在西方，当初为了阻止海盗进入而修筑的海岸长城、城堡、要塞如今已成为著名的旅游景点。随着国际化与全球化进程的加速，地域间的私人利益或单国利益特征逐渐被抛弃，海洋文化的开放性越来越强烈、越来越明显地在变革中逐渐适应新时代的要求。现代船检事业与船检文化正从大河文明的保守思想中义无返顾地走向海洋文明的开放时代，船检文化的开放性体现在：一个国家的船检市场是向其他国家开放的，各个国家之间的船检机构是相互交流的。

现代海洋文化是一种整体性文化，各个国家内的船检机构是相互配合的，国家之间的船检机构也是相互合作的。海水洋流的一体性是全球经济一体化的本源载体。现代海洋文化的发展打破了传统条块分割的理念，整体性的思考替代了局部性的狭隘。今天的航运事业与海洋开发已经使越来越多的人意识到，人类对海洋的影响是整体性的，在家门口或国门口单个区域内保护海洋，在远离己国的区域肆意破坏海洋环境，这种恶果迟早要引发全球的不幸，制造者也无法幸免。全球气候的变化与海洋环境的恶化在威胁着海洋文明。当今船检事业之所以需要跨越国家界限，主要原因就在于海上航运安全与海洋环境的迫切需求，而服务相对统一的安全标准和防污染标准要求船检服务的国际化和全球化。就全球海事利益相关方来看，不管是船厂与金融保险，还是船东、航运公司等都需要船检机构的服务。船检事业就是要为研究和实践适应大海生存的技术并高效利用海洋做出贡献。就像国际船级社协会(IACS)的宗旨所表述的那样：“改善海上安全标准，防止海洋环境污染，向有关国际海事组织和国家海事机构提供咨询和合作的机会，同世界海运业密切合作。”今天，伴随着海洋运输经济、海洋开发经济的深度与广度的发展，人类对海洋经济战略地位及其价值的认识正在逐步深化。如果说传统海洋经济体现的仅仅是“鱼盐之利和舟楫之便”，那么随着今天的世界大航海时代，现代海洋经济的发展大大跨越了新大陆、航线的局限，海洋不仅仅是世界上远洋运输的最重要通道，也是屯兵、作战的重要战场，更是食品基地、油气开发基地、旅游娱乐基地和仓储等空间利用基地。1992年的世界环境与发展大会指出：海洋是人类生命支持系统的重要组成部分，可持续发展的宝贵财富。要想开发海洋资源就必须确保开发过程的安全与运输安全，要保持海洋资源的持续利用，就必须优先考虑海洋环境的持续生产能力与优良环境指标。海洋价值的新论点将引发船检事业新发展，也对船检事业提出了新标准，同时也指出了新的市场发展空间。

现代海洋文化是一种契约性文化，这种文化非常强调合同、合约的极端重要性，一切围绕合同展开工作。我们知道，哥仑布的航海掀开了一个新时代，我们经常这么讲和这么说。可是哥仑布怎么会有这么大的能量？其实，就来自于其自身的利益。哥仑布在航海之前，与西班牙国王和王后订立了契约，契约详细规定了双方的权利与义务。国王与王后对哥仑布发现的新大陆拥有宗主权，而哥仑布对前往新大陆经商的船只可以征收10%的税，对自己运往西班牙的货物实行免税。这是一个改变了世界面貌的契约，契约性就像血液一样流淌在船检文化的脉管中。

（二）船检文化是船检人生产生活方式的文化表达

马克思认为，“人们按照自己的物质生产的发展建立相应的社会关系，正是这些人又按照自己的社会关系创造了相应的原理、观念和范畴”。根据这一原理，船检的物质生产活动也造就了船检人的文化表达模式。船检人可以分为广义的船检人与狭义的船检人，广义的船检人就是指与船检事业相关的所有人群，如世界各船级社的管理人员、检验人员（验船师）、国际船级社协会、相应的政府管理机构与非政府组织等等。而狭义的船检人可以定义为在特定的工作区域，隶属于某个船检组织的个体或群体，借助于特定的检查检验工具，对与航行安全、防止海洋污染有关的船舶的造船材料、船舶结构、设备设施、施工流程、施工工艺、局部质量、整体安全、环保级别、船载货物种类等进行符合性检验的职业验船师。

船检人的生产活动就是提供服务。这种特殊服务要求组织成员保持高度一致性，因验船师在很多情况下是在派驻机构对营运船舶或新造船舶进行独立检验工作。从工作特点上看，必须通过检验标准、工作程序和道德准则的统一来制约验船师在单独工作境况的行为，使其有所为，有所不为。如何保证验船师不做有损船检形象的事、不做有偿中介、不违规检验、不因个人或者小团体的私利而降低技术标准、不发人情关系证书呢？这就要求必须有严格的责任界限，这个界限就是要通过一系列的规章、制度、程序、标准、工作流程来确保验船师的所有工作是围绕组织团体而不是个人进行的；确保总部与分部、国内与国外机构的各个部门的标准统一、相互协作、相互依存。

作为“安全使者”，船检事业更注重“优生控制”，即从审图开始，就介入船舶与海上设施的设计质量；船检事业倚重“过程控制”，即从设计到一条船的寿命终止一直处于船检机构的监控之下；船检事业突出“质量控制”，即作为服务产品的提供者与海上安全链的重要的一环，依据国际标准或某一船级社的标准提供入级服务、法定服务以及其他服务，签发证书/证件，确保安全标准、环保标准与规定的标准相符合。船检人正是在这些相关的业务过程中不断积淀自己的船检文化，不断从服务活动中总结出以顾客为导向的服务文化、组织对员工的激励与约束文化、员工的自我价值认同文化，并不断使这些文化借助于精神价值、规章制度、规范标准和物质层面的文化建设表达出来。

船检人的生产生活方式的文化表达来自于以下三个动力：

首先，独特的行业决定了船检在长期的实践中必然形成自己的行业特点，行业特点的明晰化就是行业文化明晰化的载体。一个行业特立独行的特质就在于拥有与这个行业相匹配的一整套物质文化结构、精神文化结构和组织文化结构。当我们看到船检人的着装和基本工具时，就能判断出它们与船舶检验事业的相关度，也正是随着船检实践的发展，这种相关度与业务特质才更为明晰化。早期的船舶检验也许就是榔头，而今天的船舶检验工具的多样化，则更加丰富了船检文化载体的多样性。

其次，行业管理与组织管理的进步和发展需要从生产实践中提炼出自己的行业文化。正如麦道公司总裁认为的那样：“作为公司最高统帅，我的唯一任务就是重塑本公司文化”。因为文化作为软实力，在某些时候具有硬实力不可替代的作用。它对组织成员具有凝聚力、激励力、约束力、导向力、纽带力和辐射力。它的凝聚功能、激励功能、约束功能、导向功能、纽带功能和辐射功能这六种功能，在员工的归属感、身份认同、自我管理、言行适度、解疑释惑、宣传推广等方面全面规导着员工摈弃与组织目标不同的分散的价值追求，而能志同道合地朝向一个目标前进。对于行业组织来说，最大限度地发挥文化的内化心灵、外化行为、长化习惯的功能，是确保行业生命常青的基本动力。行业组织需要教化员工，用核心价值优化员工的心灵，把核心价值观转变为一种持久的文化表达与文化诉求，引导员工进入更高的敬业境界。行业组织需要制度建设，用制度来规范员工的行为，使员工在制度的约束下使自己的个性化行为服从于组织的共同行为。行业组织依托于感官的物质文化，员工会越发深刻领会到精神层面的价值的重要性，在不断的自我认同与自我统一中，久而久之，精神境界越来越高，行为就自然符合于组织的习惯与要求，并最终能在无制度的制约下实现慎独。

再次，就员工而言，行业的良好氛围能不断强化他（她）的身份归属与行业归属，没有人愿意游离于组织而引发不安与被抛弃感。行业或组织的激励、培训能激发员工的进取、创新、乃至冒险精神，并不断强化风险承受能力。而良好的薪酬制度与绩效安排，能确保员工的工资增长和顺畅的、公平有序的晋升途径。开放的组织系统，不仅仅能使组织掌握大量的外界信息并做出积极应对，也能引起员工对组织产生更强的依赖感。特别是组织内部从上到下，从内到外合理管理，使得一切员工都能对文化沟通、文化传递、文化理解、文化执行持积极的、主动的、快速反应的态度。

（三）船检文化是船检实践的观念体现

观念的东西是在实践中反复演练，最终固化成明确的文化沉淀，比如体系化的职业素养、责任化的道德判断、生产中的质量文化等。20世纪后半叶海洋运输产品的结构性变化这一新实践，对海洋环境的保护提出新的要求，在文化上也必然形成相关的船检环保要求。从总体上说，以实践为对象并使之观念化的船检文化主要体现为：船检质量文化、船检责任文化、船检环保文化与船检执行文化。

1. 船检质量文化

顺应市场需求并负责任的现代企业组织，总是依赖于质量过硬而又不断创新的产品来提升消费者的生活质量。作为船检行业来说，自身的责任与价值追求就是要保证所检验对象的相关质量参数符合标准，并尽可能不断完善标准。正如美国质量管理专家朱兰博士在1994年美国质量管理学会年会上所言：“如果说20世纪是生产力的世纪，将载入史册，那么即将到来的21世纪将是质量的世纪。”在产品的质量问题上，不是100分，就是0分。这种论断并非只是专家的耸人听闻之举或惊世骇俗之论。对于人命财产相关度大且处于

惊涛骇浪中的船舶和海上设施而言，质量安全就体现在这种两极的对立中，如果不能完全达到安全航行和安全作业的标准，或不能完全符合海事管理的相关规格，尽管可能是一个80分看似较高的评估结果，但无情的大海给出的，可能就是零分：沉没或断裂。大海是最后的验船师。

对于人命和财产相关度大、资本密集、人群密集的远洋船舶来说，寻求质量100 分，就需要从规范、设计、审图、选材、建造、检验报告、检验发证、船舶管理、船上相关设备管理、定期检验与跟踪检验等环节来实现，有一个环节出问题，都会对整个安全链埋下事故隐患。对于船检事业，审图是第一道检验程序，是保证检验质量的源头，是船舶“优生”、“零缺陷”的重要保证。“零缺陷”或“一次做对”是在多重意义上对产品和生产者发起的挑战。对产品的“零缺陷”要求，是从人的意义上被提及的，没有健全的心理人格和完美的预期，就不可能有完美的结果。我们总是在行动之前就给自己一个可能的预期，是我们自己在心理和下步的行动上预先假定了一个结果，在预期和结果之间，必然有一种因果关系，一个不完美的结果，必然与一个不完美的思想准备和一系列不完美的行动相关，这里反映出来的是对质量文化的认知态度。当然，正如古人云：“安者非一日之安也，危者非一日之危也，皆日积渐然，不可不察也。”质量的积弊来自于持续的麻木或大意，或者差不多的思想在作怪，或者侥幸心理使然。实现“零缺陷”和“一次做对”是一个非常艰辛的系列工程，它事关质量意识、质量文化、质量战略、质量过程控制、质量预防、质量改进等重大事项。之所以说卓越之旅没有尽头，是因为一个“更好”之后还需要有另一个“更好”。

“我们从不在质量或信誉上做妥协”（We never compromise on quality or our integrity），这是挪威船级社的价值观与质量宣言。“通过提供减轻自然、操作和安全风险的技术，改进安全、提高质量和减小不利环境因素，帮助我们世界范围的客户在他们的业务活动中改进运作和财务业绩”，这是美国船级社追求目标。英国劳氏船级社则提出了如下使命：“我们致力于造福社会，确保设计、制造、施工、维护、运营和性能的高技术标准，确保海路陆路和空中的生命与财产安全。”国际船级社的每一个会员，都自觉按照IACS要求的质量体系的规定，来提供服务并履行各方的责任，以体现适当的安全与质量水平。

“海上安全链”与“海上安全文化”意识，已经固化为所有船级社的永恒主题。正如中国船级社总裁李科浚先生多次表述的那样：“我们认识到，安

全质量不但是我们的生命线，更是我们的社会责任”。质量控制以预防为主、过程控制为轴、提高服务质量为翼，引入IACS的共同行为指数（CPI）来确保安全质量。

世界很多船级社都在致力于：促进船舶及海上设施具备安全航行和作业及防止污染水域的技术条件，促进船公司及其所属船舶安全管理体系和保安管理体系的建立和保持，坚持安全质量第一，提供先进、合理的规范及规则，独立、公正、诚实地执行审图、检验和认证审核，提供优质服务，树立良好信誉，持续改进质量管理体系的有效性，满足顾客的需要和期望。在船检事业的“精益求精、奉献精品”的服务轴心时代，质量环节的控制就必须形成自己的技术与质量特色，真正实现“人无我有，人有我优，人优我精”。《细节决定成败》一书提醒企业家说：“精细化是我国企业必须迈过的一道坎，否则，不管是何种行业，不论是哪家企业，要想在日趋激烈的国际化竞争中立于不败之地，无异于缘木求鱼。”俗话说“祸不入慎家之门”。如果各个方面都被精细地检查过，因为检验环节出现的漏洞就能避免。在质量文化建设上，员工能否自觉地践行“精益求精为荣，马马虎虎、得过且过为耻”的质量文化是极其重要的。

2. 船检责任文化

伴随着国际航运的发展，国际海运事业中逐渐明确了所有船舶相关方的责任，形成了包括船东、托运人、租船人、经纪人、金融家、保险商、律师、船舶经营者、船级社和船旗国的“海事责任圈”，每一方根据其业务对象与业务范围来确立自己的责任并享受相应的权利。随着200多年的发展，船舶运输安全的责任方也越来越多元化，船检的责任与任务也随着时代的发展不断增强，参与的主体也越来越细化。

船级社作为负责船舶入级检验和法定检验并签发有关证书的机构，在国际海事交往中，必须担负起自己应有的责任。由于船级社入级和法定业务范围具有特殊性，这种特殊性最为明显的地方就是国家授权船级社，船级社履行国家授权的法定责任，把部分属于国家主管当局的责任纳入自己的日常船检工作中。这种授权的范围和程度取决于国家主管当局对船级社的能力及其遵守职业道德的情况所做的评价，因为这种特殊授权是代替国家主管当局来确保船舶整体安全的。

责任重于泰山。船级社在船检工作中所担负的责任主要有：合同责任、通常验船师应履行的默视保证的责任、侵权责任、疏忽性误述责任、代表主管机关行为责任。对于船检事业而言，那些在检验第一现场工作的验船师会更强烈地感受到自己的责任，意识到自己的行为与言语不是代表自己，而是代表他所属的船级社，并时刻牢记自身的责任重大，才能避免给船东、自己所属船级社及船旗国带来不必要的麻烦与责任纠纷，才能避免自身遭遇安全事故行政责任追究。

尽管我们反复说明船检文化是一种责任文化，但并不意味着船检机构要负责一条船从建造出厂到报废的全过程责任，而是负责有限责任。比如中国船级社的法定检验工作所要履行的是“专业技术组织及其技术人员对所检验的设施、检测结论承担法律责任”，包括相关的刑事、赔偿、补偿等法律责任。然而，船舶的设计质量，是设计单位的责任；船舶的建造质量，是建造厂的责任；船舶与船用产品是否可以接受，是买方或业主的责任；船舶营运后，对其进行维护与管理、按证书核定的条件进行营运，是船东的责任。因此，船级社入级业务不能替代上述各方的职责，也不能免除或减少上述各方应负的责任。具体来说，船级社的角色和承担的责任在船舶的“入级证书”表述中包括：（1）入级证书并不意味、也不应解释为保证该船具备安全、达到预期用途或适于航行。因为，入级规范没有包括影响船舶安全的所有项目，也没有涵盖船舶的操作；船级社对船舶的设计、建造与使用，没有进行全过程控制，而仅进行“关键路径”控制。（2）入级证书（包括入级符号与附加标志）仅证明，该船符合签发证书的船级社所颁布的入级规范的规定。（3）船级社并非替代专业设计人员、船舶设计人员或船舶工程师的独立判断，也非替代造船厂、主机生产商、钢材厂、以及材料、机器或设备供应商、制造商的质量控制程序。作为一个技术型的船级社，只能通过验船师或其认为具备技能和能力的其他人员开展工作。（4）船级社在授予船级时，是根据授予和保持船级时必需遵守的船级社规范的要求，船级社将尽责制定规范并采用通常适用的试验标准、程序和技术，任何时候均不应认为入级的表述与第三方有关。（5）规范、证书以及报告中的任何部分，均不应被认为是免除设计方、建造方、拥有方、制造方、销售方、供应方、修理方、营运方或其他实体或人员应承担的明确或隐含的承诺，也不应被认为是免除其他实体应符合所有适用的法律（包括有关环保的法律）的义务和责任。

在很多海事诉讼中，也给我们理解船级社的责任提供了方向。如1984年SUNDANCE邮轮公司与ABS诉讼案件中，美国法官的判定称“入级证书的目的不是确保安全，但只是使SUNDANCE因入级而获得优惠的保险费率”；在1986年NICHOLAS船货主与NK诉讼案件，英国官方判定称“NK是为了推动海上船舶和人命安全维护公共利益”。船级社第一职责是根据入级和检验目的建立和颁布的规范和标准从事检验和入级；第二职责是对检验船舶的缺陷给予应有的注意并将规定通知船东和租方。还有诉讼表明，船级社对船东所负的责任中包括确定船舶符合船级社确定的适航标准，另一责任是检查受损的船舶以确定是否符合船级标准，如果不符合，则确定必须采取的措施来决定继续满足船级标准。如果在履行法定服务中犯错，客户和第三方会追究民事责任，在某些情况下，船旗国会提供某些司法豁免；如果验船师的疏忽触犯了刑法，他会被指控犯罪，这是个人责任，不会被保险所覆盖。

总之，在国际海事交往中，因船舶安全引发的责任正在不断凸显出来，“问责”不仅仅是船舶安全的需求，也是很多国家船检事业改革的焦点。只有首先确立自己的道义责任、政治责任、经济责任、法律责任，才能避免最终伤害到有关利益方的利益。

3. 船检环保文化

由于近年来，油轮泄漏事故不断发生，海洋环境保护呼声又一浪高过一浪。特别是因溢油污染造成第三方损害经济赔偿的数目越来越大，这就使得国际海事参与各方即船东、营运方、货主、保险、船旗国政府、第三方（含沿岸国），加强“问责”机制的完善，船级社面临着更为巨大的法律风险压力。就像埃克森（Exson）石油公司的泄漏事件所造成的影响之一就是给各海事责任主体施加了一个“压力链”。1989年3月24日，埃克森公司的一艘巨型油轮“亚克隆·瓦尔迪兹”在阿拉斯加州的美、加交界的威廉王子湾附近触礁，原油泄出达800多万加仑，在海面上形成一条宽约1公里、长达8公里的漂油带。事故发生地原本是风景如画，盛产鱼类，海豚、海豹成

海难给海洋环境带来了严重影响。图为一只因海上原油泄漏而无法飞翔的海鸟

群。事故发生后，礁石上沾满一层黑乎乎的油污，不少鱼类死亡，附近海域的水产业受到很大损失，纯净的生态环境遭受巨大的破坏。危机发生后，埃克森公司却无动于衷，既不彻底调查事故原因，也不及时采取有效措施清理泄漏的原油，更不向美、加当地政府道歉，致使事态进一步恶化，污染区愈来愈大。到了3月28日，原油泄漏量已达1000多万加仑，导致25万只海鸟、2000多只海獭和至少22只鲸鱼死亡，造成美国历史上最大的一起原油泄漏事故。加拿大和美国当地政府、环境保护组织以及新闻界面对埃克森公司这种置公众利益于不顾的恶劣态度极为不满，群起而攻之，发起了一场“倒埃运动”。埃克森公司不仅没有在第一时间开展补救行动以及对外公布信息，还企图靠拖延时间、指责政府部门延误清除油污等来推辞自身责任，表现出十足的消极的“驼鸟政策”：无视公众舆论，不公开事件真相，消极对待事态发展，不采取主动积极的建设性手段，不求避免对公众利益损害的最小化。评论家指出，正确的做法是采取“雄鹰政策”：企业迅速查明事件真相，弄清事件的性质、现状、后果及影响，制定有效的对策，主动出击，平息风波，挽回影响，要体现出雄鹰的迅猛、适时、有效，这才是负责任的态度。而埃克森公司给人以推卸责任的印象：指责州和美国联邦政府延误清除油污，这些逃避责任的行为和发言激怒了很多消费者。最后埃克森公司付出的代价是：清污本身花费25亿美元，花费11亿美元与有关方面获得庭外和解，美国联邦法庭最终开出了40亿美元罚单，此后，其产品依旧遭受着来自世界各地的消费者的抵制。最终埃克森也从世界500强的第6位急降为110位。

尽管这次泄油事故是由于触礁造成的，也给世界各地的船舶责任人敲响了警钟。何况很多船舶事件，可能多少会与船检工作有关系。世界各地每年都有类似的事故，都在考验着世界各地的船级社环保责任意识与责任履行情况。一系列的事故使全球社会对海事事故的容忍度越来越低。大型渡轮沉没、ERIKA油轮在法国海岸折断沉没、巴西石油公司的P-36号平台发生爆炸后沉没、Prestige油轮折断沉没。特别是2002年11月19日，装载着6万吨原油的巴哈马油轮“威望号”在西班牙西北部海域失事。据环境学家估计，这将成为历史上又一次严重的原油泄漏事件，对附近海域造成无法估量的环境破坏。ABS也因此卷入诉讼案。而南京江心洲红光码头的一艘500吨油轮，在清仓后电焊工作业时突然发生大爆炸，这一事故也给中国船检机构施加了很大压力。

尤其是进入20世纪90年代以后，“环境保护”、“生态文明”、“绿色消费”、“可持续发展”以及“节能减排”等呼声在全球引发了最强劲的回应，很多产业把营造绿色环境、关注人类未来纳入行业或企业发展的战略规划。世界上许多大公司积极地承担起改善环境、保护自然资源的责任，并不断把这种责任落实到企业的具体生产实践中。在造船业、航海业、运输业以及船舶检验事业中，都提出了绿色生产的理念。大力推进绿色生产，加强海事组织与环保组织对船舶安全与检查的督察，核准环保新变量，增加环保新标准，已经成为国际上很多船级社的通用做法。

4. 船检执行文化

对于行业组织的管理者而言，领导在不在场并不重要，关键是管理者不在场的时候会发生什么。监督者不可能一直把眼睛放在现场。为什么一个国有企业的下岗女工一到麦当劳就能迅速成长为一个主动找活干的勤快人呢？为什么满街的咖啡店，唯有星巴克风景独好？为什么当王石去攀登珠峰的几个月时间里，万科集团的业绩仍然增长了40%？相反，为什么在有些企业里，“5%的人看不出来是在工作，而是在制造矛盾；10%的人正在幻想；20%的人正在为增加库存而‘蛮干’；10%的人在做负效劳动；40%的人正在按照低效的标准或方法工作呢？”为什么有些组织付出比计划多10倍的精力，可往往只得到计划中1/10的结果？维持组织正常运行的最有力保证取决于两个要素，一是制度，二是组织文化的影响力与渗透力。领导不在场的时候依靠的是组织文化、企业文化与制度文化来约束人、内聚人、管理人。在某种意义上，21世纪组织、企业之间的竞争，最根本的是文化的竞争。正如杰克·韦尔奇所言：“文化因素，这才是维持生产增长的最终动力，也是没有极限的动力来源”。因为文化本身就是最好的执行力。

现场检验

在船检事业中，执行力必须被提升为一种文化，形成有效的惯性和持久力。为什么在2004年排出的中国500强企业中，有112家企业从2005年的500强中出局，出局率为22.4%，比美国

《财富》杂志公布的2005年世界500强5%～7%的出局率高出3～4倍？这其中的一个重要原因就是没有形成执行文化。一旦领导更迭，战略也变化了，执行力也变化了，原本和谐的联动能力和系统也被破坏了。企业应该形成像西方的文官制度那样的延续性和文化执行力。甲领导考核A，却奖励B：明明规定要讲究业绩、注重实效，却偏偏奖励了那些专会做表面文章、投机取巧的人；乙领导来了，眼里又只有明星员工，看不到观众席中的人才，既赛马又相马，只关注跑得最快的。岂不知在组织中人才结构永远是处于菱形（◆）结构，优秀的是少数，不合格的也是少数，而组织的主体永远是中间这部分最庞大的人群，仅关注明星员工，自然会打击绝大多数。企业家应该像杰克·韦尔奇那样，“我的经营理论是要让每个人都能感觉到自己的贡献，这种贡献看得见，摸得着，还能数得清。”丙领导来了，一看前任领导制定的战略项目，不是自己信任的人在管，就决定放弃该项目。在如此执行变异和不公的企业中，肯定无法确保基业长青。

对于企业而言，执行是关键，战略是基础，文化则是具有恒久魅力的管理桂冠。有一个故事说，在一座古老的城堡里，生活着一群快乐的老鼠。他们在这里谈情说爱，安居乐业，过着神仙一样无忧无虑的日子。一只有学问的老鼠感叹说，这里简直就是老鼠的天堂。忽然有一天，尖利的猫叫打破了老鼠天堂的宁静。一只流浪的黑猫来到这里，给老鼠们带来了朝不保夕的恐惧和灾难。于是，老鼠们聚在一起召开动脑会议，商量怎样对付这只可恶的黑猫。老鼠们纷纷哭诉黑猫的暴力，要找一个有效的办法来逃避猫的魔爪。那只有学问的老鼠摸了摸胡须，说：“我有一个主意，只要在猫的脖子上挂一个铃铛，就万事大吉了。这样，每当猫儿走近，我们就能听到铃铛的响声，及时的逃之夭夭。”“这个主意太好了！”全体老鼠欢声雷动。“可是，”另一只老鼠疑惑的问道，“怎样才能将铃铛挂到猫的脖子上去呢？”刹那间，所有的老鼠都闭了嘴。只有战略决策科学，依靠制度推进，最好把战略转化成文化的力量，执行才有了最牢靠的保障。

营造这样的执行力，必须首先普及一种信念文化与信任文化，前者强化目标认同，后者强化团队意识。亦如IBM总裁鲁·郭士纳所言：“一个成功的企业和管理者应该具备三个基本特征:明确的业务核心、卓越的执行力和优秀的领导能力。”执行文化就是把“执行”内化为个人自觉的行为准则和行动指南，最终在组织内部形成战略先行、注重现实、崇尚行动、拒绝繁琐、责任明确、赏罚分明、相互尊重、乐于分享的文化氛围，使个人与组织共同成长以期实现个人的最大成功与组织的基业长青。

好的执行力与执行文化来自于组织的良好信念与员工之间的最佳信任协作。一个没有信念的组织是一个没有希望的组织，没有企业信念，就意味着组织的战略并没有获得员工的广泛而普遍的认同，就不会出现协同作战的意识。没有信任文化，就不会打造出出色的团队。正如星巴克总裁霍华德·舒尔茨所说：“如果我们想获得顾客的极度信赖，那么我们就必须首先在自己人之间建立信任。品牌源自企业文化并自然地延伸到顾客。”信任文化的重要性不仅仅在于员工的联动，更重要的是，信任能促成一种精诚合作的氛围，更有利于营造企业基业长青的内在变量和战略渗透力。

船检事业由于质量要求、责任要求和环保要求的特殊性，决定在执行质量标准、检验标准、防污染标准上必须有遵循严格的程序，并能在船检实践中把基本的要求与船检理念顺利地贯彻下去，这就必须有严格的程序化的执行力。

三、船检文化的特点

船检文化的形成是一个渐进的过程，这个过程蕴涵着深刻的历史继承性和鲜明的时代性。船检的生产水平、服务目的以及服务的范围决定着船检文化的水平，也决定着船检事业的制度文化和精神文化的特质和形式。亦如马克思所言：“手推磨产生的是封建主为首的社会，蒸汽磨产生的是工业资本为首的社会。”船检技术水平、视野、目的的变化，必然要求船检文化随之发展，新世纪的船检文化已经发展到融合全球海事要求、内化国际环保共识、突破国界限制、实现公正尺度的阶段。这种文化已经抛弃狭隘的国别限制、单纯的财务导向、不同的船检标准，形成了国际性、公益性、公正性和创新性的时代特征和船检新语境。

（一）国际性

船检事业的开放和多元化决定船检文化具有吸纳百川、善于扬弃、不闭关自守、不固步自封、熔铸中西的特点。船检文化的国际性主要体现在船检标准的国际性、遵守条约的国际性与协会组

1982年，中华人民共和国船舶检验局代表访问美国船级社，签订船舶检验合作协议

1999年，中国船级社总裁李科浚（左一）拜访欧盟官员

织的国际性。

海洋水域的广泛分布决定航行于其上的往来船只的国际化程度必须随着国际海洋运输的发展而不断强化。全球化与资源共享模式，使得几乎所有的国家都必须依赖于能源、原材料等大宗货物的全球供给模式。而“航运服务”尤其是“远洋服务”，已经成为全球无可替代的运输方式。作为世界性船检事业发展中起中流砥柱作用的船级社必须以国际化的视野来审视国际船检事业的未来发展趋势。而随着国际造船中心的东移，更是加剧了远洋航运的跨区域性特征。国际海事组织(IMO)、国际船级社协会（IACS）、国际保险商组织（ILU）、国际标准化组织（ISO）、国际航运协会（ICS）、国际劳工组织(ILO)、欧洲海上安全局（EMSA）、国际独立油船船东协会（INTERTANKO）、国际干散货船东协会（INTERCARGO）的产生本身就是船检事业国际化的最好证明。

国际船级社协会自1968年成立以来，一直致力于改善海上安全标准，防止海洋环境污染，向有关国际海事组织和国家海事机构提供咨询和合作的机会，密切关注世界海运业并与之密切合作。作为IMO的咨询机构，国际船级社协会具有特殊的地位和对船检事业的国际影响力和领导力，目前世界商船队90%的吨位加入了其会员的船级。在经济全球化、航运国际化的大背景下，加入国际船级社协会，成为其会员一直是很多国家船检组织的梦想。作为国际船级社协会的正式会员，不仅能在国际海事界占有一席之地，而且可以享受国际保险商货物保险的优惠待遇。作为依靠技术实力和声誉而生存的国际性船级社，自始至终致力于高标准，这就使得一些国家的船检组织必须努力使自己符合国际船级社会员的高标准。船级社要想加入国际船级社协会这一国际组织，一方面对入级船舶的结构强度、机械和电气系统方面的基本要求必须符合国际的强制性标准，另一方面入级船舶的吨位要达标。

由于船舶运输涉及到国家安全、公共安全、海洋生态环境、人命财产安全，而各国的船舶标准又不一致，为了避免重大事故与海洋污染，就需要各国

2006年，中国船级社李科浚总裁作为IACS主席，主持IACS第54会议

政府共同成立一个组织，1948年3月17日“政府间海事协商组织公约”开始生效，1949年1月17日在英国伦敦正式成立政府间海事协商组织，这就是国际海事组织的前身，1982年5月22日改名为国际海事组织。国际海事组织(IMO)是联合国处理海上安全事务和发展海运技术方面的专门机构之一，作为一个国际海事组织，其宗旨是促进各国间的航运技术合作，鼓励各国在促进海上安全、提高船舶航行效率、在防止和控制船舶对海洋污染方面采用统一标准，以及处理与上述事项有关的法律问题。各国的船检机构在服务作业中，必须清楚并理解国际海事组织的相关规定，确保入级船舶符合于海上安全、防止海洋受船舶污染、便利海上运输、提高航行效率等公约的要求。

此外，国际标准化组织(ISO)，作为一种用于对质量体系认证的国际标准，它是世界各国优秀企业管理经验的汇总。虽然该组织是非政府性国际组织，但这一标准能衡量出一个组织的质量管理整体水平，并能判断出该组织是否具备了应有的产品质量的保证能力。它也有利于在世界范围内促进各国船检事业的标准化，便于国际间的物资交流和相互服务，并促进知识界、科学界、技术界、和经济活动方面的合作。

由世界各国或地区的相关船东组成的非政府间国际组织——国际独立油轮船东协会，也是世界上唯一一个完全致力于为非干货行业需求服务的国际船东组织，并与其他国际组织一道共同营造一个安全、高质、高效、环保的行业。此外，职业安全卫生管理体系、国际劳工组织(ILO)的宗旨都旨在促进充分就业和提高生活水平、促进劳资合作、改善劳动条件、扩大社会保障、保证劳动者的职业安全与卫生、获得世界持久和平，建立和维护社会正义。很多国家正在积极努力加入国际劳工组织，为船员提供广泛而有效的社会保护。

海洋并非一国的海洋，运输并非

一国的运输，船舶并非一国的船舶，时代并非闭塞的时代，标准并非一国的标准，利益并非一国的利益，生态并非一国的生态，船检并非一国的船检，这些要素决定着船检事业的国际性特征。这些国际性要素不断随着历史发展生发出新的国际性特征，并逐渐演化成一种文化的品质。

（二）公益性

不以营利为目的是各国船检机构的基本理念之一，这种理念成就了船检事业的公益性和服务性特征。随着经济全球化日益加深，世界航运事业出现大发展的局面，不同区域与不同国家在利用海洋这一公共资源运输货物的时候，越来越意识到，保证航运安全、保护海洋环境不仅仅是某一个国家或一个船检组织的责任，而是全球性的公共利益。海洋资源又是涉及人类生存的物质财富、气候、环境等重大要素，因而现代航运业的发展也必然要赋予船检以新的使命和文化特征。船检作为一种独立的事业，最早也许仅是船东、货主与保险商之间的利益需要。今天，就国际海事与航运的形势来看，单一的利益关系已经为公共的经济利益与社会利益取代；单纯的航行安全已经被新世纪的航行安全、环境安全、反恐安全、应急安全等新的公共安全体系所取代；单纯的单边关系已经被国际交往的广泛性与无区域性的特征与全球运输形式所取代；单纯的局部利益已经被广泛的全球利益与公共利益所取代。

作为跨国界公共技术服务产品的提供者，各国的船检组织，尤其是船级社，在承担安全、环保和保安检验服务时，“公益性产品”的身份确定显得更为突出。各国的船级社与船检组织作为专业的“负责任的提供者”，首先要解决的问题是船舶技术状况的符合性，而不是自身的利益。尽管根据国家法律授权和有关法律规定，船检组织应该收取一定比例的酬劳，但国际所有船级社都有一个明确的规定：不以营利为目的。这从中国船级社宗旨就能看清楚：对船舶(包括各种运输船舶、工程船舶、特种用途船、移动平台)、海上设施、集装箱以及有关船用产品提供合理和安全可靠的入级标准和技术规范，并通过本社的技术评审、检验和技术咨询，为航运、海上开发及相关的机器制造业和保险业服务，为促进海上人命和财产的安全与保护海洋环境服务，不以营利为目的。

作为非营利性组织和海上公共产品的提供者和海上安全链的一环，各国船级社一直奉行国际视野与国际安全原则。在船舶检验时，各国船级社力求统一于国际有关海事及航行标准与规定；保证船级社的入级服务，不仅适用于申请悬挂任何船旗的入级船舶，也适用于任何船旗国政府主管机关接受的、作为法定检验一部分的入级船舶；保证入级管理适应各国船东的需要。

当船级社等船检组织把确保海上人命财产安全、防止海洋污染作为永恒的追求时，这种公益性动机要求船级社要始终坚持完全独立的第三方的公正与非营利立场，以最优秀的员工提供最优质的服务，以高标准提供公共品，并致力于高科技的研究开发，积极参与全球航运规范和技术标准的研究与制定。在确保提升航运、造船标准的过程中，不断优化船级社作为“世界海事技术银行”的独特行业地位，最大程度满足客户的需求，持续为国际航运安全与海事安全提供公益性帮助，为确保生态海洋、绿色海洋不间断地提供公益性智力与技术支持，这就是船检事业的公益性特征。

（三）公正性

船检文化体现出来的公正性来源于船检行业的基本特性。船检行业的一个重要特征就是其船检业务始终保持独立公正的立场。船东、货主与海事保险机构都需要一个来自第三方的技术检验作为确定自己的权益与责任界限的依据。伴随着西方造船业、航运业的发展，船舶检验机构在面对造船业、船东、保险商、租赁方等众多客户时，尤其当这些客户之间存在紧密的利益关系时，独立公正的姿态和第三方身份能够妥善地处

理和协调相关的利益关系，从而更好地推动航运事业的发展。

在所有船级社的宗旨和要求中，都要求船级社作为一个独立、自律并接受外部组织审核的机构而存在。船级社与船舶设计者、建造者、船东、船舶营运人、船舶管理公司、船舶保养或修理者、保险商或租船人等之间没有任何商业利益关系。正像国际船级社协会在其道德准则中主张的那样：船级社依靠声誉而生存，只有依靠不断地证明其公正性和能力，才能保持对其技术工作的接受。船级社提供各有关方均接受的标准——“入级规范”，在船舶设计与建造中进行检查、确认其符合性，签发符合证明；定期检查其有效性，并签署；证明船舶符合规范要求。

只有身份独立、利益无关，船检的公正与诚信才能有保证。以中国船级社为例，中国船级社独立于所涉及

的各方，既不作为服务项目的设计者、制造商、供应商、安装者、购买者、所有人、使用者或维护者，也不作为上述任何一方的指定代理人；不从事可能影响其在入级、法定服务方面进行独立、公正和诚实判断的任何活动，特别是不直接参与其所服务的项目或类似竞争项目的设计、制造、供应、安装、使用或维护；从事服务活动的人员的报酬不直接依赖于其所进行的活动，并且也决不依赖于其活动的结果；所有潜在顾客均可获得中国船级社的服务。在服务活动中，船检机构与所有向其提供服务的对象既不允许有任何不正当的经济利益关系或其他先决条件，也不得有任何歧视现象。

（四）创新性

标准在不断提高，技术要求也不断提高，“技术立社”，以技术提升船级社的影响力，借助于影响力不断强化技术创新，是每一个船级社实践自己船检事业的辨证法。正如IBM战略计划部负责人乔尔·考利所说的那样：“我们在越来越多的领域看到，下一阶段的技术革新需要众多在细微层面上的具有专长的成员来参与。在各个领域内技术革新的前沿都将变得日益专业化。你的公司或你的部门在任何一个商务活动或社会问题中能起到的作用越来越小。所以，为了取得任何有价值的突破，你必须把能够越来越多的细分的专长联合起来。”

世界航运事业和造船事业的大发展，以及海上环保与安保责任的加重，要求为造船、航运、海上开发及相关的陆上产业和行业的发展提供更全面、更科学的保驾护航能力。船检事业能不能突破瓶颈，提供最佳性价比的服务质量，促进海上安全、防止海洋环境的污染，关键就在于能不能做好技术创新工作。

IMO海安司天水先生（Mr. Koji Sekimizu）送给前任国际船级社协会主席、中国船级社总裁李科浚的一句话意味深长：“知己知彼，方能百战不殆；知己不知彼，可能一胜一败；不知己不知彼，就会逢战必败”。究竟“己”和“彼”指的是什么，它要么是竞争对手或客户，要么是需要攻克的技术难关。兵法强调未战而先谋，既要充分认识对手的力量，也要认清面临的技术限制和可能的制约瓶颈。就船检事业而言，它面临的压力和挑战就是一系列技术难题。由于船舶制造业是资金密集和技术密集、劳动密集的综合型产业，伴随着“船型专业化、船舶大型化”的趋势，对船舶的设计、结构、舱位、制造、检测、涂层等环节提出了一系列新难题。比如油轮、散货船、集装箱船，还有高技术、高附加值的天然气运输船、滚装船、化学品船和豪华游船，都在不断优化和创新中，对船检也提出了技术创新的新要求。再加上海上安保、环保的需要，攻克技术难关成为世界船检人的共同任务。

在技术创新的道路上，每一个船检机构都希望破浪弄潮、纵横四海，领先标准、掌握核心技术，并借助于核心技术来强化核心业务，提升自己的国际影响力。技术创新、业务创新势如潮涌，而技术难关一旦攻破，就能领略到博大如海的气势。船检技术与海事技术一样，需要从深厚的历史积淀中找到提升的土壤，需要不断积累技术力量以寻求跃升。因为惟有“浚其源，方能载其厚；蓄其力，方能显其势；拓其疆，方能成其大；克其难，方能扬其声；通其脉，方能致其远”。在整个国际海事界，包括船舶所有人、船旗国政府、港口国当局、船舶保险人、船舶融资人、船舶建造人、船舶管理人、船舶承租人在内的对船舶航行安全负有责任的各主体，都面临着巨大的保障海上人命、财产的安全，防止海域污染的压力。而在这些主体中，船级社无疑扮演着非常关键的角色。比如英国劳氏船级社就是借助于自己的ShipRight系统与“船舶应急响应服务”来致力于海上安全。ShipRight系统就是依赖于不断重复的研究、开发和营运反馈过程，为船舶设计、建造和营运不断优化出最高的安全、质量和可靠性标准。而“船舶应急响应服务”（SERS）则承诺一年365天，每天24小时向失事船舶的船东提供安全技术支持服务，提供风险评估、状况评估、故障调查、专业分析。除了这些核心技术和业务，英国劳氏船级社还有一系列旨在帮助造船商、船东和船舶经营者的专业服务，这些服务与入级或法定服务无直接关系，其中包括技术规格和监理服务、燃料和滑油分析、破损和振动技术调研及火灾、搁浅或碰撞之类重大问题的应急响应。它参与海运业务的所有领域，从新造船到改装，再到游艇建造和海军船舶都有劳氏船级社的身影。

国际船检事业的技术创新，不仅仅在于某一个技术环节的创新，也不仅仅是坚持不懈持之以恒抓安全质量，更重要的是倡导全球的船级社、船厂、设备厂、设计院所、各政府部门等之间的技术合作，以提升整体性技术标准和核准技术参数。突破新型船舶检验标准的技术空白；突破深海油气勘探开发装备的核心技术；优化散货船和油轮关键技术；加快深海移动平台技术研发；强化节能环保技术，普及国际环保标准、区域环保标准及有关技术。各船级社需要积极建设国家船舶数据库，也应加强国际船舶相关行业的数据库信息共享研究；积极配合IMO的涂层标准，支持船舶工业实施涂层标准能力建立，完成整个生产链各个环节的实施办法；时刻保持技术的敏感性，积极开展对新型能源的技术跟踪研究，如风能领域、潮汐发电等。此外，各船级社必须彻底转变到“顾客导向”的服务模式上来，及时开展研究并制定相应的服务标准，不断提高服务的整体质量，如拓展压载水交换、废气排放、拆船、污油水处理等服务项目。

船检技术创新有利于打破组织传统的思维定势和技术限制，船检文化的创新则能使组织保持持续创新的动力。组织文化创新，是推动组织实施一系列创新的无形力量，一种内在的驱动力和用之不竭的原动力，船检文化的创新性，是确保船检组织创新、管理创新、服务创新等诸多方面的保证。船检文化的发展，便于在组织内形成良好的学习风气和创新传统，以鼓励员工采取各种有益的方式不断改善自身的知识结构、技术结构、人才结构，并持久激发员工学习创新和实践的愿望，在船检实践和管理实践中不断提高创新能力。正如交通部领导指出的那样：“光靠验船师拿着榔头，盖个章发个证书，从事低附加值的劳动，发展空间是有限的，无法与国际一流船级社竞争，应该靠科研和先进的技术。”今天，创新已经不是哪一个船级社的事情，而是全球性船检事业的使命。因为技术创新是船检赖以生存和发展的必要条件，是船检文化保持持久开放性和生命力的基础。

井口平台 JY13-1WH-1

第三章　船检文化的结构与层次

组织文化是一个行业在长期的生产、建设、经营、管理实践中逐步形成的，占据主导地位的，并为全体员工认同和恪守的共同价值理念和行为准则。从结构上可将组织文化分为物质层、精神层和制度层等三个层面。组织文化建设应根据行业自身的特点和经营环境进行设计和定位，必须遵循科学的规律和方法，坚持以人为本的思想，积极探索现代企业发展战略。组织在顾客和社会公众中树立良好形象的过程实际上就是组织加强自身文化建设的过程。组织应通过树立自身的理念形象、经营形象、服务形象、产品形象、国际管理者形象、员工形象、环境形象和公共关系形象等方式来提高知名度、美誉度和信赖度，从而达到塑造良好的企业形象的目的。

船检行业服务的是航运市场，航运市场不同于一般的工业产品市场和其他商贸市场，它具有全球性、流动性和多样性等特点；船检具有明显的国家属性和市场属性，船检的各项服务（产品）也具有生产周期较长的特点；因此，船检行业的文化建设也就不同于一般的工业和商贸行业。

一、船检文化的精神层面

汤姆斯·彼得斯在《追求卓越》一书中这样说：“一个伟大的组织能够长期存在下来，最主要的条件并非结构或管理技能，而是我们称之为信念的精神力量”。精神价值层是组织文化的核心和灵魂，是组织或企业赖以生存的精神支柱，是组织内聚力和向心力的核心动力。一个组织或一个企业有没有形成自己的特有的文化系统，最关键的就是看有没有形成自己的精神价值导向与坐标。精神层面的价值要求组织的领导者能以严肃的态度对待自身的文化建设，在最重要的步骤上迈出关键的步伐，真正从“行业之道”或“组织之道”与“行业精神”或“组织精神”，从企业的组织哲学与价值形态等方面来建设企业文化或组织文化，把组织的精神价值内化到全体员工的信仰与观念中。只有把自身模式的哲学系统全面地建立起来，组织才能避免“愿景”成为摆设、“使命”成为空谈，才能促进和谐发展与科学发展。

一般而言，组织的精神层面构成包括四个内容。①组织的核心价值目标。它是组织全体成员的共同追求，是组织全体成员凝聚力的焦点，是组织共同价值观的集中表现，反映了组织领导者和成员的追求层次和理想抱负，也体现了领导层的决策水平与智能结构，是组

织文化建设的出发点和归宿。②组织哲学。是领导者为实现组织目标而在整个管理活动中始终贯彻的基本信念，是组织领导者对组织长远发展目标、发展战略和策略的哲学思考。它侧重于各种企业或者行业关系和谐相处的哲学指导。③组织精神。是组织有意识地提倡、培养其成员群体的优良风貌，是对组织现有的观念意识、传统习惯、行为方式中的积极因素进行总结、提炼及倡导的结果，是全体成员有意识地实践而体现出来的。④组织道德。是指组织内部调整人与人、单位与单位、个人与集体、个人与社会、组织与社会之间关系的行为准则。就其内容结构来看，主要包含调节成员与成员、成员与组织、组织与社会三方面关系的行为准则和规范。组织道德直接决定着组织风气，组织风气是指组织及其成员在组织活动中逐步形成的一种带有普遍性的、重复出现且相对稳定的行为心理状态，是影响整个组织生活的重要因素。

作为特殊的行业组织，船检文化最重要的精神层面主要应该包括：

（一）价值观

就个体的价值观而言，是指对善恶、美丑、成败、贵贱、贫富、是非、对错的一种基本价值信仰；对组织而言，价值观是指速度的快与慢、扩张的变革与稳定、追求目标的大与小、社会责任的进与退、发展的专业化与多元化、路线的本土化与全球化、战略的进取与保守、目标的短期与长期、进行选择所表现出来的价值追求与基本判断。在组织价值观中，是组织“追求什么、发展什么、选择什么、扬弃什么、提倡什么、反对什么、弘扬什么、抑制什么、遵循什么”的一种价值态度。精神价值所指向的对象在一定程度上是超越物质意蕴的，能不能建立起这种基本的价值追求，是组织文化有没有灵魂的一个重要的检验变量。因为组织价值是一个组织存在的最核心的力量，是整个组织的精神导向，是社会责任、企业责任、企业公民、员工责任等多重责任的综合体现。

一个国家的发展有其基本矛盾与基本问题，一个组织的发展也有其基本矛盾与基本问题。在组织发展的基本问题上必须旗帜鲜明，含糊不得，对这些问题的明确回答构成组织的核心价值观。国际上任何一个成功的企业都有一套属于自己的价值观念。这种价值观在企业的发展中起着深层的、长久的作用。谈起柯达，柯达在全球的任何一位管理者都会对你提到柯达的6个价值观，这就是：尊重个人、正直不阿、互相信任、信誉第一、自强不息、论绩嘉奖。难怪有人讲，柯达这部战车就是靠这6个轮子支撑、前行的。杜邦公司为什么会成为世界上最长寿的企业？杜邦公司的整个经营活动，始终遵循一整套属于自己的企业价值观。杜邦公司的价值观第一是安全第一、保护环境，第二是人格正直和品德高尚，第三是公正待人。宝洁公司的威廉·波罗克特和詹姆斯·盖布将企业文化发展的重点放在产品质量上，他们不仅仅将其当作一个成功的战略决策逐渐灌输到宝洁公司的文化中，而是几乎把它作为一种宗教原则来进行灌输，这个价值观已经由宝洁公司的人承传150年了。P.S.拉森，强生公司的CEO是这样写的：“蕴含在我们信条中的核心价值可能是一个竞争优势，但那不是我们拥有核心价值的原因。我们拥有那些核心价值，是因为它们为我们界定了我们赞成的东西。即使在某种环境中它们变成了竞争劣势，我们也拥有它们。”另外，我们看一下Merck、Nord Strom、Pilip Morris、Sony、Walt Disney等公司的核心价值观。Pilip Morris公司的核心价值观：自由选择权、在战斗中打败敌人、鼓励个人动机、以美德为基础的机遇、努力工作及持续地自我表现提高。Sony公司的核心价值观：日本文化及国家地位的提高、成为先驱——不效仿别人、做不可能的事、鼓励个人能力及创造。Walt Disney公司的核心价值观：没有悲观、培养和造就“完全的美国价值”、创造性、梦想及想象力、对一致性及细节密切关注、迪斯尼魅力的保持与控制。中国移动集团公司回答了要“正德厚生，臻于至善”。船检人的基本的价值追求就是：安全、环保、公正，为国际航运事业及相关产业营造绿色生态运输环境。

（二）哲学观

船舶检验除了必须有行业的价值判断与价值信念，还必须有自身的文化哲学观。这种哲学观是以崇高的价值观为内核，以科学的世界观、理性的思维方式为基本观念的认识结构，是员工整体追求意识的浓缩和积淀，体现了各个阶层的员工尤其是管理者的特殊气质与管理魅力。船检行业的哲学观可总结如下：

1. 对客户

顺应市场规律，解决客户需要。船检行业与客户之间的关系应建立在服务的价值基础之上，因为企业只有定位在客户的终极意义上才能生存发展。企

业服务客户就是满足与创造消费者的需求，市场开发从哲学意义上讲是指在现有的生产条件下，通过企业的产品设计、生产和销售实现企业的价值提升，这种客户哲学是企业安身立命的根本，是企业的生命线，只有不断地深入挖掘现有的市场缺口、寻求顾客的新需要，并且本着提供安全可靠、品质卓越的产品，才能使行业和企业不断发展壮大。

2. 对竞争同行

创新竞争，共同发展，合法守约，诚实守信。现代企业是在无处不有、无处不在的竞争中共存发展的，一个人的舞台缺乏激情与乐趣，双赢或多赢的态势才能更好、更全面地关爱与呵护人类的健康与生命。由创新带来的激烈竞争能为产品注入一种文化力，对市场加入一种定位力，对企业输入一种想象力；同时应坚守公平竞争的规则，维系道德规范，合法守约，诚实守信，用无价的诚信炼铸辉煌。竞争是船检事业发展的动力。1993年8月当被问及英吉利海峡隧道的开通对轮渡运输可能产生什么影响时，欧洲隧道公司董事长约翰·诺敦回答说：“我们的目标不是取消轮渡。我们甚至希望他们扩大在芒什海峡的运输经营。我们欢迎竞争。”这是一种信念。

3. 对社会

真情创造，无私回报，法律责任，道德义务。现代企业作为社会的基本单元或组成细胞，应严格履行社会契约，积极承担一定的社会责任与义务。形成市场条件下的经济责任：稳定盈利的公司、法律制度下的法律责任、遵纪守法的法人、社会规范下的道德责任、给予社会贡献的载体。

4. 对自然

和谐统一的运作，绿色持续的发展。首先确立员工在自然和谐共处中求发展的绿色观念，挖掘绿色生产力，倡导绿色生产行为模式；以新的视野解释人、企业、社会与生态环境的新秩序；体现正确的生态价值观；坚持人与自然统一、相互依赖、相互制约的观念，从共存上升到共生、共荣。

5. 对员工

关怀每一颗心灵，珍爱每一件产

品。从根本上树立起以人为中心的道德规范，坚持奉行正确的企业哲学并在这一正确的价值观指导下实行情感化的刚柔相济的管理方式，才能引导员工去珍视每一件产品，才能让他们在产品的生产过程中感受到自我价值的实现与升华，真正体现全心全意依靠员工成就企业的理念。在现代社会中，企业之间的竞争，归根到底是人才的竞争。人才是企业的宝贵资源，是企业良好运转的最重要的动力源泉。因此，要端正企业的人才哲学观，建立一个让各类人才脱颖而出的人才环境。现代企业，应始终秉承这样的理念：人需要基本的生活保证，公司就要对职工的付出给予对等、公平合理的回报；人需要一个合适的位置，公司就努力为其创造一个实现个人价值的位置；人需要一个和谐的环境，企业就提倡员工之间相互尊重、相互服务、相互包容和宽恕，尊重个人隐私；人需要在发展中提高自己，企业就在大胆使用人才的同时，充分重视对人的培养。总之，企业应将人的价值和企业的发展巧妙有机地结合起来，达到相互促进、相互统一，从而使每个人都得到全面发展，这是企业兴旺发达的必然要求。

（三）精神观

船检精神是船检行业生生不息发展的内在动力。精神力量虽无形，但一

旦武装了生产要素中最具创造性的元素——人，就会转化为强大的物质力量，成为推动企业发展的内在动力源泉。船检行业作为一个利益共同体的特殊功能群体是浇铸现代企业的精神支柱，而船检精神是这一团队的灵魂，没有精神的团队形如一具空壳。在全体船检人齐心合力的基础上要充分发挥个人的主观能动性，充分凸现个性魅力与创造力。中国船检具有如下的几种精神：

1. 学习精神

学习是企业不断超越自我、挖掘潜能、谋求更大发展的重要手段。学习是企业适应市场经济的需要，也是职工胜任本职工作和参与企业改革的保证。企业的生存与发展取决于职工获取知识和运用知识的能力。企业唯一持久的竞争优势，是具备比竞争对手更好更快的学习能力。学习能转变观念，观念决定思路，思路决定出路。在新世纪新阶段，船检行业既要在国际竞争领域显示中国的实力，又要在国内航运中保障人民生命财产安全；既要检验好世界上最

新型的远洋船舶，也要检验好只有数米长的乡镇船舶和装备陈旧的渔业船舶；既要改革创新快速发展，又要统筹协调处理好国内外相关行业的关系，这都是中国船检人要面对的复杂课题。因此，船检行业要适应市场经济和经济全球化的要求，把自身建设成为一个学习创新型组织，学习并运用现代政治、经济、金融、科技、法律、国际市场运行规则和跨国公司经营管理知识，提升管理层次，使船检行业具有持久的竞争优势，实现可持续发展。

2. 创新精神

社会在发展，形势在变化，为适应这种发展和变化，墨守成规不行，必须与时俱进，必须有创新精神。因此，创新精神是企业文化的精髓，是企业长盛不衰的法宝。企业文化只有把创新的基因置入到员工当中去，才是真正能够让企业长盛不衰的企业文化。像松下电器、IBM、英特尔、柯达等百年企业之所以生存至今，原因就在于其创新精神长盛不衰，非常重要的一条就是企业文化像基因一样置入到企业的细胞当中去。比如思科非常强调对创新的鼓励，为了保证创新奖励的及时性，它设有一个名为“CAP”的现金奖励，金额从250美元到1000美元不等。一个做出创新贡献的思科员工，可以由任何人提名来角逐这个奖项。一旦确认，这名员工就可以及时拿到这笔现金奖励。船检行业要实现“竞争性生存、可持续发展”，就必须坚持创新，要不断超越自我，实现观念创新；不断地优化企业的组织结构，实现制度创新；不断开发新产品、新技术，实现产品和技术创新；不断地开拓新的经营领域、新的市场、实现市场创新。唯有创新，才能在激烈的市场竞争中实现船检的可持续发展，提高生存能力。让我们牢牢记住美国管理之父德鲁克的名言：组织的目的只有一个，就是使平凡的人能够做出不平凡的事。

3. 务实精神

“空谈误国，实干兴邦”。现代企业要实现“市场化、现代化、出精品、出人才”的奋斗目标，必须紧紧围绕实现企业终极目标，真抓实干，求真务实。比如格力电器打造的“实”文化，“实”体现在公司战略上是实事求是，求真务实，心无旁骛地坚持走专业化和稳健发展之路；在市场经营上是反对不实的宣传，实实在在地通过优质产品来满足顾客需求、树立良好口碑、赢得市场；在工作上树立脚踏实地，稳抓实干，多做实事，少说空话的务实工作作风；在员工身上保持优良品德，“做诚实人、说老实话、干实在事”，杜绝弄虚作假。船检行业唯有务实，才能从行业的发展战略出发，从中国经济的发展实际出发，从现代航运事业的实际出发，找准定位、脚踏实地、稳步地发展；唯有务实的策略和实干精神，才能外应大势，内练真功，通过求得实效，真正做到出精品出人才。

4. 合作精神

在《下一步——中国企业的全球化战略》一书中，作者给我们讲了一个关于胃革命的寓言：所有人体器官都认为“胃”太自私、太令人反感。“大脑”不愿意为胃而浪费时间思考如何做饭、如何吃饭等问题，它认为自己只应该解决数学问题和回忆美好的过去；“嘴巴”不愿意为胃而让食物玷污，并只是做单调的咀嚼动作；“喉咙”则觉得与发出美妙的歌声相比，吞咽食物实在是太粗俗了；“双手”也不喜欢做饭和用餐，而觉得自己应该只是弹钢琴与打麻将；而“双腿”觉得吃饭的时候，蜷缩在饭桌底下实在太委屈了，它认为自己就应该奔跑跳跃。于是所有的人体器官聚集在一起召开会议决定与贪婪丑陋的“胃”决裂。最后的结果会怎么样呢？独立的部分慢慢没有生气直至完全枯败。只有合作，各个机体才能发挥作用。船检行业是一个需要高度合作的行业，它的合作精神体现在与各个利益相关方的密切合作、平等合作、共赢合作、公正合作等方面。200年来世界经济有一个基本规律就是：共享。160年前马克思写《资本论》时，资本家是独占企业的利润；到19世纪70年代，股份公司发展起来后，股东开始分享一点企业利润；到了20世纪初，出现了职业经理人，他们开始分享企业的利润；又过了50年，到20世纪50年代，出现员工持股制度，员工开始分享企业利润；到了20世纪90年代，出现了Stakeholder（利益相关者），也就是说除了股东、职业经理人、员工，客户也开始分享企业利润。到了21世纪初，又出现了企业公民，企业利润要与社会共享。

（四）道德观

在德性的践行上，华夏民族从来就主张知行合一，故有“人而无信，不知其可”、“三杯吐然诺，五岳倒为轻”、“曾子杀猪示信”与“季布一诺千金”的美德传承不衰。组织与个人都需要有自己的道德观，这种道德观正如积极的人生价值观一样，绝不是仅仅把眼睛瞄准金钱，还应讲求奉献，讲诚信责任与义务。诚、诚实、诚恳、诚意、诚心、忠诚、坦诚、精诚……；信：信誉、信仰、信任、信心、信念、信条……。诚信二字具有丰富的内涵，历来被视为“进德修业之本”、“立人之道”、“立业之本”。许多政治家、思想家、伟人、先哲都以“诚信为本”作为立身处事的信条和座右铭。社会需要诚信，人们呼唤诚信。企业要走向市场，要在竞争中求生存、求发展，必须以诚信为本，做到诚信无欺，坦诚相见，取信于民。诚信是市场经济的“帝王规则”，是组织或企业联系社会与客户的纽带，是客户满意、政府放心的前提。现代企业应视诚信为生命，以诚信为信条，言必信、行必果，真正为客户着想，真诚为客户服务，满足客户需要，创造客户认可的现代企业品牌。

有一位企业家曾经说过，“作为赢得成功的企业哲学的实质是：价值为所有的员工提供了共同的方向，并指导他们的日常工作；成功的企业经营是因为他们的员工对组织价值的确认、信奉和实践。”说到底，船检活动就是做人，检船制“器”也是治人。对于验船师等一线工作的从业人员，必须培养他们强烈的道德责任感与安全使命感，培养利他主义和与人为善的积极态度，并树立强烈的社会责任感。就要以这样的企业精神来确保海上人命财产及环境安全，以及为打造绿色航运提供最具有支撑力的服务体系。确保国家利益，增色中国航运事业，助推国家船舶工业的发展。

总之，船检组织突出安全的价值观、强调共赢的哲学观、重视创新的精神观和凸显诚信的道德观，共同构成了船检文化丰富的精神层面。在国际船检竞争的大格局中，现代船检组织必须发扬敢为人先、永争一流、艰苦创业的拼搏精神，创造一流的效益（经济、社会双效益）；坚持改革的创新精神，研发一流的产品；常葆永攀高峰的竞争精神，提供一流的服务；蕴含顾全大局的主人翁精神，造就一流的人才。不断学习，改革自我，创造自我，突破自我，实现价值，挑战未来。

二、船检文化的制度层面

行业文化的制度层又叫行业的制度文化，它主要包括行业的产权体制、组织机构和管理制度三个方面。它是由行业的组织形态和管理形态构成的外显文化，它是行业文化的中坚和桥梁，把行业文化中的物质文化和精神文化有机地结合成一个整体。

制度文化与精神文化相辅相成，因为人们总是在一定的价值观指导下去完善和改革企业的各项规章制度，而规范的企业制度反过来用于监督和规范企业的经营活动，促进企业精神文化的发展。企业制度文化作为企业文化中人与物、人与企业运营制度的中介和结合，是一种约束企业和员工行为的规范性文化。它集中体现了企业文化的物质层和精神层对职工和企业组织行为的要求，使企业在复杂多变、竞争激烈的经济环境中处于良好的状态，从而保证企业目标的实现。

一个具有国际视野、适应现代大市场环境的开放型现代船舶检验组织，应该具备“完善的行业体制”、“适应市场的竞争机制”、“完善的规章制度”、“严格的工作纪律”、“明确的奖惩标准和系统”、“根据工作表现付给报酬”、“晋升程序的公开，透明”、“为员工设立明确的工作角色”和“公平公正的工作表现评估和晋升体系”。我们选择几个方面，来谈谈船检组织的制度结构的内容。

（一）国际船检行业体制

前边提到，国际海事组织（IMO）是联合国负责海上航行安全和防止船舶造成海洋污染的一个专门机构。1972 年5月23日，政府间海事协商组织通过决议，恢复中华人民共和国政府在国际海事组织中的合法席位。1973年3月1日，中华人民共和国正式恢复为政府间海事协商组织(IMCO)的会员国。

目前，IMO由167个会员和3个联系会员组成（见国际海事组织组成示

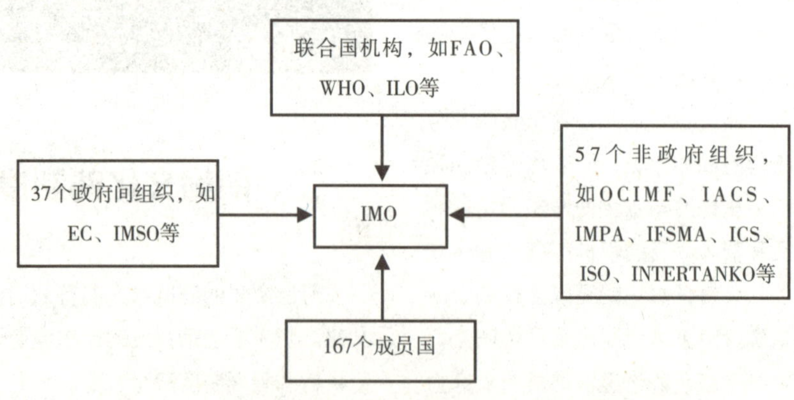

国际海事组织（IMO）组成示意图

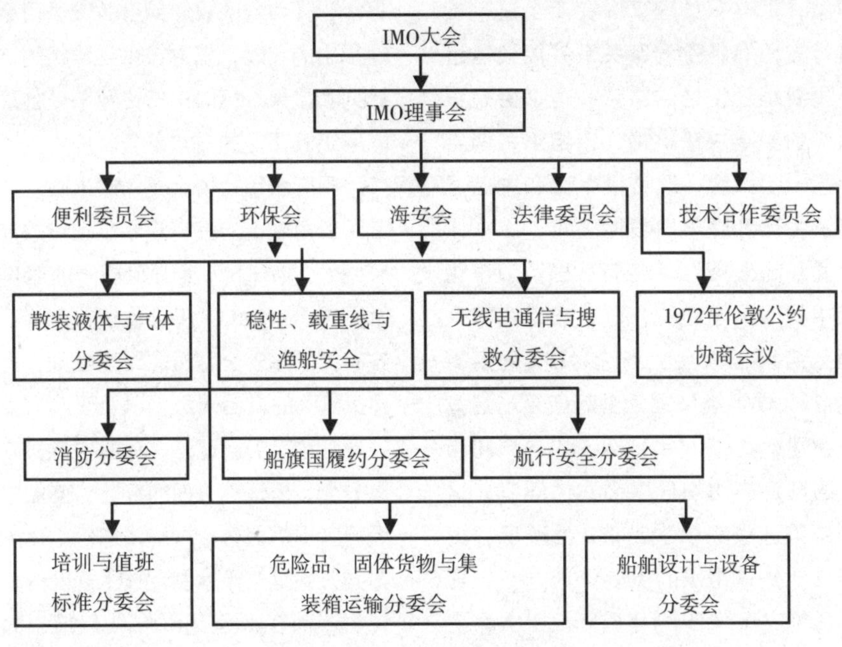

国际海事组织（IMO）机构示意图

意图），几乎世界上所有航运国家都参加了IMO，现已成为世界航运界和海上运输界的国际性组织。成立以来，该组织一直负责制定适用于航运业的规则和程序，或对现有规则和程序进行修订。IMO的有关规则，多被各航运国家采纳，纳入船旗国政府主管机关的法律，称之为船旗国法律或法定要求。

此外，IMO下属若干个专业委员会和分委员会（见国际海事组织机构示意图），各专业委员会和分委员会的会议除会员国外，还邀请政府间组织如国际劳工组织（ILO）、世界卫生组织（WHO）、欧盟(EU)、国际移动卫星组织(IMSO)，以及非政府间组织如国际船级社协会(IACS)、国际独立油船船东协会(INTERTANKO)、国际干散货船船东协会(INTERCARGO)、石油公司国际海事论坛(OCIMF)、国际航运公会(ICS)、国际气体船和岸站经营者协会（SIGTTO）、国际港口协会（IAPH）和国际标准组织(ISO)等参加。

国际海事组织理事会共有40名成员，分为A、B、C三类。其中10个A类理事为在提供国际航运服务方面有最大利害关系的国家，10个B类理事为在国际海上贸易方面有重大利害关系的国家，20个C类理事为在海上运输或航行方面有特殊利害关系并能代表世界主要地理地区的国家。理事会是该组织的重要决策机构。该组织每两年举行一次大会，改选理事会和主席。当选主席和理事国任期2年。中华人民共和国于1973年恢复在国际海事组织中的成员国地位，曾在该组织第9届至第15届大会上当选为B类理事，并自1989年第16届大会起连续当选为A类理事。2007年11月，中国再次当选国际海事组织理事会A类理事。这是中国连续第十次当选A类理事。海事立法是该组织的重要责任之一，它先后制定了《1974年国际海上人命安全公约》（SOLAS）、《73/78防止船舶污染公约》（MARPOL 73/78）和《78/95海员培训、发证和值班标准国际公约》（STCW78/95）三大著名公约以及事关人命财产和航行安全的《1966年国际船舶载重线公约》和《1972年国际海上避碰规则》两个最重要的基本文件。

国际船级社协会（IACS）的最高机构是理事会，它由各成员船级社的高级管理代表组成。理事会制定政策、方向和未来的战略，每年至少召开两次重要会议。理事会也对下属机构的工作进行审查并考虑和采纳技术问题的决议，如统一要求和统一解释等。理事会主要的下属机构是综合政策委员会，它也是每年召开两次会议。综合政策委员会处理提出的议题，指导技术工作组的工作计划和成果，同时由常设秘书处处理国际船级社协会的日常事务。

国际船级社协会是IMO中唯一能制定和应用规范的具有观察员地位的非政府组织。IACS负责拟定统一的船舶技术要求，对IMO的标准作统一解释，公布有关船舶安全营运和维修准则，为世界上90%的商船入级，以及受政府委托处理各种事务。此外，还吸收成员在海上安全、营运等方面的经验，向船东和经营者提供服务。国际海事组织IMO颁布的公约是船级社制定技术规范的重要依据。而在20世纪80年代以前，公约的制定是被动的，主要是根据每次海难事故发生后国际成员国的要求制定。技术规范和检验规章是船检制度文化的重要组织部分，它是每一个船检组织生存和发展的生命线和必需品。船级社制定和修定技术规范的条件主要来自三个方面：一是使用经验；二是有关理论和科研成果；三是IMO和IACS等通过的有关公约、规则、决议、统一要求等适用部分。

（二）国内船检行业体制

目前，中国非军用的船舶法定检验的政府主管部门有4个：①交通部：民用船舶、移动平台、国际航行渔业辅助船舶，包括有关的执法船与救助船等

（公务船舶）；②农业部：除国际航行渔业辅助船舶外的其他渔业船舶，包括执法船（公务船舶）；③国家安全生产监督管理局和国家海洋局：除移动式平台外的海上设施；④公安部：巡逻舰艇（公务船舶）。

目前，法定检验的执行机构有：①中国海事局：广东省、黑龙江省所属非国际航行船舶；②中国船级社：国际航行船舶、非国际航行船舶、海上设施；③渔船检验局：渔业船舶；④各省、自治区、直辖市船检局、处：所属非国际航行船舶。

入级服务（检验）的执行机构是中国船级社（CCS），它是承担悬挂中国旗船舶入级的唯一机构、组织。CCS也可根据任何船旗国政府的授权，进行法定服务；以及任何船东申请，进行非授权法定服务，以及入级服务。

（三）船检行业管理制度

如果说精神价值在很多时候是员工自行采纳的或者已经内化成习惯性行为，那么制度则要求员工必须接受，不管你愿意不愿意，这种外在的他律的规范性约束力一直存在，直到你自愿接受为止。也就是说，把文化的要求落实到制度与员工的日常行为中，就成了制度层面的文化结构。

制度规范的意义就在于通过外在的约束来规导行为者，并在潜移默化中把制度内化进员工的日常行为之中，从而使员工的企业文化的认同从制度层面跃升到精神信仰层面。

各船级社与其他行业组织一样，除了通用的行业制度如财务管理制度、档案管理制度、资产管理制度等，还有其独特的如下制度：

1. 资质管理制度——组织资格认可和执行法定服务的人员资格认可。

IMO在1993年11月海大通过的A·739（18）决议“被认可组织的最低标准”中，对船级社的“能力”做出了具体规定：

有一支强大的技术管理与支持队伍，能满足制订和维护规范需要。

能用英文出版供船舶与主要工程系统设计、建造和发证用的规范，并予以系统的维护；还应具有足够的研究能力，以确保所颁布的标准得到不断更新；

有一支合格的专业队伍，能提供足够的地理覆盖面所需的服务。

为了进一步明确被认可组织的最低标准，IMO在1995年11月23日通过的A · 789（19）“被认可组织代表主管机关执行检验和发证的细则”（简称发证细则），进一步明确认可组织在国际航行船舶的法定检验与签发国际证书的职能方面的最低标准，即管理（management）、技术评审（technicalappraisal）、检验（surveys）、资格（qualifications）与培训（training）。对以上四个方面的最低要求，IMO分别给出了详细而具体的职责和能力，这是作为政府主管机关将法定检验服务授权其认可的组织必须具备的职责和能力。被认可组织中执行负责法定服务的人员（验船师）必须具备以下的学历、经验和水平：即被经认可组织认可的第三级学校（注：相当于中专）在工程或自然科学及相关领域（至少2年教育）；或船舶或航海学院并具有作为持证船员的航海经验；同时具有与工作相适应的良好的英语水平。为此被认可的组织就应建立文件化的人员资格体系，并不断提高他们的专业知识，与授权给他们的职责相适应。该系统应包括的培训课程（包括国际证书和办理证书的手续）以及实践培训的内容，同时应提供圆满完成培训的证明文件。这就决定了被授权的船级社必须对执行法定检验的人员建立培训体系，执行人员必须经过严格的培训，具备资格持证上岗。

欧盟（EU）于2001年修改其理事会《关于船舶检查和检验组织以及海事主管机关有关活动的通则与标准的结合》（94/97 EU），纳入了IMO A · 789的相关规定和需要建立内部质量体系的要求，规定了“应实施验船师资格及其业务知识更新的体系”，与IMO的要求是一致的。

国际船级社协会的成员都建立了符合上述要求的体系和制度，中国船级社也不例外，所建立的制度完全符合上述规定。目前，中国船级社已获得中国政府和世界上25个国家的政府授权进行法定检验。

2. 质量控制制度

按照国际船级社协会的统一要求，国际船级社协会的成员都于20世纪90

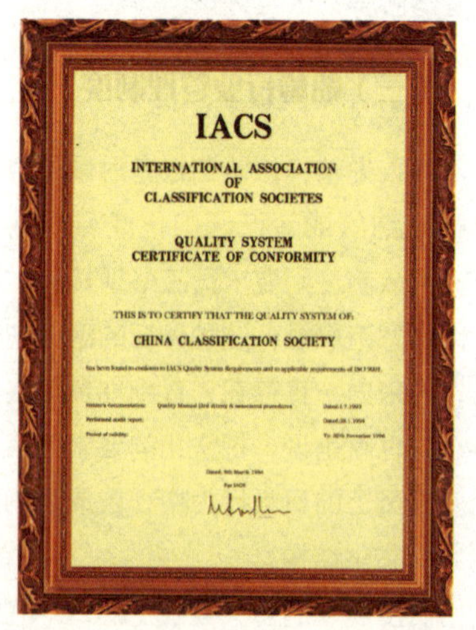
IACS

INTERNATIONAL ASSOCIATION
OF
CLASSIFICATION SOCIETES

QUALITY SYSTEM
CERTIFICATE OF CONFORMITY

THIS IS TO CERTIFY THAT THE QUALITY SYSTEM OF:

CHINA CLASSIFICATION SOCIETY

1993年，中国船级社获得了国际船级社协会颁发的质量体系合格证书年代初相继建立了质量控制制度——质量体系。中国船级社1991年同样按这一要求开始建立自己的质量体系，到目前为止，已经正常运行了近20年。经过每年的年度审核和每隔5年的全面审核证明，这一体系的运行是正常有效的，而且在不断完善和进步。这一制度的本质功能就是船级社及其员工的一切服务活动都在体系规定的控制之下，以使其服务活动的质量得到保证。这一体系可以抽象为5个W和一个H，即WHAT（做什么）、WHO（谁来做）、WHERE（在什么场所做）、WHEN（什么时间做）、WHY（为什么做）以及HOW（怎么做），这一切都形成文件化的制度，主要包括质量手册，各种程序文件、须知和通函。部门和个人的服务活动的全过程都必须遵守这些文件的相应规定，不能随意行事，而且全过程都在监控之下，这就从根本上保证了执行标准和指令的统一性和服务活动的规范化，确保了服务质量。

这一体系的根本性文件是《质量手册》，它是体系建立和确保持续有效运行的灵魂。在中国船级社的《质量手册》中做了如下主要规定：

船级社总裁声明：

我们认识到，安全质量不仅是我们的生命线，更是我们的社会责任。

我们认识到，面对国内外严峻的竞争和挑战，只有我们自己做好准备，牢牢把握住技术立社、诚信为本的宗旨不动摇，坚持正确，改正错误，才能达到我们预定的战略目标。

我们认识到，质量管理体系对于一个机构的重要性，我们必须有效运行，持续改进，按照PDCA循环的方法，保持、运行、改进好我们的质量体系。

质量方针：

促进船舶及海上设施具有安全航行和/或作业及防止污染水域的技术条件，促进船公司及其所属船舶安全管理体系和保安管理体系的建立和保持，坚持安全质量第一，提供先进、合理的规范及规则，独立、公正、诚实地执行审图、检验和认证审核，提供优质服务，树立良好信誉，持续改进质量管理体系的有效性，满足顾客的需要和期望。

管理承诺：

全体员工是本社获得成功的保证，本社创造使他们能尽其所能的工作环境，支持员工献身船检事业的追求和发展，鼓励员工进行创造性的思维和行动，最高管理者乐意倾听和响应员工的建议。

本社要求全体员工理解并正确贯彻质量方针，诚实地执行各项规范、规则、IACS要求及本社道德准则和授权国政府的有关检验规定，奉行“团结、奉献、公正、高效”的信念。最高管理者以自己的行为成为全社模范执行的表率。

在中国船级社建立起来的质量体系中，上述"声明"、"方针"和"承诺"均具体体现在程序文件、须知和通函等文件化的规定中。最高管理者和全体员工在管理和服务活动中都必须严格遵守和执行这些质量文件，以确保服务活动的质量，满足客户需求。

作为一个新制度的建立和实施并非一件容易的事情。自1991年下半年开始，中国船级社就开始按照国际船级社协会的统一计划和要求，筹备、设计、构建这一全新的质量体系。当时全社上下齐心协力，满怀激情，加班加点，日以继夜，废寝忘食地真抓实干，反复调研，请教专家，反复修改。直到1993年下半年经过三个月的试运行，发现运行中的问题，进一步修改完善。经过近三年的艰苦工作，最终通过了国际船级社协会（IACS）对质量体系的审核，并于1994年年初获得了国际船级社协会颁发的质量体系认可证书。

质量体系的建设过程是船级社质量文化建设的重要组成部分。经过这一过程，全体员工的质量意识空前增强，服务活动的规范化和有效性空前统一，服务意识和服务能力空前提升，顾客对服务的满意度显著提高。作为一个质量文化建设的里程碑，中国船级社（CCS）质量体系凝结了参与质量体系建设的员工们的心血和劳动，也凝聚了他们的成功和喜悦，同时也内化为他们终生的质量意识，成为一种特殊的质量文化。

3. 行为规范制度——道德准则

道德准则是国际船级社协会成员所特有的行为规范制度。道德准则是国际船级社协会（IACS）成员社独立、公正进行服务的准则，是成员社客观诚信发展和竞争的准则，同时也是服务的执行者（验船师）在服务活动中必须遵从的职业道德和行为准则。道德准则的主要要求是：

（1）船级社依靠信誉生存，对其技术工作的认可，只能通过不断证明其完整性和工作能力来实现。

（2）船级社之间的竞争，应以向航运业提供（技术和现场）服务为基础，但绝不能危及海上人命和财产安全或降低技术标准。

（3）验船师的工作，是代表他所在的船级社。

基于这些要求，中国船级社自其质量体系开始运行的那一刻起，就制定了符合这些要求的中国船级社（CCS）道德准则，并写进了质量手册，主要内容是"忠于职守、独立公正、客观诚信、高效严谨、严格把关、有错必纠、努力钻研、遵守纪律、团结协作、清正廉洁"。要求全体员工，尤其是验船师必须遵守这些准则，而且验船师的服务活动始终处在船级社的监督管理之下，中国船级社（CCS）并通过每年向客户征求意见、调查问卷等多种方式反馈验船师遵守道德准则的情况，做到有错必纠。

经过十多年的实践，和客户反映证明，中国船级社（CCS）的良好信誉和形象，已得到航运业和客户的高度评价和广泛认可。这一制度文化的成功建设充分表明，它是CCS深化改革，扩大发展的无穷力量和基业常青的无形资产。

4. 其他管理制度

船检作为一个行业除了上述特别的制度，自然还建立了与其他行业相类似的一般性管理制度。以中国船级社为例，有符合国家规定的财务管理制度、资产管理制度、财务审计制度、人事管理制度、劳动合同管理制度、培训与晋升制度、奖惩制度、严格工作纪律等等。这些制度的建立都是围绕着遵纪守法，培养人才，提高全员素质，构建和谐的工作、生活氛围，为实现船级社的服务宗旨和质量方针而制定的。船级社下属的各机构也相应建立了结合实际情况的各种规章制度，其原则和目的和总部都是一致的。

总体来说，船检文化的制度结构主要包括组织结构、管理规章、岗位职责、职业道德等，它是以制度化、规范化的方式确定起来的行业公法，对所有成员具有普遍的约束力。

三、船检文化的物质层面

我们之所以常常能记住一些品牌，甚至一个组织或企业的LOGO，那是因为这个品牌、组织或企业的物质影响力起到了巨大作用。一个品牌总是通过一些外在的物质力量，比如外观设计、标志、服装等视觉冲击，服务质量或产品质量等强硬的物质化的影响力来征服人。美国著名的《新闻周刊》曾经评出各国最具影响力的文化符号。美国文化的符号有：华尔街、百老汇、好莱坞、麦当劳、NBA、可口可乐、希尔顿、迪斯尼、自由女神、超人等，英国文化的符号有：英语、白金汉宫、威斯敏斯特宫、大英博物馆、牛津大学、达尔文、牛顿、莎士比亚、劳斯莱斯、BBC、格林威治天文台、贝克汉姆等，法国文化的符号有：法语、埃菲尔铁塔、卢浮宫、巴尔扎克、拿破仑、轩尼诗、雅诗兰黛、家乐福、雨果、《红与黑》、香榭丽舍大街等。

船级社也有自己独有的文化符号。

世界上的一些著名船级社中，有的以天平作为自己的标志，有的以裸体女人作为标志，有的以锚与龙身结合作为标志。这些都要传递出基本的价值追求，天平表示公平、公正、平等；裸体女人表达透明、纯洁、优美；锚与龙身的结合是中国船级社的社徽，表达出传统船检文化的物质标志，主要依托于海洋与龙图，取蛟龙入海、祥龙游刃有余之意，锚则表达出稳定、安全、终极价值实现之意。而随着船舶检验的现代化，表层的文化表征手段也正在被多样化，验船师的作业场地、检验的机器设备、服装、安全帽上的图标都已经成为体现船检师形象的载体。作为组织文化的物质表层，就是要通过这些易于识别的“象征”符号与载体，借助于易观察到的有形外显物，来提升组织文化的影响力，逐步过渡到可观察到或具备某种表现形式的无形外显物——制度与精神价值。

（一）船检行业的物质文化结构

任何一个组织或企业在实施文化建设的时候，尽管为组织设定了核心价值观、道德准则、行为方式等制度规定，但能在广大员工还没有理性认知的前提下，就需要借助于物质手段来推进文化建设的基础工作，这就是组织文化的物质层面。作为组织文化的表层部分，它总是依托于某些载体来呈现，只有从这些物质的东西起步，才能把文化建设推进到制度层面，直到最终不需要任何附着物的精神信仰层面。

船检行业文化的物质表层结构细分为如下几个方面：①提供的产品：规范、证书、软件、船舶录、产品录。②各船检机构的视觉系统，包括组织名称、徽标、标准字、标准色、组织旗帜、组织歌曲、检验工具、工作服以及信封、信笺、文件夹、公文包，以及请柬、贺信、手提袋等载体。③品牌标志：入级符号、载重线标志、检验钢印等。④组织的文化传播载体，如自办的报刊、有线广播、闭路电视、计算机网络、宣传栏（宣传册）、广告牌、招贴画等。⑤特质性、创造性的内容，如英雄行为以及独特的故事。榜样、楷模的力量是无限的，它是凝聚人心的必要手段。行业或组织的目标或道德价值要求在表现上不能空泛，必须具象化到某一对象物身上，对组织而言就是组织的“英雄人物”。英雄人物不在于地位高低，关键是其象征意义。⑥文体生活本身。组织可以通过丰富多彩的可视可听的文体生活，强化员工的参与意识，归属感，责任感，增强感情沟通，增进人际关系和友谊。

（二）船检行业的物质文化产品

一个组织它所提供的产品或服务，虽然不直接表现为文化形式，但却能表

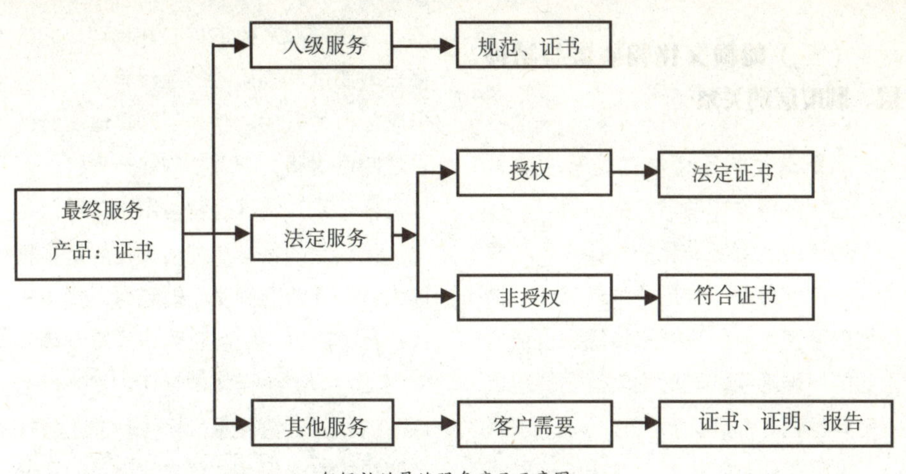

船级社的最终服务产品示意图

达出生产这种产品或提供这种服务的组织的文化。尤其是作为一种物质文化表达的延伸，在船检行业中，不管是入级服务、法定服务还是其他服务，总是呈现为一种过程服务（见船级社的最终产品示意图），不表现为终端产品，但此项服务直接影响终端产品的实际使用情况，甚至直接关系到这种产品能引发的直接与间接的危害及其后果。作为船检组织，规范、证书、证明、报告是其提供的主要服务产品，这种服务既是金融保险的需要，也是国际航行与国际海事组织的制度性要求。一个船舶入级证书虽然并不意味、也不应解释为保证该船具备安全、达到预期用途或适于航行，但符合规范本身的船检工作就是表达出被检验船舶必须具备的基本的适航要求。当前国际一流的船级社，有些船级社的延伸业务已经超过了核心业务，收入也超过核心业务。除了船舶检验、产品检验、海工检验，工业服务、制定规范标准，从事船型研发、大型软件开发、提供信息服务等等也成为船检的新领域。

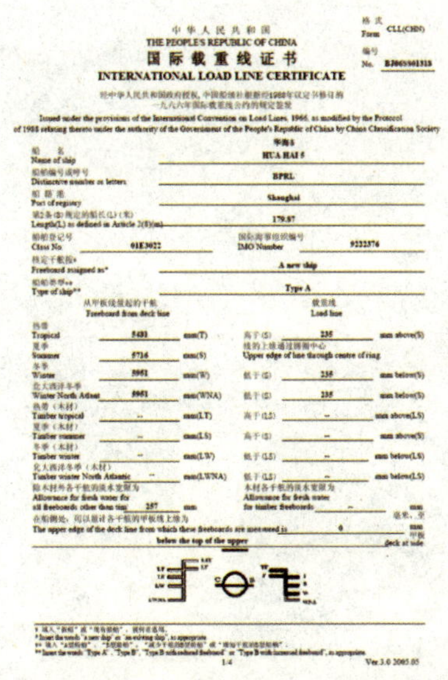
中华人民共和国
THE PEOPLE'S REPUBLIC OF CHINA
国际载重线证书
INTERNATIONAL LOAD LINE CERTIFICATE

格式 Form CLL(CHN)

Issued under the provisions of the International Convention on Load Lines, 1966, as modified by the Protocol of 1988 relating thereto under the authority of the Government of the People's Republic of China by China Classification Society

Name of ship: HUA HAI 5

Distinctive number or letters: BPRL

Port of registry: Shanghai

Length(L) as defined in Article 2(8)(m): 179.87

Class No. 01E3022　IMO Number 9222376

Freeboard assigned as*: A new ship

Type of ship**: Type A

Freeboard from deck line / Load line

Tropical 5401 mm(T)　235 mm above(S)

Summer 5716 mm(S)　Upper edge of line through centre of ring

Winter 5961 mm(W)　235 mm below(S)

Winter North Atlant 5961 mm(WNA)　235 mm below(S)

中国船级社法定证书样本

（三）船检文化物质层与精神层、制度层的关系

组织文化的三个层次是紧密联系的，它们各自发挥着自己的作用。

物质层是组织文化的外在表现和载体，是制度层和精神层的物质基础，物质层以可视可听的形式来传播来自结构上层的精神呼唤，同时把制度层的规章规范具象化、品牌化。

制度层则是物质层与精神价值层的合力的结果，是中间的过渡环节，作为精神导向必须为制度确定基本的方向与约束力，作为物质基础必须为基本的制度要求服务，只能与制度相统一，而不可与制度性要求产生对抗，作为建设性的姿态来推进制度，并最终帮助制度在精神层面获得其最高存在状态。

精神层作为最高的行为指令与思想内核，是形成物质层和制度层的思想基础，也是组织文化的核心和灵魂。它的存在为制度和物质层的建设确立了指导思想与行为方向。精神层和具体实行的管理制度之间，要保持内在一致性，两者目标一致，管理过程与制度就可以强化文化观念的基本精神，文化的基本精神也有助于管理制度、规范得以真正贯彻执行。所以，组织在利用规章制度约束职工行为、推行科学管理、提升价值认同的同时，要注意发挥各种非正式规章的软约束作用，注意文化因素的渗透和影响。

这三个层次之间相互配合，最终都服务于一个目的，那就是最大限度地发挥文化对员工的引导作用，把企业的终极价值恒久地矗立在员工的思想深处。

因此，在文化建设上，“贫血”的组织是没有出路的。每一个优秀组织都必须拥有自己的“终极性价值资源”，它是一种难以模仿的公开的“隐形诀窍”，是组织存在的最高形式，拥有这种最高形式的价值资源，别的组织即使照搬他们的战略，也无济于事。战略只是获取价值的途径和手段，只有那些能把自己的发展战略与组织的核心价值结合良好的组织，才能在裂变中不断生成新的机遇并不断创造奇迹。如果一个大型的行业组织或企业组织，要想获得良好的知名度和美誉度，就不能只知道赚钱，甚至不惜坑害消费者利益，这种利润导向的价值观最终必然要葬送组织的生命。良好的组织需要进行立体的文化结构建设，需要精神层面、制度层面和物质层面的平衡协调发展，需要高尚的价值引导以确立正确的员工行为，需要严密的制度建设与惩罚机制与执行力来保证员工行为的统一，需要不断强化物质文化建设来巩固员工的自我认同、组织认同、价值认同和行为认同。

在听完一位成功的企业家讲课后，一些来自企业的学员感到有些失望，便问他：“你讲的那些内容我们也差不多知道，可为什么我们之间的差距会那么大呢？”这位企业家回答说：“那是因为你们仅是知道，而我却做到了，这就是我们的差别。”今天，对于船检人而言，自身的文化表达不仅仅是把诚实管理、主人翁精神、信任、客户至上、执著、竞争、科学发展、创新、敢于冒险、效率、危机感、团队精神等等内容说出来，重要的也是文化建设的关键性一步，是把这些东西做出来。

第四章　世界船检文化的演变与规律

世界船检文化的起源和发展过程，是海洋文化不断调适的历史，同时也是船检行业文化不断积淀的过程。经过在英国伦敦的一家咖啡馆中近100年的酝酿，船检文化形成了基本的物质和精神文化的“基因”，如安全文化、市场文化、服务文化、信息文化和技术文化等。这些文化基因成为船检文化不断发展的基本“因子”。1760年英国劳氏船级社诞生后，现代船检行业开始了从无到有、从小到大的发展历程，积淀下了独特的文化底蕴。纵观世界船检文化200多年的发展，主要经历了三个独立发展阶段：奠基阶段（1760～1919年）、融合阶段（1919～1990年）、升华阶段（1990年至今）。

一、世界船检文化奠基阶段

世界船检文化奠基阶段（1760～1919年）的主要特征是：工业革命后，世界各航运发达国家纷纷建立起本国的船检组织，各国船检组织独立地进行着物质文化、制度文化和精神文化的探索和构建。

（一）船检机构的诞生为船检文化提供了组织载体

1760年英国劳氏船级社成立以后，各航运发达国家也相继成立了自己的船检机构，以便发展航运事业和增强国际竞争能力。这一时期，法国、意大利、挪威、德国、美国、日本、俄罗斯、希腊、波兰船级社相继成立（详见世界主要船级社起源及其政治背景一览表）。

从各国船级社的起源历史可以看出，“船级社”始终与“工业化”联系在一起。工业革命极大地促进了国际贸易的发展，而这一时期要实现正常的国际间贸易，几乎完全依赖于航运业，航运业又是一个高风险的行业，于是就催生了船舶的保险业。由于航运出资人和保险商的需要，现代意义的船检行业就诞生了。

由于船级社所在国的情况和相关环境各不相同，各船级社总是与本国民族文化传统的深厚背景有着千丝万缕的联系，因此体现出地域性色彩。同时，随着船检行业实践的发展，这一时期的各国船检内部组织机构逐步完善。如1851年法国船级社设立总委员会、技术委员会、船级委员会、国家和地区委员会，这些组织形式沿用至今。

各国船检机构在创立之初，大都经历过多个船检机构逐步整合统一的过程。1760年英国劳氏船级社成立后，出版绿皮《船舶录》（它的第一版《船

世界一些主要船级社起源及其政治经济背景一览表

主要船级社	创立时间	政治经济背景
英国劳氏船级社（LR）	1760年	英国处于海上的绝对优势，18世纪下半叶，英国工业革命改变了经济历史前进的方向，从1698年到1775年，英国进出口商品额增加均达到500%以上
法国船级社（BV）	1828年	拿破仑以后的半个多世纪发展起来的国际新体制（1815～1885年），以大不列颠为中心的跨洋、跨大陆的贸易和金融网络，自由贸易思想的传播， 工业技术从一个区域向另一个区域日益加速转移
意大利船级社（RINA）	1861年	同（BV）
美国船级社（ABS）	1862年	1861年4月内战爆发前，美国已经成为一个经济巨人，1860年其在世界工业的产量中所占的份额已超过德国和俄国，快要赶上法国
挪威船级社（DNV）	1864年	同（BV）
德国劳氏船级社（GL）	1867年	1866 年10月德意志在俾斯麦的北德意志联邦领导下，不断崛起，1870 年以后的整整20 年中， 德意志成为世界性大国
日本海事协会（NK）	1899年	1868 年起，日本实行明治维新，大力发展造船业，不断向海外进行军事扩张
俄罗斯船级社（RS）	1913年	1815～1860年间，俄国在经济和技术方面正在惊人地衰弱下去。历史学家认为在这期间俄国“ 工业革命”没有发生， 但1860 年到1913 年间俄国的工业产量以年平均5%的惊人速度增长着

舶录》是在英国劳氏船级社建立的同年出版的，由于封皮是绿色的，所以人们通称为绿皮船舶录），将检验定级后的船舶载入船舶录内。当时的船舶录是不公开的，船级社免费进行检验，有偿提供船舶信息咨询和出售《船舶录》，以此收入维持船级社运行。

1799年，在船东与保险商的利益冲突中，英国船主成立“船商船主和保险商协会”与英国劳氏船级社抗衡，出版红皮《船舶录》与其竞争。这就是英国早期船检机构间的绿皮《船舶录》与红皮《船舶录》对船舶入级的竞争。竞争中，每一方都试图得到最大数量的登记船舶，追求最大数量的订户，甚至降价竞争，迫使船东的船舶在双方都要登记，增加了船东支出，同时也使《船舶录》的出版发生了经费困难。

1823年，两家船级社经过10年的协商，于1834年合并成立“不列颠与外航劳氏船级社”。其后，1835年英国利物浦船级社成立，英国重新出现两家船检机构，后经过10年发展而于1845年与劳氏船级社合并；1862年英国“利物浦保险商船级协会”成立，20多年后也在1884年与劳氏船级社合并。然而，1890年成立的英国船舶检验与登记协会（BC），虽然在1911年就拟议与劳氏船级社合并，但到第二次世界大战后的1949年才完成与劳氏船级社的合并，历时38年才真正实现了英国国家船检机构的统一。

同样，在美国和意大利也经历了类似过程。其中，美国在1862年成立第一家船检机构“美国船长公会”，后改称“美国船舶局（ABS）”，中文译者通称“美国船级社（ABS）”，从事船舶入级与检验业务，它1882年合并“美国劳氏船级社”，1908年合并“美国标准船级社”，1916年合并“美国大湖船级社”，最终形成了统一的美国国家船检机构。意大利于1861年成立“意大利船级社（RINA），在1921年合并“亚得利亚海船级社”后统一了国家船检机构。

各国船检机构由分到合的经历丰富了船检文化理念和价值观，为船检文化的形成提供组织载体的同时，也奠定了其丰富的文化基础。

（二）船检技术的发展创新为船检文化的形成提供了物质性基础

随着工业革命的不断深入，新材料、新动力的发明，以及在生产实践中的应用，船舶发展也经历了木船、铁船和钢船三次更新，船舶的动力经历了从帆到蒸汽机，再到内燃机的发展过程。世界各船级社为了适应船舶的发展，在检验业务范围和技术上进行不断创新和改进。船检机构刚诞生时的船舶入级检验主要是对船体状况的检验，后来逐步增加了有关船舶设备、轮机、电器等的检验业务，有的船级社还开始向陆地发展。1817年，英国政府针对蒸汽机船不断发生的锅炉爆炸事故，又决定对蒸汽机船执行锅炉检验，1869年英国劳氏船级社把主机锅炉列为了船用设备检验。1874年英国劳氏船级社首次雇用轮机验船师。1910年世界船舶统计中，钢船占83%，铁船占11%，木船占6%。1910年法国船级社开始检验陆用工业设施。1917年英国劳氏船级社首次雇用电气验船师。

船舶制造技术及应用的不断提升促使船舶检验技术不断创新和发展。验船师由初创时期的凭经验检验向依靠规范标准的检验转变，各船级社成立了技术委员会，组建工程师队伍，加强了规范标准的研究。船检文化不断注入科学技术的因素，不断从经验性文化向规范性文化转变。

（三）船舶检验的市场属性催生了船检服务文化

作为非政府机构的船舶检验单位船级社，所提供的各项检验服务是面向市场的，它必须以良好的技术能力、服务和信誉才能赢得市场，获得报酬。在提供服务的过程中，它主要是服务者，而不是管理者或者监督者。其服务的优劣是市场进行选择的唯一标准。由此而催生了船舶检验的服务文化。以入级检验为例进行分析。

1823年，英国两家船级社合并后，人们形成了如下共识：

1. 英国只有一部《船舶录》是重要的。

2. 入级委员会应由所有海运团体的代表组成。

3. 船级社的活动应遵循由委员会制定的条例。

4. 船级社应制定船舶技术规范作为船舶入级的标准，这些标准不受地区和各自分歧的影响。

5. 船舶在建造过程中应予检验。

6. 验船师应是指定的专业人员。

7. 船舶入级不应只是根据验船师的判断，而应由委员会参照验船师的报告作出决定。

8. 船级社的收入不应只靠出售《船舶录》，而应按照入级船的吨位收取检验费，维持船级社运作。

这些共识形成了当今船舶入级检验的基本制度，进而确立了船级社入级检验的基本方式，沿用至今。

船级社成立之初的入级检验非常简

单。1760年英国劳氏船级社成立后，验船师都是退休的船长或船上的木匠。据说，他们经验丰富，对船的构造和质量了如指掌，只要他们用水手刀捅一下船的木质部分就能判断船的质量。当时的验船师根据船舶构造和锚帆设备状况好坏定级，将船体分为A（最好）、E（较好）、I（中等）、O（较坏）和U（最坏）五级；设备分为G（好）、M（中）和B（坏）三级，将其相互组合便成为受检船舶的等级。后来，将船体等级分类简化，定为G、M和B三个等级，设备改为1、2两个等级，组合后产生英国劳氏船级社沿用至今的“A1”最高船级符号。

船级社是由船舶入级需求产生的，而船舶入级又是在保险商需求中产生的。保险商根据船级社提供的船舶技术状况，确定保险金额或给予多少保险优惠。船级社依靠为航运保险商提供可靠的服务而生存。

（四）船舶检验的国家属性催生了船检的安全和环保文化

船舶检验的国家属性根源于国家对船舶航行安全和保护海洋环境不可推卸的责任。国际上有关海上航行的公约、法律都是为了保护航行安全和海洋环境而制定的。

19世纪中期，不断发生的船舶海损事故，引起了海运贸易国家对人命财产安全的重视。1854年，英国制定海商法。1879年德国制定海商法。1882年英国劳氏船级社公布远洋船舶干舷标志表，英国政府承认劳氏船级社为勘划船舶干舷的权利机构。1890年，英国政府依据修订通过的海商法，要求船舶按干舷规则勘划干舷。英国劳氏船级社依据海商法，对船舶按规则要求勘划。1905年日本海事协会制定载重线检验规则。这就催生并发展了依据政府法令强制进行的船舶法定检验。

1912年发生“泰坦尼克”号客船碰撞冰山沉没事故，引起国际社会对海上人命安全的重视。于是，在英国政府倡议下，1913年在伦敦召开了第一次国际海上人命安全会议，并于1914年1月20日制定了第一个国际海上人命安全公约。公约的主要内容涉及船舶构造、分舱、救生和消防设备、无线电通信、航行规则和安全证书等方面。这些公约和法律的公布，为船级社提供了检验的法律依据，也催生了船检的安全文化和环保文化。

（五）规范的诞生催生了船检质量标准文化

由于世界船检业初期的验船师都由退休船长和船上木匠们组成，他们靠经验而不是靠技术规范进行检验，这样就造成了对船舶登记评定上的人为差别，导致船东的申诉不断增加。针对这种情况，1834年英国船商、船主和保险商协会与英国劳氏船级社合并后，英国劳氏船级社出版了第一本木质船舶规范。1851年法国船级社颁布第一本木质船规范。1870年美国船级社颁布第一本木质船规范。

在1820年前后，铁作为造船新材料开始受到普遍关注，1837年一艘“用铁建造”为标记而入级的铁船第一次得以登记。从那时起，在新领域内有经验的工程师和专家加入英国劳氏船级社，从而催生了铁质船舶规范的诞生。1855年英国劳氏船级社颁布了第一部铁质船舶规范。1858年法国船级社颁布第一部铁质船舶规范。在工业革命的浪潮中，1890年，作为造船材料的金属铁迅速让位于钢。在1880年法国船级社首次颁布钢质船舶规范后，1893年英国劳氏船级社公布第一部钢质船舶规范。1900年英国劳氏船级社将钢船规范列为本社规范之首。1897年德国制造第一台柴油机，1910年英国劳氏船级社公布第一部内燃机船规范，首次办理内燃机船入级。

从木质船舶规范到铁质船舶规范，再到钢质船舶规范，直到内燃机船规范的过程，直接催生了船舶检验质量标准文化的产生。船检质量文化从诞生之初就不断锻造着船检人严谨和规范的工作态度和人文精神。

（六）船检行业早期符号文化的产生

在这一时期，船检文化发展中还有一些值得我们注意的现象，这就是船检符号文化开始产生。船级社在早期的船舶检验实践活动中，为了对船舶安全水平相区别，编制了标示船舶安全水平的符号标识。如1834年英国劳氏船级社在办理蒸汽机船主机入级时提出符号“MC”。1870年英国劳氏船级社认定船舶安全水平的新标志100A1、90A1、80A1为建造船舶的入级符号。1879年英国劳氏船级社将主机检验标志“MS”授给蒸汽机船主机。

二、世界船检文化融合阶段

工业革命极大地扩大了人类的活动

范围并加强了各地之间的交往，为国际贸易迅速增长、世界市场的形成提供了条件。工业革命也带来了交通运输的革命，内燃机在轮船上的使用，使航运业和造船业加速发展，船舶吨位越来越大，航行速度也越来越快。交通运输革命从根本上改变了地球上各地区彼此隔绝的状态。这一阶段，为适应国际贸易的发展，世界各国船检机构结束了各自封闭独立发展的状态，开始走出国门加强合作。以成立国际组织为标志，世界船检文化进入相互融合阶段（1919～1990年）。

（一）各国船级社的协作使世界船检文化的组织基础进一步加强

为适应航运和造船迅速发展的需要，世界各国的船检行业开始加强协作。1919年英国劳氏船级社、美国船级社、意大利船级社、日本海事协会组成国际协作组织，这是世界各船检机构成立的第一个协作组织，开创了各船检机构相互合作的先河，为后来国际船级社协会的成立打下了基础。

国际船级社协会的成立，起于1930年召开的国际载重线公约会议。会议建议各政府认可的船级社通过相互协商，在执行船体强度的规定方面谋求一致行动，一些主要船级社表示了加强相互联系的意向。1939年，美国船级社（ABS）、法国船级社（BV）、挪威船级社（DNV）、德国劳氏船级社（GL）、英国劳氏船级社（LR）、日本海事协会（NK）和意大利船级社（RINA）在罗马召开了第一届国际船级社会议，与会代表一致认为各船级社之间应进一步加强联系和合作。此后又于1955年在巴黎、1965年在纽约、1968年在奥斯陆召开了第二至第五届会议，这几次会议的召开表明国际船级社成立的条件渐趋成熟。

1968年9月11日，上述7家船级社在汉堡德国劳氏船级社总部召开会议，正式成立了国际船级社协会（IACS）。此后，1969年和1970年吸收苏联船舶登记局（PC）——现为俄罗斯海船登记局（RS）和波兰船舶登记局（PRS）为该协会正式会员。于1973年、1975年和1977年相继吸收原南斯拉夫船舶登记局、韩国船级社和原民主德国船舶登记局为该协会联系会员。1988年中国船级社（CCS）和韩国船级社（KR）成为该协会的正式会员。

国际船级社协会成立后，加强了与各有关国际组织的联系，为船检文化的发展提供了更加广阔的空间。国际船级社协会（IACS）成员得到了100多个国际海事组织（IMO）成员国的授权进行法定检验并代表它们签发法定证书。国际船级社协会（IACS）以其全球性的服务网络、领先的技术经验和对航运公约的深入理解，对世界海运安全产生了重大的影响。

国际船级社协会与国际标准化组织、国际电工委员会、国际海上保险联盟、国际航运公会、国际内燃机理事会、西欧造船者协会等造船、船东、石油公司的机构和团体保持联系，就共同关心的技术问题、服务问题进行接触，以保证他们的观点在国际船级社协会的工作中加以考虑，促进船级社协会自身的发展。

国际船级社协会掌握了世界船舶检验先进的技术知识而使其在国际航运安全和制定海运规则方面起着独特的作用。国际船级社协会的成立为世界船检文化的发展提供了广阔的空间，为世界船检文化的大融合搭建了一个有效的平台。

船级社200多年发展历程当中，一直是作为公益性非营利性的机构在发展的，随着船级社的国际竞争加剧，经营成本的增大，各家船级社纷纷寻求创新，传统的业务及管理理念不断受到挑战。各国政府和业界为了保护自身利益，对本国船级社的发展均给予了大力支持。正是这些遍布全球的船检机构，在各自不同的发展历程中，通过船检人的实践，积淀下了深厚的文化元素。各船检机构之间的交流与合作为世界船检文化的融合打下了坚实的组织基础。

（二）国际公约的形成促使船检制度文化向国际化方向发展

国际海事组织颁布的公约是船级社制定技术规范的重要依据。公约主要包括以下内容。

1.《国际海上人命安全公约》的制定

在所有涉及海上安全的国际公约中，最重要的就是《国际海上人命安全公约》，它也是最早的海上安全公约之一。“泰坦尼克”号沉船事件发生之后，在英国的倡议下，1913年在伦敦召开了第一次关于海上人命安全的国际会议，会议讨论了船舶横舱壁水密及分舱、救生设备、无线电通信、冰区附近航行的减速或转向等事项，签定了第一个国际海上人命安全公约。该公约由于第一次世界大战爆发，未能于原定的1915年7月生效，但公约中的一些条款还是被一些海运国家所采用。但此后的几年中，海难事故还是不断发生。同时，由于技术革命不断进步，在实践中发现这个公约还不够完善。为此，1929年在伦敦召开第二次国际海上人命安全会议，制定了《1929年国际海

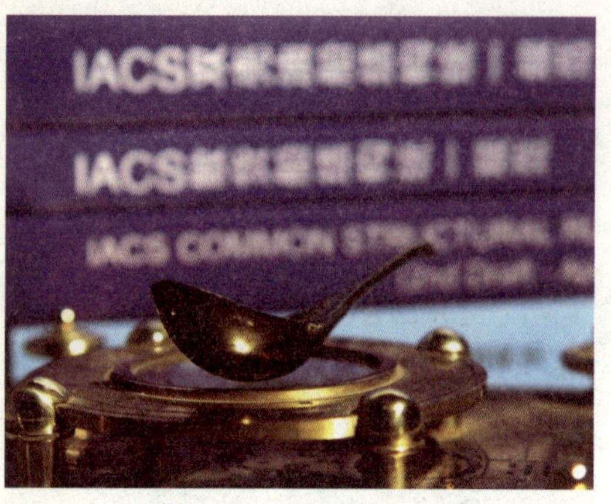

上人命安全公约》；1948年在伦敦召开第三次国际海上人命安全会议，讨论通过了《1948年国际海上人命安全公约》； 1960年召开第四次海上人命安全会议，制定了《1960年国际海上人命安全公约》，并于1965年5月26日正式生效，这是国际海事组织成立后，首次制定的新公约；1974年召开第五次海上人命安全会议，制定了《1974年国际海上人命安全公约》，并于1980年5月25日生效。

2. 《1973年防止船舶污染国际公约》和《1978年议定书》的制定

20世纪上半叶，油污是海上面临的主要问题之一，许多国家为此制定法律以控制管辖水域内的油类作业。1954年4月26日至5月15日，在伦敦召开防止海上油污会议，通过了《1954年防止油类污染海洋国际公约》，该公约于1958年7月26日生效。1967年，“TORREY CANYON”油船在进入英吉利海峡时搁浅，造成约12万吨原油泄漏入海，引起全球对油类运输危及海洋环境的广泛关注。事故发生后，国际海事组织制定了一系列的公约和文件，包括1969年和1971年两次对1954年防止油类污染海洋国际公约的修改。

由于世界工业的发展，海上石油运输迅速增加，一些国家也开展了近海石油勘探和开发。与此同时，海上运输的化学品和有毒物质成倍增长，整个海洋环境面临着前所未有的考验，许多国家强烈要求制定一部新的国际公约来防止船舶对海洋造成的污染。1973年国际海事组织在英国伦敦召开了一次重要的国际防止海洋污染大会，通过了《防止船舶污染国际公约》，这是有史以来第一个全面性的防止船舶污染的国际公约。

1976年和1977年连续发生多起油船污染事故，其中“阿尔皋商人”号在美国东海岸附近搁浅，溢出燃料油750万加仑；“艾琳 · 查林杰”号在中途岛附近断裂，溢出汽油900万加仑。世界对安全和防污染问题更加关注，呼声日益强烈。1978年2月国际海事组织召开油船安全与防止污染会议，会议于2月17日通过了SOLAS78和MARPOL78议定书，并对1973年防止船舶污染国际公约的两个议定书进行了修正，对油船的设计和营运产生了很大影响。1978年议定书于1983年10月2日生效。

2002年“威望号”油轮在西班牙海岸断裂沉没造成严重海洋污染

除了上述两个重要公约之外，还有《1966年国际载重线公约》、《1969年国际船舶吨位丈量公约》等。这些公约的制定和生效，特别是《国际海上人命安全公约》和《防止船舶污染国际公约》的产生开创了航海史上国际技术标准的先河，为世界的航运安全技术提供了一个框架，提出了最低的安全标准。《国际海上人命安全公约》和《防止船舶污染国际公约》的出台，更是海运技术史上的重要里程碑，为缔约国的国内立法提供了范例，为保障航运更安全、水域更清洁提供了技术支持。港口国监督条款的引进，是保证海上航运安全的有力措施，为淘汰低标准船舶，防止不正当的竞争做出了积极贡献。

这些公约的产生充分说明，一方面国际船级社协会为国际海事组织对这些公约的制定和生效做出了重要贡献，另一方面这些公约的产生为船级社制定具有国际通用标准的技术规范和规则提供了重要依据。同时，也深化了船检制度文化的基本内涵，使其具有更加广阔的国际视野和世界眼光。

（三）发展规范科研扩大船检文化内涵

世界船检机构在200多年的历史发展中，积累了十分丰富的贯穿船舶生命周期的经验和技术，从设计到建造、从营运到拆船，船级社设有大量的研究部门以发展先进的技术规范。从船舶营运检验中得到的反馈被用来不断发展新规范，以使船舶的设计、建造和营运中能吸纳最先进技术的规范。这些研究与发展对维持入级船舶的高标准起着关键作用，可以将人员损失和海上污染降至最低。由于船级社拥有独一无二的技术积累，工业界越来越广泛地提出对船级社技术支持的需求，这一需求还扩展到包括国际海事组织在内的国际组织。

随着新技术革命的不断深化和计算机的运用，许多新技术新发明被迅速运用到船舶设计和建造之中。世界各主要船级社为了适应新技术革命的发展，加强了规范科研工作。各主要船级社都成立了技术委员会。法国船级社早在1925年就在巴黎郊外建立了试验研究室从事无损探伤研究和机海损统计分析。并利用计算机这一发明成果，进行统计分析，定期发布有关研究和统计分析结果，以指导现场检验和规范修定，到1988年其主要研究项目包括极地工程、船舶流体动力、稳性、结构安全、

系统研究等。

随着挪威北海油田开发的进展，对海上设施的技术要求越来越高。为此，挪威船级社于1970年开始投入大量财力和人力对海洋研究与开发，相继建立了现代化的试验室，采用了先进技术和电子系统。到1980年，科研人员增加到230余人，约占当时全社总人数的12%。从而为该社在较广泛的领域从事科研活动创造了必要条件，为在更广泛领域里开发业务，打下了科研基础。该社的科研活动十分广泛，包括地质构造与地基、波浪分析与波浪响应计算、结构分析、材料工程与焊接技术、控制技术、深海潜水、海洋地震等。它的计算机服务部门也在该社内成为一个独立核算的计算机服务公司。其他世界主要船级社也相继建立了自己的科研机构，并取得了可喜成绩。

世界船检行业在技术发展、科研开发等方面迅速发展，这些方面的发展不断深化世界船检文化的深度内涵，使船检文化的实践基础更加坚实，内涵更加丰富。

（四）船检业务发展拓展船检服务文化外延

随着船级社的逐步发展，船级社的业务领域和服务对象也在不断扩展。船级社成立之初，为保险商提供的入级服务完全是自愿的，保险公司可以委托船级社进行船级划分，也可以不委托。而现在的入级服务已不仅是为保险商服务。

1. 依法进行的法定检验业务

SOLAS公约第II-1/3-1条规定，除符合SOLAS公约其他要求外，船舶的设计、建造和保养还应符合主管机关按第XI/1条的规定予以承认的船级社对结构和机电设备的要求，或应符合具有相当安全水平的、适用的主管机关国家标准。如果船级检验结果被视为符合相应法定要求的证据，如载重线或构造安全（船体、轮机、锅炉、电气设备等），该检验事实上具备了代表船旗国进行的“法定检验”的性质，只要该船级社是作为被认可组织进行的检验。SOLAS公约和其他国际公约允许船旗国主管机关授权被认可组织（RO）进行船舶检查和检验。被认可组织经授权，要求船舶进行修理或采取其他纠正措施，在大多数情况下，如果没有采取必要行动，

被认可组织有权撤消或废除有关证书（如SOLAS公约第I章第6条规定）。

IMO决议案A789（19）对RO检验和发证职能进行了规定，与其一道，IMO有关决议为船旗国提供了要求RO应满足的标准和框架。所有SOLAS公约缔约国主管机关（约100个）都认为IACS成员船级社满足A.739（18）和A.789（19）决议的要求。RO进行法定检验工作，并向船旗国主管机关负责。检查和检验工作的原则与船级检验一致，即由RO对船舶进行验证，确认船舶满足检验时适用的要求。有关安全和防污染方面的检验和检查范围在船旗国政府接受的相关国际公约及船旗国主管机关颁发的其他指令中进行了规定。

船级社通过接受世界上众多国家的授权从事法定检验，解决了国际海事安全、环保公约在全球范围内的统一行动问题，最大程度地减少了各国执行规则的不一致，是各国间的“安全使者”。因此，这是现代船检管理的一个极为重要的特征。

2. 海洋工程检验业务的拓展

20世纪初世界海上石油开发，为船级社开辟了新的检验业务领域，即海洋工程检验。

3. 工业服务领域业务的开拓

这一时期世界各主要船级社，在为促进船舶与海上人命财产安全开发船检业务的同时，极力开拓其他行业领域内的安全与质量保证检验与技术服务。早在20世纪初，法国船级社就把自己在船舶方面的安全与质量保证检验技术与经验，推广应用到了其它工业领域，相继于1910年开始办理陆用工业设施检验，于1928年开始办理航空与土木工程检验。二战后，开始在国际贸易、农业食品、机动车辆、信息系统、安全和环境等15个行业领域内开展了检验、试验和安全与质量保证持续技术服务。其他船级社也在陆上业务方面进行了开拓，并取得了突出的业绩。

（五）世界船检文化与民族文化的融合

二战后，经济全球化的日渐深入，促进了世界航运、造船业的加速发展。

在这种形势下，各主要船级社的业务范围迅速扩大到全球。英国劳氏船级社在20世纪80年代，在世界100多个国家和地区的250个港口和工业城市设有检验机构；法国船级社在世界123个国家和地区设有485个检验中心；美国船级社在国内外248个港口和工业城市设有分支机构；挪威船级社在国内外275个港口和工业城市设有检验机构。其它主要船级社也在世界各主要港口和工业城市设有检验机构和办事处。正是在这种授权的影响下，世界船检文化的国际化色彩越来越浓厚。

由于国际海事组织公约的颁布实施，各主要船级社都接受了世界各航运国家的授权进行法定检验业务，代表这些国家政府对其船舶执行国际公约要求的法定项目检验与发证。英国劳氏船级社接受了125个国家或地区的授权，法国船级社接受了113个国家的授权，美国船级社接受了101个国家的授权。其它各主要船级社也接受了一些国家政府的授权。

三、世界船检文化升华阶段

进入20世纪90年代，信息技术革命方兴未艾，全球化的进程进一步加快。世界各船检机构在更高的层次上相互合作和交融，并形成了共同的价值理念、愿景和道德准则，在相互竞争与合作中，共同促进世界航运安全和水域环保。从1990年开始，世界船检文化得到了迅速发展和提升。

（一）国际海事格局的新变化给船检文化带来巨大影响

20世纪90年代以来经济全球化迅速发展，国际产业分工持续变化，贸易风向转变、产业东移、南北格局调整，区域合作与保护更加明显，国家利益格局明显调整。经济全球化对国际海事安全体系产生了巨大的影响，国际规则不断推陈出新，对安全、环保、保安、高效航运提出了更高更理性的要求。

海事界已不满足于由于海难引起的被动式的制定和接受公约和标准，开始转变为主动式的设定目标和制定标准，并通过国际公约的形式在全球范围内强制性实施。IMO GBS设定了关于安全和环境保护方面的最高层次目标及风险水准，因此，选用何种风险控制体系和验证方法显得非常关键，各海事技术发达国家都在加紧研究Safety Level Approach (SLA)等方法，以期在以后的规则协商中获得主动。

“埃里卡”、“威望号”油轮折断沉没事故后引发的一系列管制措施和惩罚手段，港口国检查（PSC）的日益严格，使航运业重新审视“薄板政策”带来的影响。减少维护和维修成本，增加新设计船舶使用年限等成为一些船东追求长期成本降低的关注点。

由于世界海事格局的新变化，世界船检业为了适应这种调整，必须要改变过去的管理和经营模式，在规范和标准的制定方面，要从以适应工业发展影响政府，转变到要适应政府法令法规而影响工业界。世界海事格局新的变化体现在以下几个方面：

传统造船国家在改变——航运业的利益≠造船业的利益；

传统航运国家在改变——贸易的利益≠航运的利益；

传统的海事国家在改变——登记方面的责任和利益≠对航运业的责任和利益，船员就业方面的利益≠航运业的利益；

传统的造船航运（包括资本）利益国家（海上贸易优先的重商主义）正转入国土（包括沿海）安全/环保优先的利益阵营；

方便旗不断增加，船舶的国籍与主权被商品化，使控制60%以上船队的方便旗船旗国政府没有均衡考虑航运与造船、保险、公众安全和环保利益的关系，IMO的作用被削弱了。

适应世界海事格局的巨大变化，世界船检文化也呈现出新的特色：从单一主体利益的价值观向多元主体利益共赢的价值观转变，从海上贸易优先的价值观向海上安全环保优先的价值观转变等。

（二）世界船检文化体系在新形势下不断发展完善

当前，国际船级社协会（IACS）以其全球性的服务网络、领先的技术经验和对航运公约的深入理解，对世界海运安全产生着重大影响。为了适应国际海事格局的新变化，船级社协会内部进行了改革，并重新构建和完善了船检文化体系。

1. IACS成员的历史使命

致力于船舶安全和海洋清洁，通过技术支持、符合性验证和研究开发对海上安全和规范制定做出独特的贡献。全球90%以上载货吨位的船舶是按IACS10个成员和两个副会员的船级社规范和标准设计、建造的，IACS要确保这些船舶在整个生命期内符合规范和标准。世界船检行业在长期的实践活动中，形成了本行业的使命，体现了船检文化的核心要素。

2. IACS成员的基本价值取向

为了完成船级社的历史使命，必须要把独立、公正、诚实作为本行业的基本价值取向。

3. IACS成员的的主要任务和目标

为船舶及海上建筑物在内的海上设施的设计、建造和周期性检验制定和应用技术标准，是为船舶、海上设施、相关服务和产品提供入级和法定检验发证的组织。其主要目标是通过规范制定和公正地验证与规范和政府主管机关法定要求的符合性来促进船舶安全和防止海洋污染的最高标准。

4. IACS成员的道德准则

船级社依靠声誉而生存，只有不断地证明自己的诚实、守信和能力，才能保持外界对其技术工作的认可和接受。船级社必须避免发生任何有损于其诚实、守信和能力等声誉的行为。遵守道德准则是获得或保持IACS成员资格的一项要求，也是维护IACS及其成员声誉的一项基本措施。

5. IACS成员的信息保密要求

船级社应将所有提交的信息和检验报告视为专用品，不得将其内容或复印件提供给第三方，但在船级社规范中已有规定、适用法律要求、应法院判决、法律诉讼需要、船旗国政府要求或船东授权时除外。

6. IACS成员之间的竞争要求

应以向航运业提供(技术和现场)服务为基础，但决不能危及海上人命和财产的安全或降低技术标准。

上述世界船检文化的体系的构建是对船级社在200多年的发展历程中所积累的丰富科学、系统规范的文化理念的总结，这些理念极大地丰富了世界船检文化的内涵，加速推进了世界船检文化向更高层次发展。

（三）世界船检文化的规范化和制度化程度不断提高

船检行业是一个制度化和规范化要求非常严格的行业，加强规范管理和制度管理是船检行业发展的内在要求，也是船检文化发展的必然走向。面临新形势，世界船检行业在这个方面进行了可贵的探索。

20世纪90年代初，为了适应国际海事界对国际船级社协会越来越高的要求，规范各会员船级社的对外服务质量，保证制定的统一技术标准、程序在各会员船级社中得到有效落实，国际船级社协会（IACS）在1990年5月做出了要求各成员船级社必须建立符合ISO9000国际标准质量管理体系的决定，并为此制定和颁布了质量体系认证计划和符合船级社特点的质量体系要求。该决定规定，质量体系合格证书是证明国际船级社成员的唯一资格证书。

各成员船级社必须在1994年1月1日之前建立符合IACS要求的质量体系，并经IACS审核小组审核合格，取得质量体系合格证书。其后每年须接受IACS审核组的年度审核，以确认质量体系合格证书是否得以保持。

1990年，IACS决定建立质量体系时各成员船级社代表合影。前排右一为中国船级社社长冯锡洲

质量管理体系是船检行业进行管理的重要工具。它覆盖了船级社所有业务范围和主要行政管理工作。质量管理体系的实行，是对船级社200年管理经验的总结提升，体现了船检行业管理的科学性、先进性和规范性，从而形成了船检组织独特的管理文化。

（四）船检文化中的航运安全和水域环保理念不断加强

世纪之交，海难事故频繁发生，这给世界船检行业提出了新的挑战。世界船检文化也适应这种新的挑战和要求，提出了一系列新的理念。

据统计，仅1970～1990年，发生的油轮事故多达1000起，每年排入海洋的石油有1000～1500万吨，其中包括通过河流排入的废油、船舶的排入和事故溢油、海底油田泄漏和井喷事故等。这些漏油事件几乎全部是由于人为原因引起。进入20世纪90年代以来，此类事件依然不断出现，我们且看以下一些触目惊心的事件。

1992年12月3日，希腊油轮“爱琴海”号在西班牙西北海岸搁浅，2000多万加仑原油泄漏。1993年6月5日，“布里尔”号搁浅在苏格兰东北的设特兰群岛海域，泄漏了2600万加仑石油。1996年2月，“海洋女王”号在威尔士海岸搁浅，1800万加仑原油泄漏。1997年1月2日凌晨，航行在日本岛根县隐奇岛东北海域的俄罗斯13000吨级的“纳霍德卡”号油轮突然莫名其妙地断为两截，大部分原油随船体沉入海底，部分原油随船首漂流。在断裂过程中流出的原油形成数十条油带，纷纷在日本海沿岸地区登陆，对当地的海产资源和旅游胜地造成大规模的公害。据日本报界报道，昔日怪石林立、海水碧蓝、沙滩平坦整洁的日本海沿岸景色为之一变，到处是漆黑粘稠并散发着异臭的石油污染带。1999年12月12日，“埃里卡”号发生断裂事故，法国西海岸被300万加仑石油污染。而地中海作为中东和欧洲之间的主要航海通道，大量油轮穿梭其间，是石油污染的重灾区。20世纪80年代，世界上1/5的原油泄漏发生在地中海。就自然条件而言，地中海的降雨量少，营养物少，物种种类少，加之周围城市和沿岸污染状况日趋严重，使得地中海伤痕累累。地中海的各海湾已失去往日迷人的风姿，四处漂浮着成片的油污、发霉的蔬菜以及海洋动物的尸体，散发出异臭。

1999年 ，埃里卡油轮在法国海岸沉没，造成重大海洋污染。图为油轮沉没情景

国际海事组织（IMO）通过对上述海难事故的分析后认为，这些海难事故的发生，一方面是由于船舶硬件方面的原因，但另一方面也有软件方面的原因，如人为因素的问题。于是开始着手制定全面预防海难事故的公约和规则。

1. 制定了《国际船舶安全营运和防止污染管理规则》（ISM规则）

国际海事组织和航运界从大量的海难中分析并逐渐认识，IMO通过的公约在履行中存在一系列不完善的方面，主要是：IMO和船级社在制定公约、规范时，不能将所有的风险都考虑在内，而

且公约及其修正案的制定大都是在重大、特大海难发生后，针对某一技术缺陷制定或修定某一条款的，公约本身有局限性；船公司没有严格地履行安全公约的要求，特别是船舶安全操作方面的规定；公约及修正案多数是针对提高船舶和船员技术标准，而对管理，特别是公司（岸上）管理涉及甚少。

航运界已经认识到仅制定和执行船舶的技术规范和标准，而本身缺乏一个行之有效的管理体系的支持，不能保证船舶安全和防止船舶污染。同时，IMO也一直试图将管理的触角从海上延伸到了岸上。在这样的背景下，1993年11月由IMO第18届大会上通过了A.741（18）号决议——通过《国际船舶安全营运和防止污染管理规则》（International safety management code，缩写ISM规则或 ISM CODE）。当时该规则并不是强制性的。但1994年9月28日，从塔林开往斯得哥尔摩的“埃斯托尼亚号”客轮沉没，造成852人遇难，137人幸存。事件发生后，IMO认识

到必须将该规则强制化，因此，1994年IMO修改了SOLAS1974公约，新增了SOLAS1974第IX章“船舶安全营运管理”而使ISM规则成为强制性的法律文件。

根据该规则规定，负责船舶营运的公司和其营运的船舶应建立一套科学、系统和程序化的安全管理体系。ISM规则采用了目前国际通用的管理标准——ISO9000族标准，运用质量保证和质量管理的原理，结合了航运特点，突出了“航行安全”和“防止环境污染”两个重点。要求船公司将安全运行和船舶安全操作的各项活动归纳成一套适合本公司和本船舶的“安全管理体系”（SMS），以实现活动规范化、工作程序化和行为文件化，并“针对已认定的风险制定预防措施”，通过定期的“内部审核”和“外来检查”，不断改进，从而将一切安全和防污染活动置于严格的控制之下。与以往的国际规定相比，ISM规则没有对船舶技术标准提出具体要求，而是注重对船公司的安全管理组织机构、人员素质及能否有效预防和控制事故的发生等方面进行规范和立法，其目的就是想通过规范公司的管理行为来保证船舶的安全与防污染管理。

2. 制定了《国际船舶和港口设施保安规则》

国际海运业是高风险行业，随着国际形势的变化，海上走私、贩毒、海盗、偷渡以及海上恐怖主义活动等问题越来越引起人们的关注。事实上，反对恐怖主义和抵制海上针对船舶和船上人员的非法行为的立法工作早在20世纪80年代就在进行。从80年代初期开始，国际海事组织就开始采取一系列措施，制订抵制针对旅客、船员和船舶的海上犯罪方面的法律和文件，以打击海上暴力和犯罪，确保船舶安全。2001年美国的“9·11”事件加速了这一工作的进程。美国“9·11”事件后，国际反恐形势十分严峻，安全成为国际局势中的首要问题。2002年10月6日发生在也门水域的法国油轮“林堡”轮爆炸事件，证实恐怖分子已经将船舶和港口设施作为攻击目标。正因如此，防止海运业成为恐怖袭击的目标，成为海上安全面临的新挑战。

作为“9·11”事件的直接受害者，美国首先对国际恐怖主义予以反击，专门成立了国家国土安全部，围绕打击恐怖主义尤其是以海上运输业为载体的恐怖主义为中心，修改、出台了

《2001港口和海上保安法》和《2002海上运输反恐法》等数十个法案。在这些法案中，影响最为深远的有美国“海关装船前24小时申报舱单规则”、“集装箱安全倡议（CSI）”和“海关贸易伙伴反恐怖计划（C-TPAT）”。通过海事立法，美国加强了反恐行动的组织，加强海运进口货物的检查与控制，强化船员与船舶保安管理，更新、添置和研制新设备，以及向国外延伸反恐行动等措施，大举反击海上国际恐怖主义。此外，加拿大、澳大利亚、日本等国也正在考虑制定海运反恐措施。

在这样的国际大环境下，美国不断要求国际社会改善船舶和港口的保安状况。国际海事组织因此加快了制定具有紧密关系的多边国际海运保安规则的步伐。为加强海上安全，打击针对海运的恐怖主义行为，2002年12月9日至13日，国际海事组织在英国伦敦总部召开了海上保安外交大会，来自108个缔约国政府、非缔约国成员、联合国的专门机构、政府间国际组织和非政府间国际组织的近千名代表和观察员出席了外交大会。会议通过了经修改的《1974年国际海上人命安全公约》附件的修正案（SOLAS公约修正案）和《国际船舶和港口设施保安规则》（International Ship and Port Facility Security Code 简称ISPS Code或ISPS规则），并已经于2004年7月1日起生效。

这一系列法律文件的通过，使海上反恐行动有了一个较完整的法律体系，对于保障船舶、船员、旅客和港口设施的安全，防止和抵制恐怖主义对国际航运业的攻击，维持国际航运的正常运行，乃至整个国际社会的安全都有重要意义，对国际航运乃至国际贸易带来了深远的影响。

3. 制定了《1990年国际油污防备、反应和合作公约》

在“埃克森·瓦尔迪兹”号油轮事故之后，美国又发生了几起重大溢油事故，引起了美国各界的强烈反响，在保护海洋环境的强大压力下，美国两院通过了《1990油污法》(OPA90)，提出了美国船舶溢油应急体系建设工作各项具体要求。在制定OPA90的过程中，他们不仅认识到建立本国应急防备反应系统、制定溢油应急计划及相关反应程序的重要性，同时也进一步认识到对抗御大型溢油事故的应急防备和反应进行国际间合作的必要性。

OPA90生效之后，美国向国际海事组织(IMO)理事会建议，召开专门会议讨论他们提出的"国际油污防备反应合作公约"草案。1990年11月19日至30日，IMO在伦敦召开了"国际油污防备和反应国际合作"会议，会议顺利通过了《1990年国际油污防备、反应和合作公约》（以下简称OPRC1990）。OPRC1990要求各缔约国把建立国家溢油应急反应体系，制定溢油应急计划作为履行公约的责任和义务，同时要求把进行国际间的溢油应急合作，作为各缔约国履行公约的责任和义务。这使那些还不完全具备溢油应急资源和应急技术的国家和地区，可在溢油事故发生时向缔约国获得设备和技术的支持与援助。OPRC1990将人类抗御溢油对海洋环境污染危害的行动，由被动抵御扩展到积极反应，从临时抗御扩展到事先防备，从局部抗御扩展到了全球性的合作。这是OPRC1990对人类抗御溢油的历史性贡献。OPRC1990于1995年5月13日正式生效。

4. 加强港口国检查（PSC）规则

港口国检查（Port State Control，缩写PSC），是指港口当局根据有关国际公约规定的标准，对进入其港口的外国籍船舶实施的一种监督与控制，以确保船舶及其设备符合国际公约要求，船员配备和操作符合适用的国际规范。通过港口国控制，纠正与消除船舶所存在不符合标准的缺陷，以确保船舶航行、人身和财产的安全以及保护海洋环境，促进经济贸易的发展和航运经营水平的提高。

20世纪80年代以来，船舶海上交通事故频发，严重危害人命安全和海洋环境，引起了国际海事组织和各港口当局的高度重视。为此，国际海事组织强调要落实公约标准的三重责任制：国际海事组织负责制定标准，船旗国负责实施标准，港口国负责检查监督，其主旨在于将不符合标准的船舶淘汰出航运市场。而港口国检查被公认为消除低标准船舶、保证海上安全和保护海洋环境的有效手段。

进入21世纪后，随着相关国际公约修正案的生效，全球范围内的PSC检查力度明显加强，得到了更广泛的认同。2002年7月1日ISM规则全面生效，PSC检查程序不再只是针对船舶硬件，也开始对船舶操作和管理进行相应的检查，这表明港口国检查已在更广泛的领域内得到应用。

上述新公约和规则的制定与实施，对船检机构的文化建设产生了重大影响：第一，国际海事组织所制定的新规则，是由国际船级社协会成员通过制定新的规范和标准来落实，这一方面使船级社进入了新的更广泛的领域，另一方面对船级社提出了新的更高要求；第二，PSC检查使船级社从过去只检查别人，现在也要接受各港口国当局的检查，成了被检查对象。这对船检行业的检验质量提出了更高的要求，也为船检文化发展提供了一个新的载体和平台。

（五）世界船检机构间的合作与竞争意识深化

20世纪90年代开始，国际海事界对国际船级社协会的要求越来越高，促使各船级社之间的合作更加密切，首部世界共同规范的制定就是密切合作的最好证明。与此同时，各船级社之间竞争也开始激烈起来，特别是西方发达国家船级社为了进一步扩大其市场占有份额，不断加剧各国船级社的商业竞争。船级社行业供求不平衡，服务能力供给相对过剩，各国技术进步等因素进一步加剧了这种不平衡。

在这种竞争中，国际船级社协会扮演了仲裁者和调停人的角色。在1996年12月9日召开的IACS第34次理事会上，ABS和LR投诉PRS在转级时未按IACS程序1（即转级协议，简称TOCA）的有关要求执行。随即，由IACS质量秘书Smith先生组织进行了调查和审核，先后到ABS、LR、PRS总部审阅了有关案卷，并登轮进行了垂直合同审核。1997年6月30日，Smith先生向IACS质量委员会提出了调查报告，主要结论是：PRS至少有16项违反了IACS 转级协议，有12处未按PRS 自己的规范执行，由此认为，ABS和LR对PRS的投诉是有根据且证据确凿的。1997年5月11日，IACS召开第35次理事会，决定暂停PRS的IACS正式会员资格，并对PRS进行一次全面的、相当于换证审核的质量体系审核，包括根据需要对足够数量PRS级船舶的垂直合同审核。1998年6月，PRS被正式降为副会员。2000年3月Leader轮的沉没最终导致PRS被IACS彻底开除。

世界上各船级社既合作又竞争的格局，塑造着世界船检文化公平公正的竞争特性文化。

（六）世界船检行业的科研规范和信息化长足发展

20世纪90年代开始，信息技术深入发展，网络迅速应用到社会生活的各个方面，从而加速了船级社规范科研和信息化进程。

在新的历史条件下船级社作为政府助手，积极参与了公约的起草。船级社是跨国间海事安全、环保、保安公共品的提供者，是解决相关公约的国际间统一执行问题，最大程度减少各国规则不一致的“安全使者”。同时，船级社又

是服务于航运和造船两大行业的世界“海事技术银行”（MTB）——制定维护船舶技术规范标准并不断验证技术。这就要求船级社研究制定更加环保、安全、经济、高效、便捷的船舶技术标准；参照标准、优化船型的设计工作；按照主管部门、港口国当局、船公司要求，从技术上检验、验证各种标准的充分、有效实施；协助航运公司不断提升管理体系水平；促进对航运、造船、管理等相关人员的培训。随着信息技术的广泛应用，船级社充分利用这些科技成果，不断改进管理和工作平台，增强其核心竞争力，主要表现在各主要船级社在全球范围内的规范科研、专业检验、工程和审核等方面。这些专业服务背后有强大的技术支持，拥有强大的信息技术服务网。

为了提升安全技术水平和检验服务质量，研究传承船舶检验优秀的历史成果，各船级社纷纷应用信息技术开发管理软件、技术软件和服务软件，促使船舶检验向标准化、自动化、信息化方向发展，促使安全环保技术向科学化发展，促使检验服务水平不断提高，促使船舶检验由经验型向科学化方向发展。如1993年，美国船级社SAFEHULL大型软件系统的成功市场运作，吸引了大量的设计院、船厂和船东，推动其新造船订单比上年增加50%。随后，其他船级社纷纷推出大型软件产品，对新型、大型船舶进行概念设计、水池试验、船型设计、强度G分析等，把握住了全球船舶新型化和大型化的潮流。

总之，随着共同规范的形成，国际船检行业的发展越来越走向规范发展的境界。同时，信息化和规范化的发展，也为船检文化的进一步提升创造了良好的条件。

四、世界船检文化发展的经验与规律

世界船检文化在漫长的发展过程中，经验层面的、分散化的船检文化与理论层面的、体系化的船检文化并存，呈现出自身发展的特殊性规律。深入揭示和分析这些规律，对我们深度理解船检文化，进一步建设和发展我国的船检文化，具有重要的意义。

（一）特殊性文化与普遍性文化逐步融合发展

世界船检文化并不是从一开始就形成系统性的文化体系的，它是经历了一个逐步从分散性到整合性、从企业性到行业性、从地域性到全球性的过程之后，才逐步形成理论性、系统性、普遍性的船检文化的。这个过程从文化学的角度来说，就是一个特殊性文化与普遍性文化逐步融合发展的过程。

船检文化经历了从分散性文化到整合性文化的融合发展过程。不同地区、不同国家的船检机构，在形成自身船检文化的过程中都具有自身的侧重点，重点发展其中的某一部分，有的侧重于制度方面，有的侧重于物质方面，有的侧重于精神心理方面，有的侧重于人员管理方面，有的侧重于保险方面。可以说，早期形成的船检文化是经验性的、相对分散性的。随着船检实践的开拓，船检范围的发展，世界各地船检机构合作的不断加深，经验性文化逐步转化为理论性文化，分散性文化逐步转化为系统性文化，世界船检文化越来越成为一个独立的文化领域。以英国船检文化为例来看。在船检组织诞生之前，船检文化就已经在咖啡馆中经历了近100年的酝酿和演变，在这个历史演进过程中，船检文化的各种要素开始逐步产生。但是并没有真正形成系统化的船检文化。17世纪，航海时代到来，由于当时运输和通讯很不发达，保险商往往只能根据经验来判断船舶的质量并对其保险，因此保险商往往遭受严重损失。随着海上贸易、海上运输和海上保险业相继兴起，为了减少损失，船长、货主和海上保险商开始从经验走向理性，逐步重视航海信息与经验交流，并产生了对船舶安全进行技术鉴定和监督的要求。由此，诸如安全文化、保险文化、市场文化、服务文化、信息文化和技术文化等不同文化因素开始与船检文化融合。

船检文化经历了从企业性文化到行业性文化的融合发展过程。这个过程就是，不同的船检机构分别根据自己的业务特点、组织特点提出自己的企业文化，这些企业文化在实施运用的过程中，逐渐向行业扩展，被同行业的其他企业所借鉴、采纳和推广，逐步转化为行业文化，行业文化逐步发展起来。

世界船检文化经历了从地域性、民族性文化到世界性、全球性文化的发展过程。船检文化最初都是民族性的文化，不同民族国家的船检机构，把自身的船检实践同本民族的文化传统结合起来，创造了具有本民族特点的船检文化。但是，船检实践本身是一个不断开拓、不断走向全球的行业实践，在从民族性向全球性实践发展的过程中，具有民族特点的船检文化逐步吸收了全球普遍性的文化内涵，于是，民族性文化同全球性文化不断融合，逐步形成了具有全球普遍性的船检文化。

世界船检文化的这种特殊性与普遍性的融合过程，是一个永远开放的过程，随着世界船检实践的进一步发展，各国船检文化的日益丰富繁荣，特殊性与普遍性的融合过程也将更加丰富和发展，任何国家的船检文化都不可能不带有世界船检文化的普遍性，同时，各国先进的特殊性文化也必将在世界船检文化中得到越来越多的体现和反映。

（二）反映着世界政治经济格局的变化

任何文化都是经济政治在观念形态上的反映，船检文化也不例外。船检文化的起伏波澜在一定程度上反映世界经济政治技术的变化，不同国家船检文化在世界船检文化中的地位变化反映了这个国家的综合国力的变化。

世界经济和技术的总体变化直接影响到世界船检文化的总体格局。没有近现代世界经济的发展，就不可能有当代世界船检文化。近代以后，工业革命迅速扩大了人类的活动范围并加强了各地之间的交往，为世界市场的形成提供了条件，国际贸易迅速增长，海上贸易日益发达，于是船检文化开始产生。随着航运技术的日益进步，航运和造船加速发展，船舶吨位越来越大，船检技术方面的要求和航运保险的标准不断提高，船检文化的内涵也不断扩大。随着经济全球化不断深入、分工细化和生产规模加速提升，资本和技术追求低成本的劳动力结合，使生产地不断转移，生产地和消费地之间的沟通，更加需要航运来联系，世界各国对海运业的依赖达到了前所未有的程度，这极大地促进了世界航运和造船业的发展。世界船检文化也越来越呈现出世界性、全球性的总体格局。同时，随着当代通讯技术、信息技术、控制技术的日益发达，船检文化也更加细化、更加完善和健全。

世界政治的结构性变动导致世界船检文化的不断调整并实现再平衡。在19世纪，民族国家成为世界政治格局的独立主体，一些先前落后的国家如美国、日本、俄罗斯等开始逐步崛起。在此政治背景下，世界各国的船检机构基本上处于各自为政状态，相互之间的合

作并不明显，更多的是一个国家内部不同机构之间的矛盾和调整，因此世界船检文化也大多是民族性的。经过了两次世界大战，世界政治格局发生了巨大变化，各大政治力量之间需要进行协调和整合，特别是二战后资本主义的长期稳定发展，需要在各大国之间进行协调，世界船检文化随之而发生重大变化。另一方面，随着苏联、中国等一大批社会主义国家的日益强大，原来由资本主义国家垄断的世界船检行业也呈现出新的制衡因素。特别是中国改革开放以来，在世界船检领域的地位越来越重要，中国的船检机构在世界同行业中的影响力也越来越大，中国提出的船检规范也越来越被世界接受，中国特色的船检文化也越来越影响世界船检文化的发展。当前，世界船检文化正处于一个重大的调整和再平衡时期。

从一个国家的船检文化在世界船检文化中的地位来看，一个国家船检文化的影响力受制于这个国家的政治经济文化发展状况，与综合国力密切相关。比如，在19世纪，英国的国力最为强大，因此英国的船检文化就在世界船检领域占主导地位。到了19世纪下半叶，美国迅速崛起成为一个经济巨人，在世界工业的产量中所占的份额已超过德国和俄国，直追英法，于是ABS（美国船级社）的标准开始在世界上显示它的影响力了；20世纪90年代以来，随着中国的综合国力不断提升，CCS（中国船级社）在世界船检领域中的地位迅速上升，不仅参与了国际船检领域的重大事件，而且它的话语权越来越受到国际社会的重视。

（三）船检行业实践同船检文化之间存在着作用和反作用的关系

世界船检文化不是凭空产生的，它产生发展的根本动力来源于世界船检实践，离开了船检实践，船检文化就成为无本之木、无源之水。同时，世界船检文化也不是无目的存在的，它直接服务于世界船检实践的发展，为船检实践的发展提供了理论指导和标准规范。

船检实践是船检文化的原生地。前面讲过，早在周代，我国就有了“舟牧”的官职，有了“五覆五反”的检验制度。但是，那个时候，船检仅仅是个别的行为，并没有真正产生船检行业实践，因而也就不可能产生船检文化。只是到了近代，随着海洋事业的发展，随着航运、造船、水上保险等实践领域的开拓，船检逐步成为一种行业实践，在实践的推动下才逐步产生了船检文化的因子，这些因子逐步融合就形成了船检文化。所以说，船检文化是船检实践的产物，没有船检就不可能有船检文化。

船检实践推动船检文化不断发展。船检文化产生之后，之所以能够不断发展，日益丰富和健全，其根本的原因在于船检实践本身的推动。船检行业所发生的重大的、关键的事件往往推动船检文化向前推进一大步。例如，在19世纪中期以后，不断发生的船舶海损事故引起了海运贸易国家对人命财产安全的重视，于是船检安全文化就日益健全，这些安全文化的直接成果就是安全检验制度、有关安全规范的不断细化等。船检事业发展的历史证明，船检实践决定着船检文化的内容、性质、方向、构成等，离开船检实践，船检文化就失去了发展的动力。

船检文化的成效通过船检实践来检验。标准、规范、评价等是船检文化的重要组成部分，是船检文化中的规范标准文化，而它们能否成立、能否推行，都需要船检实践来检验，而且这些标准规范等也必须随着船检实践的发展而发展。任何船检规范都需要符合船检实践的需要，都需要在船检实践的发展中不断更新和发展，否则就遭到抛弃。

船检文化有力地推动了船检实践的发展。船检文化的发展一方面依赖船检实践的推动，另一方面船检文化的完善和健全也极大地推动了船检实践的合理化发展。

首先，船检文化为船检实践提供智力支持。在船检实践中逐步形成的船检规范、船检理论等船检精神文化为船检实践的发展提供理论指导和技术支撑。船检行业体制、管理制度等船检行业文化以制度化、规范化的方式为船检实践的发展提供智力保障。

其次，船检文化为船检实践提供精神动力。船检文化所内含的学习精神、创新精神、务实精神与合作精神等文化精神激励着船检人凝聚在一起，不断推进和创新船检实践，成为船检行业发展的内在动力源泉。

最后，船检文化为船检实践提供价值指导。船检文化形成的安全、环保、公正等价值理念为船检实践的发展提供了价值坐标，不但保证了船检事业的正确方向，而且有力地推进了国际航运事业及其相关产业的发展。

（四）同其他文化之间相互渗透相互促进

船检文化是总体文化系统的一个组成部分。作为一种特殊性的文化，船检文化有着自己的特殊性内涵，有自己特殊的发展轨迹和路径，有自身内部各要素的相互联系而形成的发展规律。这是一个系统内的自我变动。另一方面，作为总体文化系统中的一种文化，它必然同其他文化发生关联，而不同文化支系都有自身的特殊性，因而在船检文化同其他文化发生关联的过程中，必然要产生不同文化之间的冲突，冲突之后就是相互的磨合，而后不同文化的因子开始融合，进而船检文化得以生成，并在船检实践的进一步发展中不断发展和完善。也就是说，冲突、磨合、融合、生成、发展，构成了船检文化同其他文化之间相互渗透和互动的关系链条。

船检文化同质量管理文化之间的互动关系就充分体现了这一点。例如，进入20世纪90年代以后，国际海事界对国际船级社协会提出了越来越高的要求，要求各会员船级社必须提高服务质量，保证制定的统一技术标准、程序，在各会员船级社中得到有效落实。应该说，这是对船级社的重大挑战。最初，船级社也是比较难以接受的，冲突和暗中抵抗难免发生。但是，为了推动行业发展，国际船级社协会（IACS）在1990年5月做出了要求各成员船级社必须建立符合ISO9000国际标准质量管理体系的决定，并为此制定和颁布了质量体系认证计划和符合船级社特点的质量体系要求。在此要求下，各船级社开始落实国际标准质量管理体系的要求，逐渐把这些要求覆盖到船级社所有业务范围和主要行政管理工作中，形成了具有鲜明船检文化特色的质量文化。

可以毫不夸张地说，正是有丰富多彩的多样性文化的渗透的影响，世界船检文化才能不断增加新的血液，增添新的活力，如果没有对其他文化的借鉴、消化、吸收、融合，世界船检文化的内容将是非常枯燥和简单的。随着世界船检实践的不断发展，船检文化也将更多地同其他文化发生互动关系，它自身也将在这种互动中得到进一步的完善。

（五）船检组织的文化自觉程度越来越高

船级社是船检行业的枢纽，是船检实践的机构主体，同样也是船检文化建设的关键。船级社同船检文化之间构成了一对互生互动的孪生关系。一方面，船级社的产生离不开船检文化的长期积淀，船级社的发展依赖于自身船检文化的建设，如果没有长期的文化积累，船级社能否成立是值得推敲的。而各国船级社发展的历史也充分证明，正是在它们各自船检文化发展的基础上，它们自身也越来越合理地发展起来了。另一方面，船级社的产生和发展为船检文化发展提供了坚实组织基础，不断丰富着船检文化的精神、物质、制度、符号等方面的内容。正是世界第一家船检组织的诞生，为船检文化的发展开启了新的纪元，为船检原始文化“基因”的复制提供了组织载体。

当今时代，文化越来越成为企业之间、行业之间乃至国家之间竞争的关键。在这样的历史背景下，各个船检组织的文化自觉程度越来越高，这种文化自觉也越来越成为世界船检文化发展的决定性因素。

船检组织的文化自觉首先体现在：各船检组织着力加强自身的文化建设，不断提升自身的精神文化、制度文化、物质文化等方面的内涵，着力以自身的文化品牌来形成强大的国际竞争力，挑战对手赢得客户。例如，半个世纪以来，各个船级社纷纷提出自己的核心价值理念、企业精神，精心创建自己的社徽、社标、社歌等文化符号，增强自身的吸引力和影响力，扩大自身的竞争力。中国船级社的做法就是一个代表。自成立以来，中国船级社逐步提出并不断完善自己的章程，形成并不断发展自己特有的企业理念和价值观，制定并科学解释自身的社标社徽等文化符号，在国际上产生了很大的影响。

船检组织的文化自觉还体现在：各级各类船检组织不断加强同其他组织之间的文化联系，着力吸收其他行业、其他组织的文化精华，在丰富自身文化内涵的同时，促进了世界船检文化的发展和完善。1968年，国际船级社社协会（IACS）成立之后，就大力加强同国际海事组织、国际标准化组织、国际电工委员会、国际海上保险联盟等各有关国际组织的联系，吸收和借鉴这些组织的行业文化、企业文化，为船检文化的发展提供了更加广阔的空间，为世界船检文化的大融合搭建了有效的平台。使世界船检文化的精神内涵、物质构成、制度体系、符号系统等更加丰富和完善。

船检组织的文化自觉尤其体现在：各船检组织对新的、科学而有效的文化理念，具有极高的敏锐性，不仅能够迅速发现而且能够迅速接受这些新的文化理念。例如，2006年7月6日，中国船级社总裁李科浚在接受英国媒体采访时，提出了“海事技术银行”的船检文化理念，不到一个月的时间，就迅速得到国际船检同行的接受和高度评价。7月28日，国际航运公会等组织的官员就谈到：“海事技术银行”的理念，用简单的几个词就把船级社的职责这个令人头疼的难题给解决了。与此同时，世界各主要船级社也纷纷引进了这一理念。可见，船检组织的文化自觉程度是越来越高了。

新长沙
XIN CHANG SHA

第五章　中国船检文化的发展与经验

以史为鉴，可以知兴替。通过对中国船检文化形成和发展历史的追踪和回顾，总结中国船检文化的优良传统，探求中国船检文化的发展趋势，深刻认识中国船检文化及其发展脉络、传承和发展的优秀成果，为中国船检文化价值体系的重构提供依据与借鉴。

中国船检的发展历史经过古代、近代和现代三个阶段，形成了源远流长的中国船检文化。我们的研究是针对现代中国船检文化进行的，因此对古代和近代中国船检文化不做展开分析。新中国成立后，中国现代船检经历了从小到大，从弱到强的发展历程。中国现代船检文化也经历起步、成长和发展三个阶段。虽然船检文化在不同时期呈现出不同的特性，但基本与中国船检发展的演变过程是相适应的，为中国船检的发展做出了积极的贡献。

一、中国船检文化的起步阶段

新中国成立后，为了尽快恢复生产、促进民生、发展经济，国家建立了计划经济体制。计划经济体制决定了船检政事一家，主要按照政府指令，恢复并加强监督检验工作，保障安全生产。这个阶段一切为了国家利益，保障船舶安全、质量，促进生产发展。在管理模式上，这一时期全国没有形成统一的船检管理体系，各船检机构均分散在各大港口的港务、航运部门管理，员工更多的是服从指挥、树立国家意识、奉献意识。

与这种船检实践相适应，这个时期中国船检文化以分散管理为制度特点，以支持社会主义建设为核心，激励员工提高思想觉悟，发扬主人翁精神，积极投入生产，为保障水运安全做贡献，形成了具有强烈的技术监督导向的安全文化。这一阶段的文化起步和积累为日后中国船检文化的快速成长奠定了坚实的基础。

（一）中国现代船检文化的初创

中国现代船检文化起源于新中国成立以后，是在中国现代船舶检验实践的基础上形成和发展起来的。解放初期中国船检机构的建立，为现代船检文化的形成和发展提供了组织载体。为适应发展造船、航运事业的需要，在国家的重视和国内造船、航运界知名人士积极呼吁下，在原苏联专家的建议下，1951年4月交通部第二届全国航务会议决定成立船舶登记局。1952年9月29日，时任政务院财政经济委员会主任陈云同志批准成立船舶登记局。沿海各主要港口，长江、黑龙江、珠江水系，各省市接管旧有船检机构，经过整顿和充实人员，逐步恢复了船检机构。水产部也建立了渔船检验机构。船舶登记局的正式成立以及全国各船检机构的建立，结束了中国船检没有独立的船检组织机构的历史，揭开了中国船检史的新篇章。从此中国现代船检文化有了承载的主体。

1955-1960年交通部委托苏联船舶登记局培训的新中国第一批验船师

解放初期的中国船检，虽然机构建立起来了，但专业技术人员极度匮乏，规范和检验规章制度基本是空白。在这种情况下，只有向“苏联老大哥”学习，全方位地吸收和借鉴苏联经验。当时苏联船舶登记局在大连和上海设有船检处。从1955年开始至1960年的5年时间里，中国委托当时苏联驻华船检处代培了三期验船师，共计65人，为中国船检在技术力量上奠定了基础，对促进中国船检事业的发展，起到了极为重要的作用。中国船检参照苏联证书格式签发国际航行证书；翻译印发苏联规范和规程，按照苏联船检的一些做法，进行船舶检验工作；参考苏联船舶技术标准，对设计图纸进行审查及在建造施工中进行检验，这是新中国船舶建造检验的开端。通过全方位吸收和借鉴苏联船舶检验的经验，加速了中国现代船检与国际船检接轨的进程。

中国早期验船师在苏联专家指导下工作

当时，为适应支援前线、恢复和发展航运生产的需要，沿海和长江各船检部门起初都沿用旧航政局留下的有关船舶技术检查及吨位丈量等规章制度，以利船检工作不间断地开展和保障船舶安全航行。“一五”计划期间由交通部和交通部海运管理总局相继颁布了《修船条例》、《船舶预防检查制度》、《船舶监督检查暂行办法》、《长江区钢质船舶干舷核定暂行办法》、《船舶技术及施工设计图纸送审暂行规定》、《船用救生衣、救生圈标准》等。这些安全规章，在当时对江、海、内河船舶起到了保障安全航行的作用。

在这一时期，新中国第一代船检人积极支援社会主义建设，体现了高尚的爱国主义精神和在国际合作中强烈的民族责任感，为中国现代船检文化的成长发展积淀了丰富的精神和物质文化财富。

（二）船舶检验局的成立开启了中国船检精神文化发展的新篇章

1956年，经中华人民共和国政务院的批准，中华人民共和国船舶登记局即船检局成立。为适应造船、航运事业的需要，1957年6月，交通部发出《关于建立船舶检验机构加强船舶技术监督的指示》，第一次明确了船舶检验的性质、任务。指示中指出“船舶登记局和各地船舶检验部门是国家对船舶执行技术监督和检验的机构。船舶登记局目前为部内职能局，负责处理有关对船舶执行技术监督的日常事务；同时起着船级社的作用，办理船舶入级及有关业务。”指示同时还提出了建立健全和充实加强船检机构的具体要求；对船检部门的职权、责任、任务以及船舶登记局与中央直属港口船检部门和省（市）地方检验部门之间的业务分工做了规定。1957年随着渔业船舶发展的需要，经交通部、水产部协商，将渔船的检验、登记、管理工作移交水产部门办理，嗣后，山东、河北、广东等省先后接办了当地渔船检验登记工作。

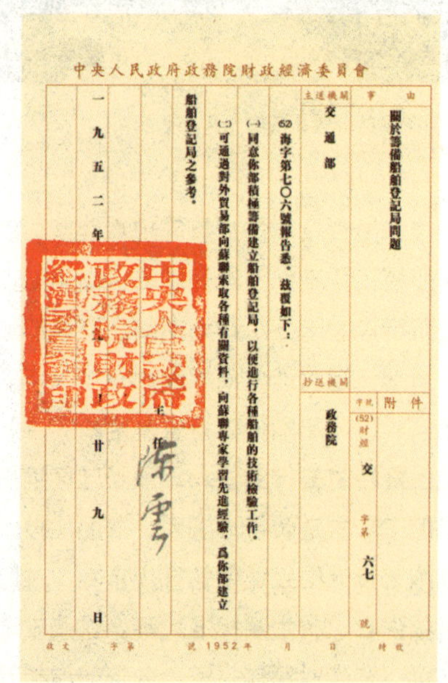
中央人民政府政務院財政經濟委員會

事由：關於籌備船舶登記局問題

主送機關：交通部

抄送機關：政務院

附件

(52)財經交字第六七號

(52)海字第七〇六號報告悉。茲復如下：

(一)同意你部積極籌備建立船舶登記局，以便進行各種船舶的技術檢驗工作。

(二)可通過對外貿易部向蘇聯索取各種有關資料，向蘇聯專家學習先進經驗，爲你部建立船舶登記局之參考。

主任 陈云

一九五二年二月廿九日

中央人民政府政務院財政經濟委員會

收文 字第 號 1952年 月 日 時 收

政务院财经委员会主任陈云1952年批准交通部筹备成立船舶登记局的文件

1958年10月16日至21日，第一次全国验船工作会议在上海召开。之后，船舶检验局和各地船检机构按照会议要求，采取有力措施，整顿和加强了各级机构。1959年1月交通部发出通知，陆续将上海、广州、大连、天津、青岛等沿海验船部门对外名称××改为船舶检验局办事处，1960年7月又决定设立船舶检验局长江区办事处，业务归船检局领导，行政仍属当地港务或航运部门领导。与此同时，各省、市船检部门也得到充实和加强，业务上受船检局指导。从此，在中国初步形成了由船舶检验局对直属船检机构业务领导，对地方船检部门业务指导的管理体制。

1956年船舶登记局成立时的办公地——北京北兵马司交通部大楼内

船舶检验局的正式成立和船检管理体制的创建，揭开了中国船检史的新纪元。同时，也为中国船检文化的发展提供了组织基础，开启了中国船检文化的新篇章。这一时期中国船检为促进民族工业的发展，做出了重要贡献，并在服务民族工业发展的过程中，形成了中国船检行业独立自主、自力更生的发展方针。该方针的确立标志着中国船检文化从一开始就注入了中华民族之魂。

20世纪50年代末、60年代初，随着中国航运和造船工业的发展，船检业务由修理旧船和营运船发展到建造新船，由内河、沿海船发展到远洋船，由非入级船发展到入级船，由船舶发展到船用产品，初步形成全面开展的态势，为中国航运、造船和相关工业的发展做出了贡献。1958年大连造船厂和

1965年，中国船检第一次对我国自行建造的万吨远洋货轮“东风”号进行了审图、检验与发证

江南造船厂制造出5000吨的近海轮，分别命名为“和平25号”和“和平28号”，在沿海航行；1960年后经改进转为入级船，分别取名为“和平”号、“友谊”号投入东南亚及非洲航线运行，促进了民族造船业的发展，积极维护国家权益，促进了远洋运输的发展。

1960年由江南船厂开工建造的载货量13488载重吨远洋货轮“东风”号，采用中国自行研制成功的直流扫汽7ESDZ75/160型低速重型柴油机为主机，功率为6470千瓦。该轮于1965年建成，由船检局上海办事处按《海船入级章程》中“无限航区”最高船级标准的要求及国际公约的规定，进行审图和建造中检验、系泊试验和航行试验。经检验合格颁发了“ZC”船级证书和国际航行船舶证书。这是新中国船检第一次对完全由中国人自己设计、全部使用国内的配套产品的中国制造的万吨级远洋运输船的建造和入级检验，这对中国船检机构来说是一次严峻的考验和成功的实践。

光华轮图

1960年船检局广州办事处，首次对从国外购进的大型客轮“光华”轮办理初次入级检验工作，签发了入级证书和国际航行船舶证书，为新中国胜利完成印度尼西亚接侨任务做出了贡献。

（三）中国船检制度文化建设成效显著

这一阶段是在消化吸收了前苏联及西方船检经验的基础上，开始走独立自主、自力更生的发展道路，船检制度文化建设取得了丰硕的成果。

1963年10月7日，中华人民共和国国务院国经字671号文批准公布《中华人民共和国船舶检验局章程》。该章程具体规定了船舶检验局的性质、隶属关系，设置办事机构，检验船舶的范围、职权，与省、直辖市地方验船机构的关系，局徽、载重线、船级和检验钢印标志等，首次为开展船舶检验工作建立了法规依据，使中国船检的地位在法律上得到了确认，这为中国船检文化形成和发展奠定了基础。

1959年及以后相继公布的中国首批船检规章，逐步形成了新中国的船检制度文化体系。1962年公布《船舶检验规则》。1965年，船舶检验局根据

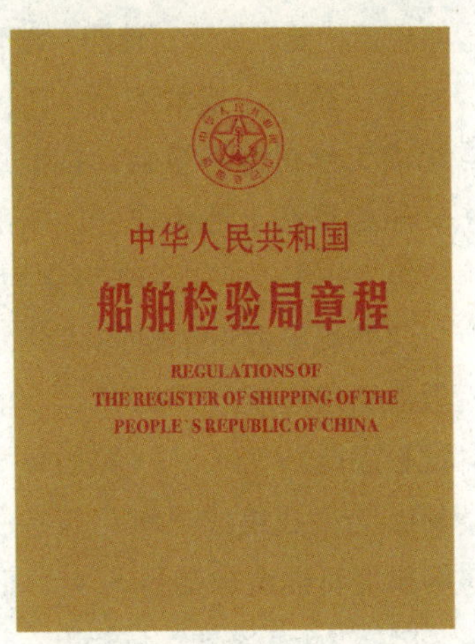

交通部关于船舶规范工作革命化的要求，对《船舶检验规则（1962）》进行修改，并将名称改为《船舶检验工作条例》，1965年8月起公布施行。随着中国船检制度的不断完善，中国船检制度文化逐步走上了根据本国实际自主发展的道路。

20世纪70年代末，随着中国造船业和航运业的大发展，进口船舶逐年增加，船用产品的进出口业务随之兴起，中国的船舶及其配套产品检验技术标准开始向国际化发展，船用产品检验工作增加了新的内容。面对这种形势，船检局于1977年着手《船用产品检验规则》的制定，于1978年开始修定《船舶检验工作条例》，于1982年6月1日公布实施了《船舶和船用产品监督检验条例》，于1983年5月1日公布实施了《船用产品检验规则》。

（四）中国船检物质文化的起步

1958年，船舶检验局委托上海交通大学对在长江航行的40多艘钢质客、货船的总强度和各项骨架结构强度进行统计分析，对航行于川江急流浅滩船舶的操舵系统进行了系统的调查研究。在此基础上，由科研、院校、检验三个系统的专业技术人员共同编写出具有长江特色的《长江钢质船舶建造规范1962》。

1958年5月，船舶检验局会同一机部九局及中国造船工程学会联合发出通知，对原拟定的11种海船规范草案在全国范围内广泛征求意见。这11种海船规范以及《海船入级章程》经交通部批准，于当年10月11日以中华人民共和国船舶检验局名义公布，1959年起执行。所公布的11种海船规范为：《船舶吨位丈量规范》、《海船载重线规范》、《海船救生设备规范》、《海船消防设备规范》、《海船航行设备规范》、《海船信号设备规范》、《海船无线电设备规范》、《钢质海船建造规范》、《海船电力设备规范》、《船舶材料试验规范》、《船舶焊接规范》。在随后几年内，中国船检局又陆续制定并公布了《海船抗沉性规范》、《船舶起重设备规范》、《沿海限定航区钢船建造规范》、《营运中海船技术检验须知》、《海船稳性规范》、《海船乘客定额与舱室设备规范》、《营运船舶检验规程（海船）》，并先后于1965年、1966年起执行。

随着中国造船业的不断发展，采用苏联的“规范”格局已不适应造船和航运业发展的需要。1963年国家科委实施“船舶科学技术十年发展规划”，其中有关船舶规范项目“专—船106—3”为1963年～1972年需研究解决项目，明确船舶检验局为研究主持单位，并列出负责研究的协作单位20余个。1964年7月23日，船检局在北京召开协调会议，研究课题分工。主要课题有：钢质海船建造规范、海船稳性规范、海船抗沉性规范、船舶材料试验规范、海船救生设备规范、海船无线电设备规范等十项内容。后因“文革”十年浩劫，“十年发展规划”有始无终。但随着水运事业和造船工业的发展，船舶规范和科研工作并没有中断。“十年发展规划”中提出的许多问题，有的在船舶检验局历次规范修改和修订中先后得到解决，有的随着科技的发展已不复存在。客观地说，不论“船舶科学技术十年发展规划”遭遇了怎样的曲折命运，它在中国船检规范科研发展历史上的开创性作用是不容否定的。

1965年5月，全国的科研、设计等单位开展革命化运动，要求从中国实际情况出发，自力更生地制定出符合中国国情的船舶检验规范，反对照抄、照搬外国的规范。要求设计、造船、检验三方面结合，领导、技术人员、工人三结合组成工作组编写规范。按照这个要求，船检局在上海组成修改船舶检验规范的工作组，把有80多万字的4本规范：《海船电力设备规范1959》、《钢质海船建造规范1962》、《船舶材料试验规范1962》、《船舶焊接规范1959》合并压缩成一本30万字左右的《钢质海船建造规范1967》。此时正值“文革”十年浩劫，只能用手刻腊纸油印出版。

20世纪70年代是中国航运和造船工业迅速发展的时期，为适应发展，船检局又在上海成立修改《钢质海船建造规范1967》的工作组，由航运、造船、科研、设计、院校、船检等27个单位的100多人组成船体、稳性、轮机、电气等分专业的工作小组。首先他们带着原规范中的问题上船下厂进行调查研究，并进行了“船体烧度测试”、“轴系扭振测试”、“强弱电子干扰测试”。每项测试都在上百艘营运船舶上进行。为把新型灭火剂1211写入规范，在一艘待拆船舶的货舱内，分别装入汽油和柴油后，放火燃烧，然后使用1211进行灭火试验，在得出使用剂量并建立计算剂量的公式后，写入新规范。根据“轴系扭振测试”在100多艘船舶的试验结果，经过统计、分析，推导出计算程序和公式写入新规范新增加的“轴系扭转振动”一章。最终形成的《钢质海船建造规范1973》，是首次凝聚了中国人自己科研试验成果的规范。

至此，船检局初期制定的海船规范基本齐全，形成了海船规范基本体系。此后，船检局密切关注国际海事公约变化，紧跟市场需求，依据中国船舶技术的最新发展和船舶检验的需要，及时组织相关技术研究，开展规范科研工作，发布船舶规范、规则和指导性文件，修订船用产品认可指南和检验须知，不断发展完善规范体系。

由于船用产品种类繁多，技术要求各异，为了在船用产品检验中正确贯彻船舶规范、规则和船用产品的各项技术标准，1978年7月，船检局开始编制各种《船用产品须知》。到1992年，船检局公布40种船用产品《检验须知》，使船用产品检验工作走向规范化和标准化。

（五）中国船检文化初步走向世界

20世纪60年代，为了适应中国外贸运输发展需要，中国远洋船舶逐渐发展起来，外国船舶来我国港口也日益增多。在这种形势下，中国船检业务开始走向国际。为了对中国远洋船队在国外港口与外国船舶在中国港口进行检验发证工作，船检局开始与外国船检机构进行友好交往和技术业务合作。1962年首先同（原）苏联船舶登记局签定了《关于相互代理船舶技术检验的协议》。当时，中国在联合国的合法席位还未恢复，我们未执行《1948年国际海上人命安全公约》，不能签发该公约规定的证书。为此，1959年7月时任国务院外事办公室主任的陈毅同志同意由船检局代表国家签发有国徽标志的《国际船舶载重线证书》、《船舶安全

1962年，上海、大连办事处分别接管苏联船舶登记局驻华检验处，图为大连办事处接管签字仪式

证书》、《船舶吨位证书》，必要时委托苏联政府代发上述公约证书。另外，通过与中国建立外交关系的欧、亚、非洲的国家签定海运协订或外交换文的方式互相承认船舶证书，从而保证了中国远洋船舶在各国港口顺利通行。

1971年10月25日联合国大会26届会议通过了《关于恢复中国在联合国的一切合法权利决议》，联合国所属政府间海事协商组织（IMCO）[1982年改称为国际海事组织（IMO）]于1972年5月23日召开的第28届理事会上，遵照联合国的决议通过了《承认中华人民

共和国政府是代表中国唯一合法政府决议》。1973年3月1日，中国政府正式接受《1948年政府间海事协商组织公约》，参加该组织活动，并当选为理事国。交通部领导在1972年指示船检局负责筹备参加IMCO的工作，为此，在当时的航政组内又组成海协组负责翻译IMCO的有关资料并多次派出代表、顾问，随中国政府代表团出席该组织的大会、理事会、海安会、环保会等会议，这为国际间海事友好协商、平等互利、保障安全发挥了促进作用。1973年，中国政府批准接受了《1960年国际海上人命安全公约》和《1966年国际船舶载重线公约》，中华人民共和国船舶检验局正式代表中国政府检验并签发上述两公约规定的证书，维护了国家尊严。

1973中国政府加入国际海事协商组织（IMCO），船舶检验局代表作为中国政府代表团副代表出席IMCO第八届大会

上述这些同世界船检行业之间的交流活动，加强了中国船检机构及人员与外国船检机构及人员之间的相互访问和交流，加深了相互了解和友谊，密切了合作，推进了中国船检事业走向世界的步伐，同时也把中国船检文化带向世界。

二、中国船检文化的成长阶段

1978年12月，中国共产党召开了十一届三中全会，实现了党的工作重心的转移，中国进入了改革开放的新时期。中国船检在总结新中国船检事业29年艰苦创业和曲折发展的经验和教训的基础上，提出了“加强基础、健全体系、适应发展、面向全国、走向世界”的20字方针。在这一方针的指导

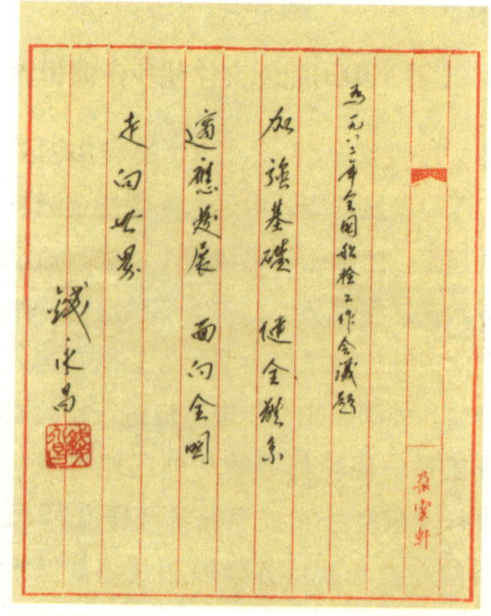

下，中国船检行业开始加速发展。改革开放使中国船检迅速全方位地与国际海事界、国际船级社协会以及世界各发达国家船级社接触与交流，开始全面地学习引进、吸收借鉴世界船检的先进经验和文化，从而促进了中国船检行业的管理、规范科研和人才培训等水平的提高，在较短的时间内缩小了与发达国家船级社之间的差距。中国船检文化开始进入到成长的新阶段。

（一）体制机制的改革推动了中国船检文化整合

改革开放后，1978年7月中国船检系统总结了中国船检事业29年的经验和教训，分析了当时的形势，针对船检体制、机构设置、加强规范科研工作、有计划地充实与培训船检人员、加强后勤保障等方面的问题，提出了建立独立船检体制的初步设想。

在初步设想的基础上，船检局根据“政企分开”的原则，提交了改革船检体制的报告。经交通部批准，于1981年11月30日发出《关于改革船舶检验管理体制的通知》，决定“从1982年1月1日起部直属船检系统实行由船舶检验局直接领导的管理体制”。船检局沿海和长江沿线的直属船检部门分别于1982年和1984年从当地港、航单位划分出来，由船检局实行行政、业务统一的领导。

1979年6月由交通部和国家水产总局联合下达“通知”，决定国家水产总局的船检机构对外用“中华人民共和国船舶检验局渔船分局”名称，下属各省、自治区、直辖市水产部门的检验机构，对外称渔船分局某某检验处，在船只集中的主要港口设检验站，对渔业船舶实行监督检验和发证。

1982年和1986年经两次全国地方船检工作会议讨论通过，并经交通部同意，在全国各省、自治区、直辖市设立船舶检验处领导地方船检业务，在专区设检验所，县设检验站负责进行检验工作。各省、自治区、直辖市船舶检验处的业务由船舶检验局领导，行政工作由当地交通厅（局）领导。1986年12月，交通部致函国际海事组织秘书长称：“经中华人民共和国国务院批准，中国船级社已获得中华人民共和国政府授权，可代表对中国籍船舶、船用集装箱和设置在中国水域内的海上设施施行国际公约规定的法定检验并签发相应证书”。

这样就形成了国家船舶检验局主管的直属船检、国家水产总局主管的渔检和地方政府主管的地方船检三支队伍，同时也形成了具有中国特色的船检管理体制。船检体制机制的改革，中国特色船检管理体制的建立，为中国船检文化的整合提供了体制保障。

（二）不断强化以安全文化为核心的精神文化体系

20世纪80年代后，中国航运事业加速发展，船舶数量不断增加，到达中国沿海和长江开放港口的外籍船舶也日益频繁。此外，从国外购进的“二手船”也为数不少。保障航运安全成为这一时期船检的一项重要任务。对此，船检机构在认真执行监督检验和签发证书，促使船舶具有良好的适航状况，确保航运安全等方面做了大量的工作。

一方面，加强对客船的检验。在中国，客船和轮渡担负着大量旅客的运输任务，这关系人民的生命财产安全，必须确保航行安全，这是船检部门实施监督检验的重点。各地船检部门一般都结合每年春节或客运高峰期，对营运中的客船进行一次较为全面的安全检查。另一方面，加强对老龄船舶的检验。在20世纪80年代末到90年代，船龄在15年及以上的老旧船舶多次发生海损事故。对此，1986年2月船检局发出通知，要求各地船检部门加强对船龄在15年左右船舶的现场检验工作。1989年1月，交通部发出《关于加强对老龄船舶监督检验的通知》，1993年交通部发出2号部长令《关于老旧船舶管理规定》。船检局及各船检部门，特别是中国船级社严格执行2号令精神，认真做好相关工作，取得了明显成效。中国船级社为清理整顿老旧船工作，为防止航运安全和水域环保做出了重要贡献。

船舶安全事关国家和人民生命财产安全，事关经济发展和社会稳定大局。为保证船舶安全，船检安全文化形成了独特的内涵。一是严格执法监管，把安全生产工作真正纳入法治化轨道。二是严格安全生产责任制和责任追究制，把责任落实到每一条船舶、每一个岗位、每一个人。三是加大科技投入，加强安全科研开发和技术改造，用现代科技手段提高船舶事故的防范和处置能力。四是排查事故隐患，做到经常化、制度化，不留死角。对典型事故要深入剖析，举一反三，防止同类事故重复发生。五是全面完善应急预案。各种预案都要一目了然，具体管用，切实增强针对性和可操作性。六是牢固树立大局观念，各地船检相互支持，协同配合。不搞本位主义，不推诿扯皮，不搞地方保护。七是标本兼治，采取强有力的工作措施。对生产经营者违法违规行为，要坚决纠正和查处。严格实施国家各项强制性标准，严格准入许可，严格全过程监管。对存在安全隐患的船舶，坚决杜绝其运营。

在加强航运安全的工作中，船检系统的广大干部职工，不断强化安全意识，越来越加深对安全文化的理解，从而推进了中国船检安全文化的发展。

（三）船检制度文化体系逐步形成

在改革开放的进程中，中国船检规章制度得到了进一步的充实和完善，船检规范基本形成体系，科研有了进一步发展。在此基础上，中国船检制度文化体系也逐步形成，并开始与国际接轨。

与改革开放的新形势相适应，中国船检系统在船检规章制度建设方面，大胆改革，着力发展，不断加强船检基础法规制度建设。1993年2月14日，国务院发布了《中华人民共和国船舶和海上设施检验条例》，明确规定船检局是依照该条例规定实施各项检验工作的主管机构，中国船级社承办国内外船舶、海上设施和集装箱的入级检验、鉴证检验和公证检验业务；经船检局授权，可以代行法定检验。《中华人民共和国船舶和海上设施检验条例》第十三条规定，下列中国籍船舶，必须向中国船级社申请入级检验：（一）从事国际航行的船舶；（二）在海上航行的乘客定额一百人以上的客船；（三）载重量一千吨以上的油船；（四）滚装船、液化气体运输船和散装化学品运输船；（五）船舶所有人或者经营人要求入级的其他船舶。

1986年交通部颁布《中国船级社章程》，改用中国船级社（CCS）从事船舶入级与公正检验业务

1993年2月14日，国务院第109号令发布《中华人民共和国船舶和海上设施检验条例》

《中华人民共和国船舶和海上设施检验条例》是中国一部重要的船检的法律依据，它确立了各船检机构和中国船级社的法律地位。这部法规有三个特点：一是符合国际惯例；二是符合中国有关法律和法规的基本原则；三是符合中国国情。这是中国水上交通法治建设的一件大事，也是有关航运和造船安全

质量的一件大事，标志着中国船舶与海上设施检验工作迈上了一个新台阶。

为适应改革开放和船检事业的发展，进一步理顺船舶法定检验和入级检验的关系，经交通部批准，1985年12月4日公布《中国船级社章程》，自1986年1月1日起施行。该章程明确规定中国船级社的性质、宗旨、任务，规范的沿用、修订和补充，与外国船级社协议，董事会、技术委员会、社长及业务部门的设置，入级符号和检验标志及施行日期等。《中国船级社章程》的首次制定公布，是中国船检事业发展的一项变革举措。

与此同时，1979年渔船检验分局成立后，开始制定全国统一的渔船规范和规章。地方船检部门也制定了一些船检规章。

（四）船检物质文化体系逐步形成并开始与国际接轨

中国船级社在现场经验积累与理论研究结合中逐步推动规范科研技术发展，走出了由“引进借鉴”到“研发创新”的发展道路，形成了由主体规范、辅助规范和支持文件（计算程序）构成的CCS规范体系，覆盖了船舶检验、海上设施检验、集装箱检验，以及有关产品检验、管理体系认证和风电设施认可等业务技术领域，有力地提升了中国船级社的业务技术能力，并不断强化与国际规范的接轨，形成了以规范为主体的物质文化体系，这主要体现在如下几个方面。

1. 海船规范体系的形成及其与国际接轨

船检规范，是船检建设的一项重要基础工作。“文革”结束后，规范工作基本上已进入正常运行，但由于当时的体制关系，船舶检验局曾一度将海船规范工作分散给上海、广州、大连和天津船检，而主要由上海和广州承担。上海船检侧重于“钢规”及稳性、抗沉性、载重线、起重设备、消防和防污染等规范，广州船检侧重于吨位丈量、救生、航行和信号设备等规范。有关长江水系及各种河船规范则交给武汉船检进行编制和修改。1983年，船舶检验局在上海设立海船规范科研所。1986年，船检局将海船规范工作全部转至上海，但对各船检已开展的规范工作维持至结束。1985年，船检局在武汉设立河船规范科研所，正式建立了中国船检的两个规范科研基地。按照“科研应当超前研究，科研应为规范服务，规范要为生产和检验服务”的指导原则，船检局组织制定了《船检规范“八五”科研工作规划》及《海船、河船规范体系表》。随着国际海事组织所缔结的有关国际公约和有关修正案的生效，以及国际船级社协会的统一要求和解释的不断修改和补充，编制或修改相应的法定规范已属于常规性的工作，努力做到海船规范与国际接轨，各种船检规章和规范都要适应发展，促进安全生产和科技进步。这一时期主要制定修改了钢质海船入级与建造规范，如《1973年钢质海船建造规范》的修改、《1977年海船入级规则》等。制定与完善河船规章、规范体系，继续制定与完善长江水系船舶规范、建立起了内河船规范体系，如《内河钢质工程船建造规范》、《内河航区分级规范》、《内河船舶吨位丈量规范》等。

改革开放以来，中国在国外造船增多，在国内造出口船也增多。为适应新的造船业和航运业发展的需要，并参照国外先进船级社规范的做法，再把入级规则与营运船舶检验的内容编入，船检局颁布了第一本完整的《钢质海船入级与建造规范》（1983版）。后又陆续出版了船舶稳性、防污染方面的规范。之后，于1989年以船级社名义颁布第一本《钢质海船入级与建造规范》（1989版）。

2. 船舶法定检验体系建立

船舶的法定要求，是船旗国政府对悬挂本国国旗船舶的安全技术要求，以及对到达该国水域的外国船舶的监督检查要求。对国际航行船舶的法定要求，至少应采纳国际上的有关法定要求。对国内水域航行船舶的法定要求，主要考虑一个国家的实际情况，安全与发展、政策与技术、合理与实际，等等，这实际上是一个国家内各方意见的综合结果。因此，船舶法定要求具有强烈的国家性的特点。

在理顺船级检验规范的同时，也存在理顺法定检验技术要求——法规的编制问题。中国船级社于1992年编制并颁布第一本完整的法定检验要求——《海船法定检验技术规则》（简称法规）。该版法规适当编入船体、轮机、电气方面的原则要求，但没有编入具体检验方面的内容。这一法规对统一船舶法定检验工作起到了良好的作用。根据几年使用中发现的问题，从1996年起，又陆续编成6个船舶方面的法规，经全国船舶设计、制造、检验、使用、科研等单位专家的评议和评审，1999年以船检局的名义颁布实施。1999年以后，法规以中国海事局名义颁布。

3. 海洋工程规章、规范的制定、修改与更新

20世纪中叶，海洋石油和天然气开发事业的需要，极大地促进了海上钻井平台建造工业的发展，世界上各发达国家的政府和船级社自1968年以来，先后制定海洋工程的各种规范、规则，以保障海上设施的安全。20世纪70年代末到80年代初，随着中国大陆架的石油和天然气开发，各种平台检验业务也增加了。从1978年起，船舶检验局即着手研究制定海洋工程检验规章和规范。1980～1984年间，首次公布了移动式平台检验暂行办法、移动平台规范、固定平台规范及平台安全规则等。在随后的十余年内，又陆续制定了包括规则、规范、规程和须知在内的一系列海洋工程检验规章，使海洋工程规范体系逐步充实和完善。

4. 开发并不断完善计算评估软件

软件是规范的有机组成部分。从20世纪80年代开始，船检局/船级社加大投入，积极开发规范要求的结构强度、船舶性能、轴系振动和校中、短路电流等计算评估软件，其中一些软件的计算技术已达到先进水平。比如CCS的有关民用船舶的计算评估软件，这对进行科研、设计、事故分析、状态评估、应急服务等，均具有强有力的技术支持与解决能力。

（五）中国船检文化体系初步形成

1978年之后的中国船检，在经历了艰苦创业和曲折发展的历程后，积极推进船检改革和建设。通过体制改革，改变了多年来船检部门依附于港、航企业的旧体制，建立起自成体系的船检局直属系统和政企分开的地方船检系统，以及渔船检验系统，这三支队伍形成了较为完整的检验服务网络。通过这一时期的改革、发展，初步探索出了符合中国国情和与国际接轨的中国船检发展道路，在国内外航运、造船和保险界中享有良好的声誉，出现了前所未有的新局面。

伴随着中国改革的步伐和管理观念的转变，国外的各种管理理念纷纷涌入。与船检行业的改革相对应，此时的船检文化已经不再保持那种自然生长的状态。随着船检行业外部环境的变化和改革的逐步深入，船检行业一方面面临着来自政府、市场、顾客和发达国家船检机构的竞争压力，不得不重塑市场意识，应对竞争；另一方面，企业文化的概念和作用渐渐地被引入国内的一些企业，中国船检开始有意识地培育自己的行业文化与组织文化，从而推动了中国船检文化的大发展，初步形成了中国船检文化体系。

1. 船检发展战略的制定

1993年为了增强竞争力，中国船级社提出了解放思想、实事求是、抓住机遇、深化改革的思路，谋求以改革促发展，尽快增强实力，在立足国内的同时，扩大开放，发展多边和双边的国际合作，逐步走向世界。根据这一思路，船检系统开始制定船检发展战略，并于1993年12月召开了“船检直属系统领导干部学理论、船检发展战略研讨会”。会议对“中国船检发展战略初步设想”进行了讨论，提出了修改意见，形成“中国船检发展战略初步设想”。确定中国船级社在未来20年发展的总目标是：全面、持续、快速地发展船检事业，到2010年，使中国船级社达到国际一流水平。第一次提出了“国际一流”的口号。并且在这个总目标指导下分三个阶段逐步实现。

2. 实行目标责任制

在市场经济条件下，船检行业所处的环境是不断变化的，必须不断进行改革以适应这种变化。由此，船检行业在这个时期提出了锐意改革，开拓进取的要求，在船检直属机构中实行了目标管理责任制，极大地调动了船检系统各单位和员工的积极性和创造性。

3. 竞争意识，服务意识的提出和实践

20世纪80年代到90年代，随着中国改革开放的不断深入，国外验船机构开始到中国设立分支机构，他们凭借其几百年发展的经验和实力与中国船检行业展开竞争，中国船级社遇到了强硬的竞争对手。在这种形势下，中国船级社开始倡导优质服务的理念，强调对客户利益的重视，从“一检二帮三把关”，到提出了树立“市场意识，竞争意识，服务意识”的口号，并在管理理念、员工的观念和行为方面进行改变。

4. 开始重视以人为本的管理理念

改革开放后，船检行业在发展过程中逐步认识到，船检的发展壮大都是靠员工来完成的，船检的产品是靠每一位验船师的知识输出和优质的服务来实现的。只有重视员工的利益，让员工在为单位实现发展目标的同时，实现其自我价值。

5. 船检精神的提炼和船检形象的设计

为适应形势的发展，船检系统开始有意识地进行企业文化建设，特别是提炼出了船检精神和进行了船检形象的设计。例如，中国船级社就提出了“团结、奉献、公正、高效”的船检精神；进行了CI设计，设计了中国船级社社徽、标识，组织编写了船检之歌等。1983年，依据国际海事公约，全面修定第一部与国际接轨的《钢质海船入级与建造规范》，将船级符号分为船体、轮机和冷藏三个部分，最高船级符号改为★ZCA（船体）、★ZCM（轮机）和★ZCR（冷藏）；1993年，又改为★CSA（船体）、★CSM（轮机）和★CSR（冷藏）。2002年取消★CSR（冷藏）入级符号，而作为附加标志。1983年，开始出版《船舶录》。其他船检机构也大量开展了这个方面的工作。

（六）中国船级社开始成为中国船检文化的先行实践者

改革开放以后，中国远洋运输船队迅猛发展，船舶入级检验业务已占船检局业务的绝大部分，同时为便于在国外港口设立我国的检验机构，以承担远洋船舶和进口设备、器材在国外进行检验，经国务院批准，参照国际惯例于1986年对外宣布成立中国船级社。1998年以前中国船级社与中华人民共和国船舶检验局是“一个机构、两块牌子”。

中国船级社的成立，标志独立的国际性的中国入级检验机构的诞生。此后，中国船级社经过积极的准备与多方面的努力，于1988年5月被国际船级社协会接受为正式会员。中国船级社加入后积极参加该协会的理事会、综合政策委员会和各种专业工作组的活动，并承担部分调研工作。1996年7月1日至1997年6月30日，中国船级社首次担任国际船级社协会主席，在一年任期内克服重重困难，圆满完成了预定的任务，尤其在协调各会员社的意见和关系，向国际海事组织提交散货船标准修正案等方面取得了显著的成绩。

中国船级社成立后，在国内外迅速建立起检验业务的全球网络，为航运、造船、保险商等部门提供了良好的服务条件。到1996年已在国内外设立了52个分社、办事处和检验站，与13个国家和地区的政府海事主管当局签订了授权协议，还接受8个国家政府

1986年国务委员陈慕华接见访问交通部和船检局的苏伊士运河当局代表

1996～1997年CCS首次担任国际船级社协会（IACS）主席，图为1997年第35届IACS理事会合影。前排左七为时任中国船级社社长董玖丰先生

授权按照《国际船舶安全营运和防污染管理规则》要求执行审核认证，签发相应的证书。1986年中国船级社获得了苏伊士运河管理局承认；1994年7月被纳入伦敦国际保险条款，入中国船级社船级的船舶，在国际上享受货物保险费优惠待遇，扩大了中国船级社在国际上的影响；1996年，中国船级社加入了国际干散货船船东协会，经欧洲联盟（EU）批准，中国船级社成为经EU认可，符合EU法令要求的船级社之一。

中国船级社作为中国船检的一部分，自从加入国际船级社协会后，在国际海事舞台上进行了诸多先行实践，并取得了骄人的业绩。这种先行实践集中体现了中国船检文化的发展成果。

三、中国船检文化的壮大阶段

1998年以后，随着国家航运事业和造船工业大发展，国家和国际社会对水上安全和环保的要求越来越高，政府、市场和顾客施加给船检的压力进一步加大。与此同时，政府职能转变取得突破性进展，政企分开成为改革的一个基本方向，中国船检体制、机制发生深刻变革。在此背景下，新一代船检人，开始站在更高的历史高度，以更积极主动的姿态关注船检文化建设，助推了中国船检文化的创新和腾飞。

（一）船检体制的深刻变革为船检文化发展带来新契机

1998年中国船检在体制机制方面发生了深刻的变化。船检局实行了政事分开、局社分开，船检的管理体制发生根本变化。中国船检的行业管理职能归交通部海事局，对全国所有船舶检验机构和业务进行管理，中国船级社执行具体的船舶检验业务。中华人民共和国国务院令第383号《中华人民共和国渔业船舶检验条例》，经2003年6月11日国务院第11次常务会议通过并正式公布，自2003年8月1日起施行。《条例》规定中华人民共和国渔业船舶检验局行使渔业船舶检验及监督管理职能，地方船检由各省市交通厅（局）管理，个别地方由海事局管理。

交通部海事局船检部门加大了行业管理力度。10年来海事局为了加强船检行业管理，制定下发了90多个管理规定、22部部颁发的规章。对全国船检机构进行了资质认可，进行了验船师考试，有1000多人获得验船师资格证书。

地方船检部门的管理能力和人员素质有了很大提升。船检体制改革后，各省、市地方船检，切实加强了自身建设，主要是加强了内部管理，有的地方船检机构实施了质量管理体系，2002年海事局进行了质量体系认证。质量体系的建立与实施提高了船舶检验的质量，加强了人员培训，引进大量人才。地方船检为中国航运安全和防止水域污染做出了应有的贡献。

中国船检体制机制的深刻变革，为中国船检文化带来了新的契机。经过10年艰苦努力，中国船检事业极大发展、技术实力极大提高，品牌文化基本形成，国际交流日益展开，在国际活动中的影响和作用显著提高。基本形成了以服务为导向、以安全质量为中心，包括精神、制度和物质等内容在内的具有中国特色的船检文化体系。

（二）中国船检精神文化核心内容的确立

确保安全和质量是船检行业发展的关键，安全和质量理念是船检文化的核心。当今海上安全保障系统已经不是哪一个或者几个部门就可以完成的。它由

海事组织、港口国当局、航运、造船、船级社、船用产品制造、租船人、船员等众多环节相互关联、相互依存而形成，这些环节根据各自担负的责任形成了“海上安全链”。

在这一链条中，每一个环节都至关重要。船公司、租船人承担着海上安全最直接的责任。在其他链环中，有的负有履约责任、管理责任、技术责任、使用和维护责任。过去，人们习惯于在各自的领域内搞好“自留地”，现在，在新形势下，安全与国家政治生活、经济发展、社会稳定的关系更加紧密，日益构成为相互联动的统一整体。

在制度建设中凸显安全质量理念，认真执行规范和标准，严格按照有关规章制度操作，构筑预防和避免安全生产事故发生的第一道防线。各船检机构严格按照国家标准改进完善规范、标准、检验规程和各种检验指导性文件、验船师须知等，在全系统营造安全文化氛围，编制出台各种安全质量方面的制度文件，积极采取各种有效措施，共同构筑水上安全屏障，确保各环节各司其职、各尽其责。例如，中国船级社在世界上首先提出“海上安全链”理论，高度重视安全质量问题；在国内先后提出了“安全质量是船级社永恒的主题”、“海上安全文化”、“海事技术银行”观点；加强以安全质量为核心的企业文化建设，切实提高全员安全意识。通过

文化建设，逐渐形成了具有船检特色的组织文化，其核心就是安全质量、安全文化、责任心和风险意识。

在检验领域各个环节坚持安全质量标准。中国船检系统各单位坚持安全第一、预防为主的方针，从船型、规范标准、船厂、焊工资质和监控入手，坚持做到检验到位，监控到位，管理到位，落实检验安全责任制，使安全质量工作从人治向法治转变，从被动防范向源头管理转变，从集中专项整治向规范化、经常化、制度化管理转变。针对重点地区、重点船舶可能存在的安全隐患，按照国际船检行业的审核方法，抽检重点船舶，深入、细致地开展审核。把安全质量标准贯穿到船检业务的各个环节，形成以安全质量为核心的中国船检精神文化。

在船检精神文化中，还有一个重要内容就是服务文化。中国船检行业经过几十年的拼搏，实现了跨越式发展，业务总量、安全质量水平、科研技术能力等均达到国际水平，特别是服务意识、服务能力有很大提高，为客户提供高效、独立、公正的优质服务意识占了主导地位。

进入21世纪后，随着国际海事新的观念和标准调整，船检机构的角色与定位发生了重大转变。船检机构服务范围全球化，服务领域多元化趋势日益增强，服务内容不断创新，服务质量标准不断提高，责任风险不断增大。仅以IACS成员船级社在中国新造船检验（含在建、手持订单）市场领域的发展为例，美国等8家船级社2006年手持新造船定单1647艘，6285万载重吨。中国船级社手持定单1950艘，约2429万载重吨。预计“十一五”期间，这种竞争将更加激烈。这种竞争是品牌、技术、管理、国际化能力等方面综合实力的竞争，也是服务意识的竞争。这场竞争对船检系统服务意识的提高起到了积极作用，促使船检系统开始重新思考审视。

在这种背景下，中国船级社越来越注重加强干部员工的市场竞争意识和优质服务意识，服务已经越来越成为中国船检文化的关键词。例如，中国船级社明确提出了船检“八荣八耻”的服务理念，即以一次做对为荣，出现差错为耻；诚实守信为荣，以权谋私为耻；按章办事为荣，违反程序为耻；尽职尽责为荣，行不到位为耻；提前预防为荣，控制不严为耻；自纠偏差为荣，回避隐瞒为耻；提高素质为荣，不学无术为耻；相互支持为荣，推脱拖拉为耻。以此来推动船检服务意识上新的台阶。

船检文化建设的发展，服务意识的提高，带来了船检事业的发展，同时也提高了中国船级社的社会地位，得到越来越多的社会承认。2006年国家认监委组织对91家从事管理体系认证的认证机构（其中：66家内资机构、25家外资机构）全国评议活动中，中国船级社认证公司顾客满意度名列第一，中央电视台、中国交通报、中国船舶报等新闻媒体也对中国船检行业和验船师的事迹进行过多次报道。

（三）中国船检物质文化高水平发展

随着1998年国务院机构改革，将中国船级社推向市场，1997年认定中国船级社是交通部直属一级事业单位，由政府授权执行船舶法定检验，原直属机构全部为中国船级社分支机构，撤消一个机构两块牌子。这一变革为中国船检事业注入了新的动力，更为船检文化向高水平发展提供了良好契机。这主要体现在推进共同规范的研发制定上。共同规范是IACS为了满足航运业对安全航行及使用中更高质量的需求，在国际航运界创造一个公平竞争市场而制定的，共同结构规范已经被纳入国际海事组织（IMO）“目标型标准”的船舶标准体系，作为实践IMO安全目标的具体措施之一，受到了IMO和国际船东组织的极大关注。

2005年6月13日，IACS举行成员船级社CEO会议，就共同规范达成一致，决定2005年10月1日IACS所有成员同时通过油船和散货船两套规范，规范知识产权归IACS各成员船级社所有。中国船级社作为IACS“油船和散货船共同结构规范”中“散货船结构共同规范”的发起人之一，积极参与规范的制定，并积极协调有关各方的关系，为共同结构规范的最终通过发挥了重要作用。积极参与共同规范在全球的宣讲活动，多次组织研讨会，对共同规范技术进行评估，有力地推进了共同规范的实施。中国船级社是制定散货船共同规范的主力，同时与英国劳氏船级社（LR），美国船级社（ABS）和挪威船级社（DNV）等IACS的成员一起共同负责油船共同规范的开发和维护。通过积极参与并推进国际船级社第一部油轮和散货船共同规范（CSR）的研发制定，中国船级社的技术能力得以大大提升。在此过程中，中国船级社作为发起人之一，积极参加了规范的起草、编制工作，充分谋求了中国航运造船界在国际社会的“话语权”。

另外，中国船级社还把大量精力投入到开发共同结构规范软件的工作中。在开发软件上，IACS各成员都非常重视，为抢得先机，中国船级社的科研人员封闭了151天，每天工作16个小时，终于率先开发出了这两套具有强大功能的共同结构规范计算软件。中国船级社是少数同时开发出油船和散货船结构规范计算软件的船级社之一。这两套软件不仅能满足共同结构规范的船舶设计、审图和计算评估的需要，而且完全符合两本共同结构规范的内容。相关专家指出，该软件的成功开发，展示了中国船级社在IACS共同规范实施中的能力，并成为在国际船级社中为数不多的、同时具有油船与散货船结构规范计算软件的船级社之一，同时，这套软件有力提升了中国的造船能力，特别是为提升中小船厂造船能力创造了一个良好的发展机遇。

2006年11月18日，世界第一艘按照国际船级社协会散货船结构共同规范(CSR-JBP)设计的5.45万吨散货船首制船开工；两套共同结构规范软件成功推出；在船型认可方面，已成功推出43个船型；国内第一艘按照国际船级社协会油船结构共同规范(CSR-JTP)设计的5万载重吨油船，日前已通过了主要结构的审图工作。

（四）中国船检文化走向和谐发展新局面

受全球船检文化的影响推动，中国船检行业的发展也出现了日新月异的景象。特别是国内造船行业的飞速发展，过去国营船厂一统江山的局面被打破，民营企业甚至江浙一带的乡镇企业也开始建造万吨以上船舶。这种变化对国内船检机构的检验技术、思想观念都带来了积极影响和冲击，促进了船检人才的流动，促进了技术进步。中国船级社积极适应国内造船形势发展，不断总结经验，编制新的技术规范标准、指导性文件。地方船检、渔检在不断地学习掌握新的技术规范标准并用于检验实践，出现了船检行业文化建设上的兼容并蓄的新形势，文化建设走向和谐发展的新局面。

这种和谐发展主要表现在：在思想认识上，各船检机构统一了对安全质量的认识，视安全质量为船检系统永恒的主题，保障安全质量是船检系统服务于国家经济建设、服务于人民群众安全出行的最崇高责任；在服务理念上，坚持公正、诚信的基本准则；在检验技术水平上，不断引进吸收国际先进技术，提高中国船检科研技术能力，为整体提高中国造船工业水平做贡献；在行业系统的机构协调合作方面，逐步实现公平竞争、有序竞争、相互促进、共同发展的局面。

（五）中国船检文化的国际化势头发展强劲

中国船检文化是在引进吸收国际先进船检文化基础上形成的，在吸收引进国际先进船检文化理念的过程中，也将中国船检先进文化理念推向了世界，形成了目前中国船检文化与国际船检文化互为促进，共同发展的局面。中国船检用了半个世纪的时间，赶上西方发达国家船级社上百年的发展，在服务国家经济建设，推进我国造船、航运的快速发展进程中发挥了重要的作用。

中国船检文化不断吸收国际船检文化的精华，促进自身的快速发展。中国船级社是一个对外开放程度很高的单位，遵循国际惯例，吸纳国际上先进文化的精华，是中国船级社文化发展的重要动力。进入21世纪，中国船级社在引进吸收国际船检先进文化方面的步伐越来越快。与美国船级社合资成立了中美隆英风险管理有限公司；针对大型、高技术船舶服务，与英国劳氏船级社合作成立京伦海事技术咨询有限公司；针对中小型沿海内河船舶服务，与意大利船级社合资成立意中海事技术咨询有限公司；与英国保险赔偿协会（UK P&I）合资成立以环境保护、海事污染、损害评估为主业的中英衡达海事顾问咨询有限公司；为推进海事和海洋工程领域研究，与挪威船级社合作成立上海中挪海事技术有限公司等。这些做法，对提高我国船检事业建设的高起点，推进我国船检事业又好又快发展打下了坚实的基础。

CCS-DNV合资试验室开业

在吸收世界先进船检文化精华的同时，中国船级社文化也不断走向世界，展示了中国船级社文化的优秀成果，把中国的和谐文化理念带入到世界船检文化当中。

1. 中国船级社首次出任国际船级社协会理事会轮值主席。1996年7月1日至1997年6月30日，中国船级社首次出任国际船级社协会理事会轮值主席，当时被誉为中国海事界的一大盛事。中国船级社刚接任就遇到了前任留下来的散货船问题。20世纪90年代以来，一些大型散货船出了事故。导致IMO对散货船的安全问题高度关注，引发IACS内部对散货船比重的争议。接任后，中国船级社做了大量调查，进行技术论

2007年6月，IACS第55次理事会在中国船级社总部召开。图为与会代表合影

证，采纳合理意见，制定合适标准，如期向IMO提交了关于SOLAS公约修正案散货船提案，并按期在海安会第68届会议（MSC68）获得通过，推动500号海事大会决议，较好地解决了散货船比重问题，对国际海事界做出了贡献，被国外一家报社称之为“中国领导世界”。在任期内，中国船级社努力加强国际船级社协会与海事界的合作，进一步完善了IACS的自身建设。

2. 中国船级社再次出任国际船级社协会理事会轮值主席。2006年7月1日至2007年6月30日，中国船级社再次出任国际船级社协会理事会轮值主席。一个时期以来，在IACS内部，“责备文化”很有市场，影响了与国际海事界的团结协作。中国船级社充分利用IACS主席这个平台，主张由“责备文化”向“合作文化”迈进，在国际海事界构建和谐。中国船级社李科浚总裁担任IACS轮值主席后，先后拜访了IMO、欧盟、国际四大工业组织（国际干散货船东协会、波罗的海国际航运理事会、国际航运公会、国际独立油轮船东协会）和香港、新加坡、美国等主要航运中心的船东组织、船旗国主管当局等，与各方进行了频繁的磋商和协调。在履行IACS主席职责的同时，李科浚对内实行改革，在加强内部建设方面提出了14项议案，强化了IACS在国际海事界的技术领袖地位；对外积极搭建沟通交流的平台，使海事各方更加深入地了解到IACS是维护海上安全和防污染的重要战略盟友和技术支持力量。另外，李科浚在担任IACS主席期间，还首次提出了船级社是“海事技术银行”的理念，被称之为第一个诠释了海事界长久以来“讲不清，理还乱”的船级社作用的人。

中国船检文化在融入国际船检文化的同时，也将中国“和谐理念”带入国际船检舞台，以“和谐”理念强化了内部的团结和外部的沟通，通过推进国际造船、航运、船级社三方协调机制的形成和实施，促进了世界船检各相关方的有效协作，为海事界的和谐做出了重要贡献，充分展示了中国船检文化。2007年6月21日，IACS第55次理事会对中国船级社担任主席一年来为海事界所做的贡献给予了积极的评价。继任主席、挪威船级社副总裁Mr.Tor Svesen说，在李科浚先生的主席任期里，船级社不仅工作做得非常出色，而且在国际舞台上成功地展示了船级社的风采。

四、中国船检文化发展的基本经验

中国船检文化从起步到成长再到全面发展，经历了艰难曲折，也取得了辉煌成就，积累了宝贵的经验。总结这些经验对于中国船检事业的进一步成长，对于中国船检文化的创造性发展，都具有十分重要的意义。

（一）坚持把船检文化的核心价值观与中国船检实际相结合

改革开放30年来，中国船检文化逐步成熟起来。这一文化的根本点在于它既遵循了船检文化的核心价值观，又赋予它鲜明的中国特色。

什么是船检文化的核心价值观？

质量意识。对于人命和财产相关度大、资本密集、人群密集的船舶来说，船舶检验寻求质量的100分。寻求质量100分，就需要从规范、设计、审图、选材、建造、船用产品、检验发证、船舶管理、船舶航行与操作等环节来实现，有一个环节出问题，都会对整个安全链埋下事故隐患。对于船检来说，审图是第一道检验程序，是把好安全质量第一关，确保检验质量的源头。坚持全过程、全流程监督，是船舶“优生”、“零缺陷”的重要保证。

责任意识。伴随着国际航运的发展，国际海事业中逐渐明确了所有船舶相关方的责任，形成了包括船东、托运人、租船人、经纪人、金融家、保险商、律师、船舶经营者、船级社和船旗国的“海事责任圈”，每一方根据其业务对象与业务范围来确立自己的责任并享受相应的权利。在这个责任圈中，船检行业有着多方面的责任，包括合同责任、通常验船师应履行的默视保证的责任、侵权责任、疏忽性误述责任、代表

2008年7月，中国船级社总部机关举行七一党课及抗震救灾精神报告会。右一为中国船级社党委书记孙立成，左一为中国船级社党委副书记、纪委书记江立群

主管机关行为责任。

环保意识。世界上许多大公司积极地承担起改善环境、保护自然资源的责任，并不断把这种责任落实到企业的具体生产实践中。在造船业、航海业、运输业以及船舶检验事业中，大力推进绿色生产，加强海事组织与环保组织对船舶安全的检查与督察，核准环保新变量，增加环保新标准，已经成为国际上很多船级社的通用做法。

公正意识。伴随着全球造船业、航运业的发展，船舶检验这个独特的行业在面对造船业、船东、保险商、租赁方等众多客户时，尤其当这些客户之间存在紧密的利益关系时，处理多个利益相关主体的最好立场就是独立。以独立公正的姿态和第三方身份存在是最合理与最科学的结果，也是船舶检验行业长久存在的根本。船舶检验机构本质上是一个独立、自律并接受外部组织审核的机构，它与船舶设计者、建造者、船东、船舶营运人、船舶管理公司、船舶保养或修理者、保险商或租船人等之间没有任何商业利益关系。它的发展只有依靠不断地证明其公正性和能力，才能保持对其技术工作的接受。

这些核心价值观的实施要紧密结合中国船检行业的发展实际。中国船检行业的发展有哪些特点？

体制特点，就是多个体制并存且相互促进。在交通部、农业部和省市自治区地方政府分别领导下形成了大陆由海事局船检机构、中国船级社（CCS）、渔业船舶检验局和省市自治区地方船舶检验机构组成的船舶检验格局，共同承担起中国大陆的水上航行与作业安全，防止水域环境污染的重责。同时，港、澳、台地区建起了不同形式的船舶检验或管理机构，负责香港、澳门和台湾的船舶检验。近年，中国船级社（CCS）秉承交通部的安排，在海南省统管船舶检验经验基础上，于2007年开始对福建省船舶检验进行统一管理，展示出了我国船舶检验管理格局的新动向。

开放的特点，船检市场与服务具有高度的开放性。对外开放是我们的基本国策，这种开放鲜明地体现在船舶检验的发展中。例如到目前为止，世界上主要船级社都已经进入上海船检市场。国际船舶检验巨头的纷至沓来是因为上海已经形成了巨大的国际化的船检市场，“世界船坞”已现雏形。近年来，中国船舶工业发展迅速，上海正成为全球最重要的造船基地之一。目前上海造船业的订单已经排到2010年，预计到2015年，上海的造船能力将从现在的700万吨提升到1200万吨。像挪威船级社、英国劳氏船级社、美国船级社等世界主要的船舶“娘家”已把上海看成其全球业务的新增长点。从整个国家的船舶制造业来看，对外开放的趋势更是如此。

既遵循了船检文化的核心价值观，又结合了中国的实际，中国特色船检文化已经形成。

（二）坚持把推动行业发展与提高员工素质相结合

船检文化建设是中国船检事业发展的重要组成部分，其根本目的在于用先进的船检文化理念来指导船检发展实践，凝聚船检系统广大干部职工的力量。船检文化建设中，一方面抓住船检行业发展的重点环节，提高全行业对船检发展的认识，注重中国船检事业发展的规律性研究，力求把握船检事业发展大局，攻克船检发展的主要难题，形成船检发展的创新思路，深化船检行业的体制改革，推动船检行业的健康发展。另一方面，大力开展员工培训，着力提高干部职工的思想素质，用马克思主义

中国化的最新成果，特别是用社会主义核心价值体系教育员工，统一思想；着力提高员工的技术素质和道德素质，提升其从事船检业务的能力，造就中国船检事业发展的高素质的人力资源队伍，形成船检事业发展的主体动力基础。

（三）坚持把发展船检文化与推动船检实践相结合

中国船检文化是中国船检实践的观念体现，是中国船检人生活生产方式的文化表达。其产生发展的根本动力来源于中国船检实践本身的发展，离开了船检实践，船检文化就成为无本之木、无源之水。同时，中国船检文化存在的根本目的就在于推动中国船检实践的改革创新，为船检实践的发展提供了理论指导和标准规范。一方面，中国船检文化致力于探求中国船检实践中内含的船检文化的因子，从思想观念、职业道德、管理理念、队伍建设等方面总结中国船检事业长期发展的成功经验和优良传统，力求不断提升中国船检文化含量，创造出有中国特色的船检文化，并谋求在船检实践的推动下不断创造新的文化辉煌。另一方面，着力实现船检文化建设的根本目的，用正确的思想武装船检人的头脑，科学的理论指导船检实践，用合理的观念引导船检队伍，全面服务并有力推进船检实践又好又快发展，最终实现船检文化与船检实践的互动发展。

（四）坚持把突出核心文化精神与文化全面发展相结合

文化建设是普遍性与特殊性相结合的过程，是重点解决主要矛盾与全面解决各方面问题相结合的过程。在中国船检文化建设的长期过程中，充分把握这个基本的方法论准则，坚持把突出船检文化的核心精神建设同实现船检文化的全面发展相结合，力求做到既有重点突破又统筹兼顾、全面协调发展。一方面，谋求实现船检发展战略和管理理念的根本转变，抓住安全意识、质量意识、服务意识等船检文化的核心问题，着力提升船检文化的核心精神，凝练中国船检行业的核心价值观，实现船检文化的重点推进，以重点带动全局发展。另一方面，兼顾中国船检行业系统中船检、渔检、地方船检等领域的不同特点，用中国先进文化的前进方向来引领船检文化的全面发展。在当代中国，发展先进文化，就是发展面向现代化、面向世界、面向未来的，民族的、科学的、大众的社会主义文化，以不断丰富人们的精神世界，增强人们的精神力量。中国船检行业的建设者要充分把握这个基本方向，并在建设过程的各个环节中加以贯彻，逐步形成以创新性、国际性、公益性、公正性为基本特征的中国船检文化，形成中国船检文化全面发展的格局。

（五）坚持把吸收先进船检文化与发扬优秀民族文化相结合

文化发展是一个综合创新的系统工程，传统文化与现代文化的碰撞，外来文化同民族文化的交融，是文化发展的必然过程。中国船检文化在自身的发展过程中，坚持把吸收先进船检文化与发扬优秀民族文化相结合，力求形成既凝含世界先进船检文化精髓又充分发扬优秀民族文化的具有中国特色的船检文化。一方面，中国船检人致力于遵循国际惯例，引进国际先进船检文化理念，吸纳国际先进船检文化的精华，为中国船检文化注入鲜活的生命力量，为中国船检文化发展提供强大动力，使中国船检文化从一开始就站在比较高的起点之上，为推进中国船检文化全面健康发展奠定坚实基础。另一方面，中国船检文化致力于吸收民族文化的优秀成果，不断总结新中国几代船检人的优良传统，谋求实现传统文化和优良传统的现代转换。在5000多年的发展中，中华民族形成了以爱国主义为核心的团结统一、爱好和平、勤劳勇敢、自强不息的伟大民族精神。中国船检人面对世界范围各种思想文化的相互激荡，把弘扬和培育民族精神作为文化建设极为重要的任务，纳入到中国船检文化建设的全过程，使全体中国船检人始终保持昂扬向上的精神状态。新中国的船检人在自己的工作实践中，形成了“以至优的船检质量把好水上御险的第一关、以至善的船检服务构筑船员生命的保护伞、以至高的奉献精神支持改革开放的大发展、以至诚的团结合作谋求多方共赢的大局面”的优良传统和核心价值观，中国船检文化对这些优良传统和核心价值观充分吸收，着力发扬，使之成为当代中国船检文化的重要组成部分。

概括地说，中国船检文化在其起步、成长和发展的过程中，坚持把船检文化的核心价值观与中国船检实际相结合，坚持把推动行业发展与提高员工素质相结合，坚持把发展船检文化与推动船检实践相结合，坚持把突出核心文化精神与实现文化全面发展相结合，坚持把吸收先进船检文化与发扬优秀民族文化相结合，逐步形成具有中国特色的先进船检文化。这是中国船检文化发展积累下来的宝贵经验。

第六章　中国船级社文化建设的科学实践

中国船级社始终将文化建设作为对内提升团队凝聚力与员工创造力，对外增强核心竞争力与品牌影响力的重要战略，并开展了卓有成效的探索。

中国船级社的文化实践始终坚持以确保水上人命财产和环境安全为核心，崇尚"以人为本"，形成了鲜明的安全文化。同时重视和强调全面协调可持续发展，在长期的生产实践中培育并形成了自己独特的服务文化、质量文化、竞争文化。它们和安全文化一道，形成了中国船级社文化的基本内涵，也使得中国船级社文化以其独特的个性在船检文化建设中大放异彩。

中国船级社文化作为中国船检文化的重要组成部分，也是中国交通文化的重要组成部分。中国船级社文化建设始终坚持紧密围绕中国船级社工作实际，以中国特色社会主义理论体系为指导，贯彻落实科学发展观，遵循文化建设的基本规律，在文化体系构建、文化建设实践等方面做出了积极的努力，并取得了显著成效，积累了宝贵经验。

一、中国船级社文化建设的驱动力

文化不是天生就有的，它是人类社会实践的产物。当人类社会为了自身生存与发展的需要，通过自己的生产实践改变着自然界的同时，也创造了人类社会独有的精神文化、制度文化、物质文化。这些绚烂的文化来源于人类社会的生产实践，同时又作为一种无形的力量反作用于人类社会的生产实践。

从历史上看，文化的形成是一个长期动态的过程，它遵循着如下轨迹（见下图）

下图表明，要想了解人类文化的形成，必须了解人类的生产实践活动，而要了解人类的生产实践活动，首先要了解人类社会的需求。因为是需求推动了生产实践，生产实践推动了文化的形成。

中国船级社文化的发展也不例外。它是中国船级社全体员工为履行保障水上安全和环保的历史使命而在长期的生

产实践中形成的精神文化、制度文化、物质文化的总和。它来源于包括规范科研、现场检验、国际融合、综合管理等在内的中国船级社的生产实践，是中国船级社全体员工日常行为和经验的内化与升华。同时，它又反作用于上述生产实践。

作为海上安全链的重要一环，中国船级社的生产实践活动来源于内、外部的双重需求。对内而言，自身的生存与发展推动着中国船级社不断地变革以提升自身的适应力和竞争力。对外而言，不断变化的海事环境对中国船级社提出了越来越多、越来越高的期望，这些期望推动着中国船级社必须采取相应的措施与对策才能保证外界对其工作的接受与认可。正是基于上述内、外部力量的驱动，中国船级社的生存与发展才保持着不竭的动力源泉，中国船级社文化也绽放出绚烂之花。

推动中国船级社文化形成与发展的内外部驱动力是多种多样的，但最主要的也是最本质的驱动力来自于人类对海上安全的强烈需求与关注、中国船级社角色定位的转换、国际船级社协会的统一要求、广泛的国际竞争与融合（见中国船级社文化驱动模型图）。

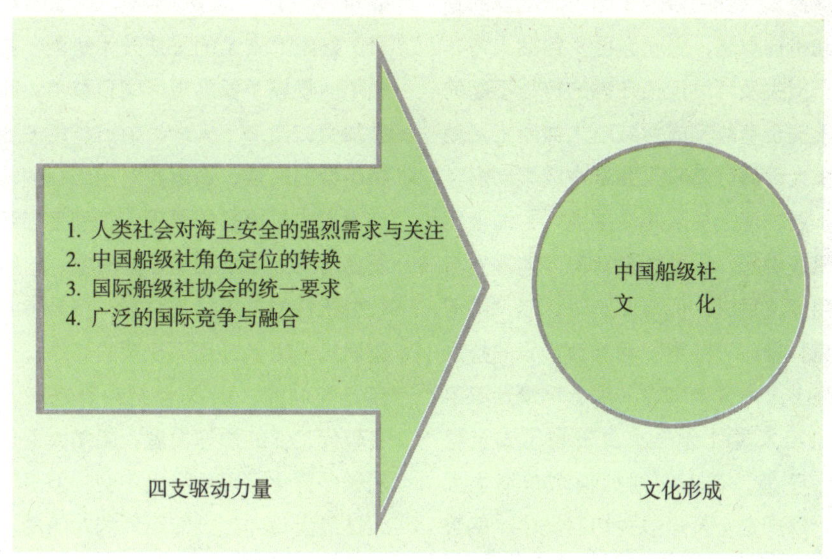

中国船级社文化的驱动模型图

（一）对海上安全的需求推动了安全文化的形成与发展

根据马斯洛的人类需求理论，对安全的需求是人类社会最基本的生存需求。只有当人类安全得到保障时，人类社会才能够向着更高的目标前进。可以说，自有人类社会以来，尽管安全问题在不同的历史时期有不同的表现形式，但它一直受到包括各国政府在内的国际社会的普遍关注与重视。

当人类社会源于对海洋的敬畏与无知，而将好奇的目光投向广阔无垠的海洋时，对海洋的利用与控制和保障海上安全就成为一对相生相伴的孪生兄弟。一方面，随着人类社会对海洋的征服，海洋为人类社会带来了越来越丰厚的物质和精神财富，另一方面，包括人命、财产损失及环境污染在内的持续不断的海上安全事故又成为威胁人类海上活动的重大障碍。随着工业革命成果向海洋的扩展，海上船队越来越庞大，海上贸易迅速崛起，人类社会对海洋的探索与利用突飞猛进。但与此同时，以“泰坦尼克”号、“威望”号等为代表的特大型海上人命安全事故、海上环境污染事故也给人类社会一次次敲响了安全警钟。于是，在人们对如何防范海上人命、财产安全风险的关切目光中，船级社应运而生了。

船级社自诞生以来，就一直努力致力于保障水上人命财产安全和防止水域环境污染。正是在这样持续不断的努力和实践中，安全成为了船级社文化的基本内容，船级社的一切活动都是围绕着包括人命、财产、环境在内的海上安全这一独特的文化内核进行的，尽管关于“海上安全文化”作为一种理论体系直到2000年左右才被海事界广泛认识并接受。

人类社会对海上安全的需求是随着人们对海洋认识的不断进步而提高的，并进而推动了船级社的生产实践不断发展及安全文化的形成。当人类社会的脚步刚刚踏入大海的时候，首要的是保证人命安全，正是基于这样的需求，造船技术、航海技术取得了明显的进步。工业革命以后，当航海与贸易相结合以后，对财产安全的关注开始呈现，并随着船队规模及贸易规模的日益扩大而日益加强。当海上人命、财产与船舶安全相结合的时候，海事界对船级社的检验技术提出了更高的要求。特别是当海上贸易与海上安全相结合的时候，对船级社公正性的要求日益强烈，贸易各方希望通过船级社公正而权威的工作，保证自己的利益。而20世纪中叶以来，随着现代工业的快速发展，船舶大型化、船型多样化等现象层出不穷，但受经济效益最大化的影响而引发的对船舶建造材料经济性的过度追求也给海上安全带来了新的风险。与此同时，随着人类社会环保意识的觉醒，人类社会对海洋的认识与利用也发生了深刻的变化，环境友好、科学发展成为人类社会的共同追求。更为重要的进步表现在，人们开始注意到人为因素在海上安全中的重要作

船级社安全文化内涵的演变示意图

用并为此采取了积极有效的措施。而与此同步发展的是，随着现代文明的进步及人类社会对自身生命价值的认可与肯定，人们对因船舶安全事故而造成的人命财产损失及对海洋污染的容忍度也越来越低，人类社会希望包括船级社在内的海事各界能够拿出更好的方案确保海上人命财产安全和防止海上环境污染。强大的动力不停地推动着包括中国船级社在内的国际船级社各成员国和国际海事界一道采取切实措施防止各种海事安全事故的发生。伴随着这样一种动力驱动而开展的相关社会实践，也同时推动着船级社安全文化内涵的深化与发展。

虽然中国船级社加入国际船级社协会的时间并不长，但从其诞生之日起，就明确提出了自己的宗旨是要通过独立公正的检验服务保障水上人命财产安全和防止海洋环境污染，并在其短短的50年发展历程中，为海上安全特别是国内水上交通安全做出了不懈努力。一直以来，受国际海事安全局势及国内水上安全局势的驱动，中国船级社始终将安全工作作为自己应承担的社会责任，努力以更加有效、更加扎实的工作来履行肩负的神圣职责。

中国船级社检验的LPG动力环保游艇航行在北京昆玉河上

（二）中国船级社角色定位的转换催生了中国船级社的服务文化

同国外船级社不同，中国船级社走出了一条属于自己的独特发展之路。它诞生于新中国成立后，却在20世纪70～80年代被历史的大潮推上了与国外船级社同台竞技的广阔舞台。尽管从其成立到现在只有短短的50年发展历程，但却经历了从保证者到监督者到服务者的转变，也正是这样一种转变，催生了中国船级社鲜明的服务文化，使得中国船级社能够在短短50年的时间内走过了西方船级社近200年走过的发展道路。

1．政府职能的转型推动了中国船级社服务理念的确立

中国船级社区别于西方船级社的主要特征在于，它脱胎于中国政府序列并始终处于中国政府的领导与管理之下。因此，政府职能的定位深深地影响着它的生存与发展理念。新中国成立以来，伴随着中国政治、经济形势的发展，

特征＼时代	船检局时代	局社合一时代	船级社时代
历史阶段	1956年中华人民共和国船舶检验局成立至1986年，纯船检局时代，一个机构，两种职能	1986年改称中国船级社至1998年船检体制改革，局、社合一，一个机构、两块牌子	1998年船检体制改革后，局社、政事分开。中国船级社开始了独立运作的时代
政府定位	计划经济时代，政府统揽社会事务。政府角色定位为政治管制型	计划经济转向市场经济，以经济建设为中心。政府角色定位为经济建设型	强调以人为本、和谐、科学发展。政府角色定位为公共服务型
船级社定位	监督者	执法者	服务者
工作特征	按照计划经济的管理模式，船检局代表国家对船舶进行“监督检验”，以“保证船舶安全”。为了保证船舶安全航行，船检局以在技术规定、检验制度及现场检验上的“严要求”，扮演着水上安全“保证者”的角色	尽管中国船级社成立后，借鉴西方船级社先进的管理经验，试图走一条市场化的发展道路，但由于局社合一体制的特殊性，传统的“保证安全”、“安全第一”的观念仍在起支配作用，中国船级社仍然扮演着水上安全执法者的角色	随着局社、政事分开，中国船级社彻底走向了市场。特别是随着公共服务理论和海上安全链理念的兴起，人们对船级社的认识发生了变化，服务理念开始占主导地位，船级社重新定义为服务者

政府职能发生了巨大变化，相应地，中国船级社角色和地位也发生了深刻的变化，并进而推动了中国船级社服务理念的确立。中国船级社角色、地位及工作理念的发展轨迹见下表。

2．市场经济的发展要求中国船级社必须以顾客为导向

船级社的诞生、生存与发展，是缘于保险商、船东、货主等顾客对船级社服务的需求，因此，满足甚至超越顾客的期望就成为船级社孜孜以求的目标。

虽然中国船级社脱胎于中国政府机构，曾经是以中国政府机构的形象出现，但随着公共服务理念的传播及海上安全链理念的提出，对船级社地位与作用的重新定位，客户越来越希望中国船

级社是以服务者的身份而不是其他的身份出现在他们面前。特别是随着改革开放的深入、经济全球化的发展，中国的航运、造船及相关制造业在更大程度、更大范围内融入了世界经济大潮之中，中国船级社所面对的航运、造船及相关制造业界的客户在经历了市场经济的洗礼后也显得日益成熟，他们对中国船级社提供服务的要求也越来越高、越来越严，从服务的公正性到业务的国际性、从技术的权威性到社会的公益性，他们希望中国船级社能够以一流的服务帮助其在激烈的国际市场竞争中保持领先地位。同时，随着国际船检市场的竞争，中国船级社要想在激烈的市场竞争中立于不败之地，必须调整其发展战略，将工作的重点放在如何更好地为顾客提供服务，以更多地占领检验市场。另一方面，中国船级社在提供各类服务的过程中，并不直接生产船舶、产品和对船公司的管理，而是通过服务确认客户制造的船舶、产品或船公司的管理是否符合规范、公约或合同的要求。因此，中国船级社所提供的服务，始终是围绕着客户展开的，是建立在客户的产品满足行业标准、法定要求、规范要求等基础上的，这是一种完全市场化的服务。

（三）国际船级社协会的统一要求强化了中国船级社的质量文化

对于船级社而言，服务能力的最终

体现是其提供服务的质量，具体包括自身的技术水平、服务质量及道德水准。因为只有保证了其服务质量的高水平，才能保证其使命的真正实现。而国际船级社协会作为国际海事界重要的技术咨询机构，为了自身的品牌与发展，从来没有放松对其成员船级社在服务质量方面的高标准、严要求。国际船级社协会在其章程中明确提出：“本协会自始至终致力于高标准。在致力于高标准的过程中，有效运用内部质量审核，坚持道德准则，同意对可能损坏整个船级社形象的投诉进行调查并采取任何适当的制裁。”“本协会应高效开展工作，内部程序的责任之首是维系高标准和道德准则，为所有会员提供信心保证。”在长期实践中，这种来自外部的高标准、严要求，内化为中国船级社全体员工的自觉行动，极大地强化并推动了中国船级社质量文化的形成与发展。

1. 国际船级社协会统一的技术标准的推行，推动了中国船级社技术水平的提升

技术权威性是船级社服务能力的最本质特征，作为国际海事公约的推动者和实践者，国际船级社协会成员间一直没有放弃对确立自身技术权威的追求。为此，国际船级社协会一方面积极要求各成员船级社严格遵守公约的最新要求并在日常的检验工作中加以认真的贯彻落实；另一方面，积极鼓励各成员船级社加大对规范科研的投入力度，不断提升自身的检验技术水平，努力树立自身的技术权威形象，服务于国际海事界。

中国船级社自加入国际船级社协会以来，特别是近10年来，在激烈的国际竞争中充分认识到必须坚持走以规范科研为先导的发展之路，才能不断提升自身的服务能力，进而得到海事界的广泛认可。于是，通过不断推进规范科研机制体制改革、不断地吸收、引进规范科研人才、不断加大对规范科研的投入力度，推动了中国船级社检验技术水平的提升，为保证检验质量及水上航行安全打下了坚实的基础。

2. 国际船级社协会成员船级社内部强制推行的质量体系建设，有力地推动并强化了中国船级社质量文化的形成

经过近15年的质量实践，质量体系已经成为中国船级社全体员工的自觉行动。质量体系一旦运行就将永无休止，正是这永无休止的体系运转，深刻地改变着人们的行为方式和思维方式，并进而内化成为了一种文化，进一步强化并规范人们的行为方式。也正是在这样一种文化的推动下，中国船级社全体员工的质量意识及对外提供的服务质量有了极大的提高。

3. 国际船级社协会道德准则的发布，为全面提升中国船级社员工的道德水准打下了基础

为了规范验船师的行为，树立国际船级社的良好形象，国际船级社协会于1992年发布了《国际船级社协会道德准则》，强调了“船级社依靠声誉而生存。只有不断地证明自己的诚实、守信和能力，才能保持外界对其技术工作的接受与认可。”并因验船师的职业道德问题而将波兰船级社开除出了国际船级社协会，显示了其对验船师职业道德的关注与重视。

中国船级社紧紧抓住这一机遇，积极宣传《国际船级社协会道德准则》，大力倡导诚信、公正的道德品质，并通过多种形式加大了对诚信文化、公正文化的建设力度，使得诚信、公正的思想深入到了每一位员工的灵魂深处，并最终影响着其日常的检验、服务行为。与此同时，中国船级社还根据《国际船级社协会道德准则》的要求，在中国船级社《质量手册》中公布了自己的道德准则，进一步强调以公正、诚信为核心的船级社道德规范。

（四）广泛的国际竞争与融合培育了中国船级社的竞争文化

中国船级社自成立以来，就一直

以开放的胸襟面向世界。特别是，在我国改革开放不断深入、世界造船及航运中心不断东移、世界主要船级社纷纷进入中国检验市场的新形势下，中国船级社没有选择退缩，而是以更加开放的胸怀、更加积极的姿态，努力融入国际竞争的大舞台，并在国际竞争与融合中谋求自己独特的发展之路，推动了中国船级社竞争文化的形成。

2008年，中国船级社出席中国东盟技术研讨会。前排右五为中国船级社李科浚总裁

尽管世界主要船级社来自于不同的国度，且不断拓展新的业务领域以满足发展的需求，但在传统的船舶检验领域，随着世界航运、造船及相关配套业市场的日渐融合与饱和，他们越来越面临着同质化的威胁：相同的业务领域、相同的服务方式、相同的客户市场。由此，竞争不可避免。特别是当中国日益成为世界造船竞争的主战场时，船舶检验领域国际竞争本土化、本土竞争国际化的严峻形势，迫使中国船级社必须以更加开放的心态、积极进取的态度直接面对来自世界主要船级社的竞争与挑战。否则，中国船级社将会在严酷的竞争大潮中被淘汰出局。

中国船级社充分认识到，竞争有助于船级社保持灵活、警觉和成本意识，从而使整个海事界受益。为此，中国船级社一方面积极利用"本土作战"的优势，通过不断加强检验队伍、服务网点、规范科研、服务质量的建设力度，坚守国内船舶检验市场，不断拓展国内船舶检验市场份额。另一方面，坚持放眼世界，将目光投向全球，加强了对东南亚地区、地中海地区的市场拓展力度，努力谋求国际船舶检验业务的生存空间。与此同时，为了应对世界主要船级社的挑战，中国船级社努力按照市场竞争的要求对内部的组织机构、人员配置、工作模式进行了深刻的变革，基本形成了以市场为导向的组织运行体系。特别是针对中国船级社员工绝大部分脱胎于计划经济模式下的现象，加大了对员工的思想观念、行为方式重新塑造的力度，实现了员工的思想观念和行为方式从计划经济到市场经济的巨大转变，提升了其应对市场竞争、参与市场竞争的能力与水平。

广泛的国际融合促使中国船级社不断提升自身的竞争能力。成功加入国际船级社协会、两度出任国际船级社协会主席、积极参与相关的国际海事活动、与相关国际海事组织保持接触与对话等，使中国船级社更加深刻地感受到所承担的神圣使命，更加清晰地了解国际社会对中国船级社的期望与要求，也更加鲜明地认识到自身的差距与不足。压力产生动力，正是在这样的国际大融合中，中国船级社在看到自身差距的同时也明确了自己的努力方向，在增强了忧患意识的同时也培育了国际化的视野和开放的胸怀。国际化的大融合，也使得中国船级社有机会和条件广泛地吸引西方先进的船检文化并将其与中华民族优秀的传统文化相融合。

中国船级社始终没有忘记国际船级社协会面对所有成员船级社提出的“船级社之间的竞争应在为海运工业提供（技术和现场）服务的基础上进行，但不得损害海上人命与财产的安全或降低技术标准”的基本要求，坚持不懈提高自身的技术标准和服务能力，形成了以不断提升的技术标准和服务能力抢占市场、赢得用户的独特的竞争文化。这样一种竞争文化的形成，使得中国船级社阻绝了以降低标准、片面追求利润最大化而开展的不正当竞争，极大地了维护了自身的品牌与形象，提升了中国船级社的生存与发展潜能。

二、中国船级社对中国船检文化的探索与创新

中国船级社在长期的文化建设实践中，对中国船检文化进行了深入的探索，形成了一系列重要的创新成果。

（一）对船级社地位、属性的理论探索

中国船级社提出的海事技术银行理论、风险管理理论、海上安全链理论等，对船级社的本质、业务特点、产品本质等做了深入探索，深化了人们对船级社的地位、属性等方面的认识。

1.“海事技术银行”回答了“船级社是什么”的本原性问题

船级社是什么？不仅在非海事界鲜为人知，即使在海事界包括在船级社内的工作人员，也很少有人能准确表述。这一方面是因为该行业的特殊性，另一方面是“名字”太专业化。

2006年7月6日，中国船级社李科浚总裁以国际船级社协会主席的身份接受了世界著名海事媒体——英国《劳氏

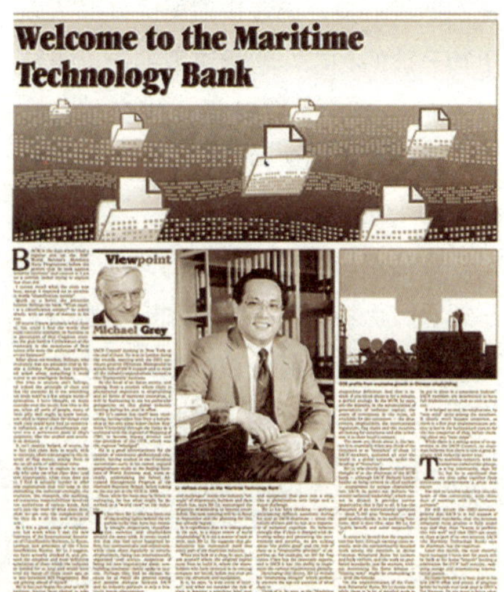
Welcome to the Maritime Technology Bank

Viewpoint

Michael Grey

日报》资深专栏作家Michael Grey的独家专访，深刻诠释了船级社的作用和角色问题，创造性地提出了“海事技术银行”这一理念，生动、贴切地诠释了海事界长久以来“讲不清，理还乱”的船级社的作用和角色的问题。

银行的功能家喻户晓，以此类比通俗易懂。我们知道，银行最重要的功能是存和贷。船厂、船东、产品制造厂有各种各样事关船舶/设备的经验和教训，当它把这些实践性的经验和教训存入船级社这个银行后，船级社通过技术创新和研发积累，贷出，也就是向相关方提供服务时，就不再是零散的事故分析和经验教训，而变成了规范、技术指南及其相关的服务等。船级社把这些东西提供给他们并应用于所从事的生产活动中后，船厂建造的船舶就会更安全、更环保。因此，从这个意义上讲，海事技术银行与一般金融银行的最本质区别是，它运转的不是资本，而是“知本”。

“海事技术银行”概念的提出，引起了国际海事界的强烈反响。2006年7月28日，中国船级社在北京举行了隆重的成立50周年庆祝活动，国际独立油轮船东协会、国际干散货船东协会、国际航运公会、波罗的海航运理事会四大国际组织的秘书长专程来京致贺时谈到：“‘海事技术银行’是对船级社功能的精确概括，它把很专业的知识转化成了通俗易懂的语言。因为，如果你从伦敦的咖啡馆讲起，解释船级社最初作用就是代表保险商等等，别人就会听得稀里糊涂。如果你再告诉他，一艘在利比里亚注册的希腊船舶入中国船级社船级，他就更弄不懂了。总之，用几个词说清楚船级社的职责，让人准确地理解它到底是什么样一个令人头疼的难题。而有了李科浚先生创造性的灵感——海事技术银行，这一难题便迎刃而解了。”

交通部李盛霖部长（左四）与中国船级社总裁（右一）与出席中国船级社50周年庆祝活动的国际海事四大组织秘书长合影

2.“四性”定位明确了船级社的基本业务特点

2000年，中国船级社即尝试对船级社的业务特点进行定位与阐述。船级社的业务特点为：服务公正性、技术权威性、业务国际性、社会公益性。

（1）服务公正性。服务的公正与

服务公正性		技术权威性
	船级社的业务属性	
业务国际性		社会公益性

诚信是船级社生存的基本条件。正如IACS在其道德准则中指出的，船级社依靠声誉而生存，只有依靠不断地证明其公正性和能力，才能保持对其技术工作的接受。船级社提供各有关方均接受的标准——“入级规范”，在船舶设计与建造中进行核查，确认其符合性，签发符合证明；定期检查其有效性，并继续签署；证明船舶符合规范要求。

船级社的公正与诚信，是建立在独立的基础上的。没有独立性，就没有公正与诚信而言。独立性应体现以下几个方面。首先是组织独立，具备独立的法人资格和组织行为能力，具有独立的组织动作体系。其次是经济独立，船级社与海事界有关方没有任何商业关系，即没有买卖贸易关系。同时其收入来源并不主要依附于某一个或少数几个服务对象。最后是行为独立，具体表现在以下三个方面。一是独立颁布规范。规范的水平，是控制安全与质量的水平，是与当代技术和发展水平相协调的，实际上是各有关方“利益”协调的结果。船级社入级规范也是按一定的程序，即按IACS要求的质量体系的规定，经广泛征求海事界各有关方的意见，并由船东、船厂、研究设计、保险、主管机关、船级社等代表与专家组成的委员会审定批准。船级社规范体现出自身的服务能力与各方的责任，以体现适当的安全与质量水平。二是独立开展检验及进

行技术判断。在服务过程中，船级社只根据入级规范独立开展检验并进行技术判断，而不受任何外来力量的影响和干预。三是独立签发入级证书。入级证书是由船级社独立签发的，不受其他任何方的影响，签发入级证书的唯一依据，是船级社颁布的入级规范。

（2）技术权威性。船级社的技术权威性，主要体现在管理与决策方面。船级社的管理机构由政府有关部门、船级社、船东、石油公司、造船、海上开发、大专院校、科研、相关工业产品制造业、保险、银行以及其他有关业界代表共同组成。主要有三个部分：一是船级社理事会或类似机构，决定和修改船级社章程、审议船级社工作报告、决

定其他重大事项。二是船级社技术委员会或类似机构，对船级社的技术政策和规范科研发展规划提出意见和建议、审定船级社制定的船舶及海上设施的主体技术规范等。三是船级社船级委员会，审议通过该委员会的工作程序及船级管理程序、接受并确认船级社提交的船舶及海上设施的入级符号与附加标志的授予、暂停、取消或恢复的情况报告等。四是有有效的技术支持体系和质量体系，强调集体的价值。

（3）业务国际性。船级社的业务国际性主要体现在以下六个方面：一是船级社的入级服务，不仅适用于申请悬挂任何船旗的入级船舶，也适用于任何船旗国政府主管机关接受的、作为法定检验一部分的入级船舶。二是船级社可接受任何船旗国政府的授权，对悬挂其船旗的船舶，受权进行法定服务。三是船级社也可接受任何国家的任何方的委托，进行指定的技术服务与其他服务。四是规范适应国际化，即在入级服务、检验制度、技术标准等方面，应与大多数船级社的规范相当。五是入级管理适应各国船东的需要。六是服务区域的全球化，有遍布全球的服务网点。

（4）社会公益性。船级社的社会公益性，主要体现在以下三个方面：一是参与并代表船旗国政府出席IMO的有关会议。IMO有关委员会工作，不仅与船旗国政府密切相关，而且与海事界的发展与安全息息相关。各船级社均参加所在国家出席IMO的有关专业委员会工作，包括进行科研、提出提案等。二是成为IMO的重要的非政府技术组织。IACS作为一个整体，在IMO中发挥重要的作用，如提出预案、对公约或规则提出统一解释等。三是根据政府的要求进行安全检查/评估。根据政府规定，船级社对船舶进行安全检查，参加船舶的港口国检查（PSC），对船舶进行技术评估等。

3. 风险管理理论阐明了船级社的业务核心

许多年前，人们将船级社的工作性质与风险管理联系到一起，没有人会支持这个论点，因为那时的船级社在海事界扮演的角色为：单纯船级管理的技术地位、第三方的公正性地位、不以营利为目的的工作目标、接受政府授权的半“官方”的代言人。因此，海事界的风险似乎仅仅局限在船公司、承租人、造船厂、保险商等单位的范畴内。但到20世纪末的最后10年，这种情况发生了根本性变化。数以百计的船舶事故发生及数以千计的人员死亡给国际海事界提出了一个严重问题，即航运风险的责任人与其管理的参加者究竟是谁？在一系列的“痛定思痛”之后，“海上安全文化”的理论逐渐形成，这是人类经过几百年航运事故的经验教训之后，终于以“系统工程”的观念去看待航运风险。人们终于认识到，海上安全链的每个环节都在涉及这一风险，只不过有的要直接承受，有的则要参与管理，而船级社恰恰属于后者。

当人们开始以一种新的眼光重新打量和评估船级社在防范航运风险中的作用时，人们惊奇地发现，在整个海事安全链中，船级社在技术水平、信息平台、组织协调方面拥有别人无可比拟的优越性，而这样一些优越条件恰恰可以为海上安全带来保障，于是人们开始更多地在技术、信息等层面上从船级社寻求防范海上安全的方案。与此同时，出于所承担的神圣使命，船级社也没有放弃使自己成为海上安全风险管理专家的努力。船级社在不断地总结经验和吸收人类科技成果的基础上，逐步改进和完善自身的规范体系；船级社运用自身的经验和技术不断地研究各类海难事故，分析现有船舶可能存在的安全风险，并提出相应的对策；船级社紧密跟踪环境友好、资源节约、船舶大型化等人类最新的思想和物质成果，研究应对方案；同时不断扩大研究影响海上安全的各种可能性因素，包括人为因素、政策因素、环境因素等等，并尝试建立相应的防范机制。

内外的动力驱动，使得今天的船级社已非昔比，技术权威性、服务公正性、业务国际性、社会公益性的社会形象已被广泛认可。今天的船级社已不是

一个单纯提供技术服务的组织，它已经参与到了海上安全风险管理的方方面面，如技术标准管理、组织管理、船级管理、应急服务等。也正因为如此，船级社认识到，凭借自身的优势，只有努力使自己发展成为海事安全方面的风险控制专家，才能更好地履行保障水上人命安全和防止水域环境污染的使命。

在业务领域不断拓展、业务总量不断扩大的国际化发展过程中，中国船级社也在不断地深化、明确其业务工作中关于安全与环保领域内“风险管理”这一业务核心。通过检验、认可、审核、认证、监理等多种业务形式，对企业经营活动中涉及的安全、环保风险提供分析、评估、识别、管理等方面的专业服务，帮助企业认识风险的危害，采取正确的应对措施，对风险实施有效管理控制，保障企业经营发展目标的实现。中国船级社明确界定了其所从事的风险管理活动涵盖了四个紧密相联的层次：研究制定基本的安全、环保规范、标准和

/或对企业执行的标准做出鉴证；事先的风险预测与防范；过程中对劳动者、劳动对象、劳动工具、管理体系、工序、工艺等各种风险因素的控制与最终标识；以及当风险一旦演变为危机或事故后配合管理主体进行处理及应对。

当然我们也应该看到，尽管包括船级社在内的相关业界为海上安全与环保做出了许多努力，但确保海上安全与环保的目标还远没有实现，人类的海上活动仍然存在着相当多的风险因素，作为海上安全链中的重要一环，船级社仍然任重道远。船级社只有不断地努力，让自己尽快成为海上安全的风险管理专家，才能为服务对象带来更多的保障与信任，也才能更好地履行自己所承担的历史使命，最终保证人类可以自由地、安全、友好地与海洋为伴，与大海共舞。

4. 服务理念明确了船级社产品的本质

随着中国船级社的角色由监督者到执法者到服务者的转变，中国船级社也一直在努力探寻所提供服务的本质，并初步构建了自己独特的服务理念体系。这一理念体系的构成参见下图。

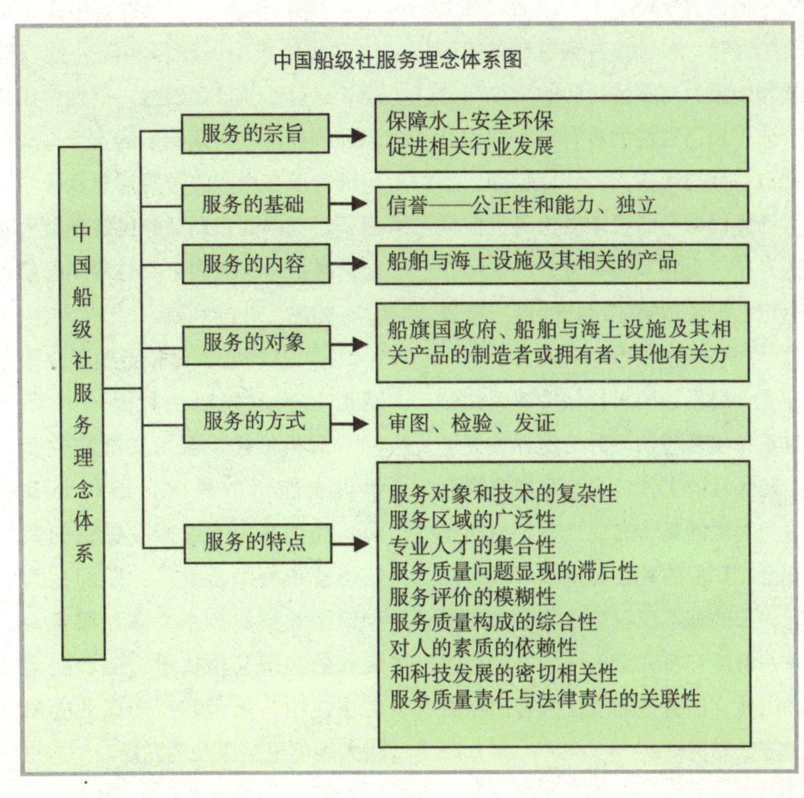

（1）服务的宗旨。船级社向航运、造船及相关制造业界提供服务，其最终目标是促进船舶航行安全和水域不受污染、促进相关行业发展，这是由其所承担的历史使命决定的。如果偏离了这一目标，船级社的公正性、权威性就会受到社会的质疑，船级社赖以生存的基础就会受到影响。

（2）服务的基础。船级社服务的基础是信誉，信誉体现在独立、公正和能力方面。政府之所以选择船级社作为其水上安全的提供者，看重的只能是船级社的信誉。船级社在自己的成长过程中，由于自身的不懈努力，不断汲取海上安全的经验、教训，并通过自己的技术积累和创新，对零散经验的总结与分析，形成了自己独特的具有自主知识产权的规范包括技术指南、计算软件。最终船级社凭借自己的技术成为海上安全保障的专家，受到了海事各方的认可。中国船级社形象地将船级社的这一特性比喻为“海事技术银行”。

独立、公正是船级社保持权威和外界对其工作接受与认可的前提。缺失了公正，船级社的工作就会不可避免地偏袒于服务对象的某一方或几方，从而忽视对安全、环保的关注与重视。长此以往，它失去的就不仅仅是某几个客户那么简单，最终它将完全失去自己生存的价值。因此，信誉是船级社为客户提供服务的基础和前提。

（3）服务的内容。所谓服务内容，就是指船级社为客户的产品提供技术服务。客户的产品包括船舶与海上设施及相关的产品，如机器、装置、设备、系统、材料等，确认客户产品是否符合适用的法定要求或入级要求或合同要求。但是，船级社对客户产品确认性的服务，并不代替客户的管理、质量控制等。

（4）服务的对象。船级社服务的对象是船旗国政府、船舶与海上设施及其相关产品的制造者或拥有者、其他有关方等。

1）为国家主权服务。中国船级社一方面代表中国政府和国外授权国政府，进行船舶法定检验，确保中国旗船舶和授权国政府旗船舶的安全与环保。另一方面在激烈的国际海事竞争中，它必须时刻以国家利益和民族利益为重，努力维护中国的国家利益和中国航运事业、船舶工业的利益。

2）为航运事业和船舶工业服务。造船、航运和船级社是一种互为需求、互相依托、互为支撑的关系。如果没有航运的需求，造船业很难发展；而如果没有造船业提供的装备，航运业也会举步维艰。船级社为航运和造船业提供技术支撑和服务，而船级社的技术又根植于造船和航运业的土壤之中，航运和造船事业的发展会极大地促进船级社的发展。

中国作为正在迅速崛起的经济大国，不断推动着海上航运事业的发展。作为国际海事组织A类理事国，中国的航运大国地位也在不断得到加强，并朝着航运强国的目标迈进。航运业的迅猛发展，必然要求中国船级社在检验技术、检验网点、服务质量方面提供强大的支撑与保障。

船舶工业是航运事业的延伸，也是航运事业得以迅猛发展的前提和基础。船级社的服务涵盖了从船舶设计到船舶建造、再到各类船舶配套产品的庞大系统。因此，船级社与船舶工业形成了水乳交融的关系。今天，当世界的造船中心转移至中国，当中国的船舶工业正处在蓬勃发展的战略机遇期的时候，中国船级社必须承担起推动中国船舶工业由造船大国向造船强国迈进的历史责任，以自身的智慧与努力，为中国的船舶工业助威，为中国的船舶工业助力。

3）为相关行业发展大局服务。首先是为中国航运事业及造船工业发展大局服务。由于船级社在航运、造船等相关行业支持保障系统中内涵和外延的不断扩大，越来越多的政府部门在研究产业政策、技术标准、管理体系时，倾听和采纳中国船级社的意见或建议。以船舶工业为例，中国船级社受国家发展与改革委员会（以下简称国家发改委）的委托，参与了中国船舶工业中长期发展战略研究，该课题是国家发改委为了加强对中国船舶工业发展研究，推动中国船舶工业持续健康发展，增强产业国际竞争力，联合有关单位共同开展的。中国船级社具体负责了“中国船舶工业支持保障系统研究”和“购船融资及租赁问题研究”二个子课题的研究。与此同时，中国船级社积极利用其在国际海事界的话语权和影响力，努力维护和推动着中国航运及船舶工业的健康发展。中国船级社关于船首高度的计算成果首次纳入到了国际载重线公约，结束了中国人在国际公约制定过程中的沉默状态，在国际海事界引起强烈反响。在国际涂层标准的强制推行已成定局之时，中国船级社向第81届海安会提交的关于标准强制实施日期、涂层维护和有关技术问题的3份提案，最大限度地保护了中国造船业的利益，维护中国船舶企业的制造权。在国际船级社协会内部，由中国船级社牵头编制的国际散货船共同规范，打破了世界主要船级社独揽共同规范编制大权，并以此设置技术壁垒，遏制其他船级社发展的企图。

其次是为交通行业发展大局服务。

安全是船级社永恒的主题，也是交通工作永恒的主题。安全理念反映了一个国家的治国理念和文明程度，从更深层次讲，抓好安全是全面贯彻落实科学发展观，建设和谐社会的具体体现。这是因为，安全是先进生产力的重要组成部分，社会生产力的先进性同样体现在安全程度的提高上；安全理念是科学发展观的重要组成部分，重视安全与否反映了社会文明程度，反映了以人为本的思想；同时，安全也是实现人民利益的最根本保证。科学发展是以安全发展为基础的，没有安全发展，就不可能有科学发展。胡锦涛总书记在十六届中央政治局第30次集体学习时强调指出：“人的生命是最宝贵的。中国是社会主义国家，发展不能以牺牲精神文明为代价，不能以牺牲生态环境为代价，更不能以牺牲人的生命为代价。安全生产关系人民群众生命财产安全，关系改革发展稳定的大局。十六届五中全会明确提出，要坚持节约发展、清洁发展、安全发展，把安全发展作为一个重要理念纳入中国社会主义现代化建设的总体战略。这是我们对科学发展观认识的深化。”六中全会上把安全生产列为和谐社会建设的重要切入点，是群众最关心、最直接、最现实的问题，把安全生产第一次定位在社会管理之中。以人为本首先要以人的生命为本，科学发展首先要安全发展，和谐社会首先要关爱生命，全社会已经形成了共识。温家宝总理说：“发展经济是政绩，安全生产也是政绩”。“加强安全生产必须标本兼治，重在治本。”因此，全面贯彻落实科学发展观，要以是否抓好安全生产的实践来检验。一直以来，中国船级社为确保交通行业安全做出了积极的努力，从水上安全年活动到低质量船整治，从京杭运河标准船型的推动到海上应急响应计划的建立，从“四区一线”的航行安全到“四客一危”船舶的安全，都时刻以确保交通运输安全为己任。

再次是为中国制造业及其他相关行业发展大局服务。装备，国之重器，尽管中国的船舶制造和船用产品配套业经过新中国成立后的艰苦努力已取得了长足进步，但整体制造水平与国际一流水平还有不少的差距，特别是中国船舶配套业的整体水平还处于低端徘徊阶段，一些大型船舶配套设备的国产化率还很低。中国船级社凭借自身的技术优势和信息优势，也一直在努力推动中国船舶配套业整体水平的提升。通过扶优扶强的工作方法、通过加强与国家相关产业政策部门的沟通与协调、加强国外先进技术的引进与推广、加强对低质量配套产品的把关和对船舶配套市场的合理干预，积极有效地推动着船舶配套业的又好又快发展。同时，随着船级社业务的不断延伸，中国船级社在质量认证、保险评估、钢结构监理等方面也加强了与政府主管部门、相关业界的交流与沟通，通过不断输出船级社在水上安全工作中积累起来的经验与技术，不断推动和改进着相关行业向着又好又快的方向迈进。

（5）服务的方式。通过审图和各种检验，确认服务对象符合适用的规范和/或法规或标准的要求，并签发或签署相应的证书。船级社提供的服务主要有入级服务、法定服务及其他服务等类型。

1）入级服务的方式主要包括以下六个方面：①规范的制定。主要是研究制定船舶建造、航行等船舶生命周期全过程的安全、环保标准。②审图。主要是验证设计标准是否符合规范的要求。③现场检验。主要是验证建造标准是否符合规范要求。④颁发证书。对符合规范要求的产品颁发船级社的入级证书，证明该产品符合船级社的规范要求。⑤船级管理与维护。⑥船级信息服务。

2）法定服务的方式除没有规范制定外，其他与入级服务方式相同。

3）其他服务，主要是指船级社将自己在船舶入级服务及法定服务中积累起来的关于风险管理的经验应用到其他行业中的服务，主要包括质量认证、第三方公证检验、风险评估、监理等。其服务方式根据业务特点的不同而不同，但主要的方式是一种合同服务的关系，即根据合同要求为客户提供服务，当然服务的过程和质量需要同时满足国家法律法规的相关要求。

（6）服务的特点。中国船级社的服务具有以下主要特点：

1）服务内容和技术的复杂性。这主要表现在，船舶、海上设施及其相关的材料、设备的类型复杂，品种繁多，从而涉及专业门类繁多，几乎是整个国家工业水平的缩影；新老船舶并存，技术状况差别很大；为之服务的顾客众多，技术水平、管理水平不平衡。

2）服务区域的广泛性。由于船舶航行五洲四海，相关的材料、设备制造厂遍及全球，中国船级社的检验服务也必须与之相适应。船级社能否有

效适应服务区域的广泛性的特点，是一个船级社是否国际化的重要标志之一。这包括：必须在全球、全国建立足够的机构，形成服务网点。由于服务常常是在不同的机构由不同的人员执行，所以必须确保各种信息、数据及时、正确的统一整合，确保其连续、完整和随时可得、可用，从而确保服务质量的一致性。显然，上述这些服务区域广泛性的要求，完全是对一个船级社强大总部的要求，是对一个船级社能否有效管理的重大考验。没有高质量的管理，也不可能有高的工作质量。服务区域广泛性的特点决定了中国船级社每一项服务的完成，都是每个分支机构和全体职工共同努力的结果。也就是说，只有每一个机构、每一个人的工作都是高质量的，整个工作才会是高质量的。

3）专业人才的集合性。经过200多年的发展，船级社以自己独特的服务方式赢得了客户的信任，其中最主要的原因是设立了足够的专业岗位，培养和造就了一大批专门人才。这些专家，经年累月地在相对固定的专业岗位上工作，更多、更深地掌握专业理论和专业技能、积累经验、收集信息，并随着时间的推移，形成坚实的技术积累。这些专家，对内既会对现场验船师的工作给予及时、准确的指导，从而带动整个队伍技术水平的提高；对外又能在关键时刻为客户提供其需要的服务，为船级社赢得信誉。这是船级社核心竞争力的体现，是确保船级社服务质量和使船级社持续发展、兴旺发达的保证。

4）服务质量问题显现的滞后性。船级社的服务是由一次又一次具体的审图、检验、审核活动构成，工作和服务质量存在于这些具体活动之中。但是，船级社和其他许多服务业不同的是，一次具体的服务活动结束后，执行服务者（或整个检验机构）的工作和服务质量并未结束，而是长久地反映或体现在所服务的具体工作对象（船舶、海上设施、材料和设备等）之中。比如由于检验工作的疏忽，没有发现船舶早已存在的缺陷。但这个缺陷并不因为你这次检验活动的结束而消除，它仍然始终存在，在一定的条件下总要显现出来，比如发生事故或被他人检查发现，从而暴露出检验工作的毛病。

质量问题显现的滞后性造成的原因是多方面的，服务人员的能力、工作作风和态度、检验的环境条件、船级社本身的管理和支持等等，都有可能会带来这一问题的出现，从而给船级社带来风险，并且在一定程度上可能难以避免。所以，对船级社来说，如何识别、面对和控制这方面的风险，始终是必须关注的重大问题。而对每一个船级社的职工来讲，要树立只有每次服务活动都是优质的，服务质量才是优质的观念，做到一次就把工作做对做好，才能有效避免工作中的质量问题。

5）服务评价的相对模糊性。船级社和制造业有很大不同。制造业可以通过机械、工夹具、工艺等方法，将操作人员的标准规定得非常明确，从而对人员工作质量的评定也非常确定。而船级社在具体的服务提供中，工作的方式往往因人而异，服务流程可变的人为因素太多；验船师、审核员单兵作战，面对结果，往往难以分辨和评价检验、审核是否符合程序要求。整个检验、审核过程是否全面到位，是否做到令客户满意？审图、检验、审核人员的服务标准（比如工作态度）很难量化，有的评价数据收集较为困难，所收集到的事实往往也因为立场不同，而缺乏客观性等等。

诸如这些服务评价的模糊性的特点，是对船级社管理的一个挑战，应当结合船级社的服务特点创建自己的评价方法，而重点应当放在提高员工的素质上。而对每一个员工来说，也应当立足于提高自身的素质，树立强烈的质量意识，做到“敬业重德、认真学习、主动积极、细节完美、做事到位、不讲借口、相互支持”。每一个人写好了自己的历史，就等于写好了船级社的历史。美国西点军校有一个久远的传统，遇到学长或者军官问话，新生只能有四种回答：“报告长官，是”，“报告长官，不是”，“报告长官，没有借口”，“报告长官，把工作做得尽可能完美。

6）服务质量构成的综合性。当然，这个特点不是船级社所独有，只是表现的形式各有不同。比如作为船级社的检验工作质量，不仅追求对每一条船、每一件产品检验服务的高质量，更主要的是追求总体服务工作的高质量。这表现在对外部来说，在检验工作方式上，从原材料、设备、设计、建造到投入使用的各个阶段都要实施检验；对内来说，围绕检验工作从人力资源、规范制定、现场检验、技术支持、必要的设施和后勤保障、客户服务、思想政治工作等等均需要进行控制。也就是说，检验服务质量是广义的，只有每个员工、每个工作环节的服务活动都是优质的，整个服务质量才是优质的。

7）对人的素质的依赖性。影响工业产品质量的有人、机器、材料、方法和环境五大因素。工业生产是以生产设备为主要手段，科学技术越发展，自动化程度越高，生产设备在产品质量形成中的作用就越明显。许多工序只需十分简单的操作就能生产出高质量的产品就是证明。而船级社服务质量的现场控制，几乎完全依赖于服务人员（验船师、审核员）的素质，取决于他们的专业理论知识、工作经验、业务水平、服务态度、工作作风、心理素质等等。总之，人在质量形成中起着决定性作用。

8）与科技发展的密切相关性。随着世界科技的发展，造船、航运、海洋工程和相关制造业的发展也是日新月异，新技术层出不穷。保证水上航行的安全和水域不被污染方面，无论在科学研究、新技术的采用、新产品的出现等等都在突飞猛进。这就要求船级社，一方面要不断地学习，掌握新的理论、新的知识、新的技术，在规范标准中予以吸收、反映，在现场服务中予以运用；另一方面，要立足现在、瞄准未来，根据航运科技发展的动向，确定目标，实现技术创新、掌握核心技术，增强自己的核心竞争力。

9）服务质量责任与法律责任的关联性。鉴于船舶检验具有极强的社会公益性，其服务质量与人命安全和防止水域污染直接相关，船级社已从过去不承担任何责任到现在不可避免的要承担相应的法律责任。而各海运国家主管当局对此也越来越重视，做出了日益严格的规定。船级社的其他有关顾客，也日益强烈地表现了这方面的诉求。 正因为如此，一方面船级社必须通过确保质量体系的有效性以控制好服务提供的质量，另一方面，船级社必须建立风险管理机制，以有效应对可能出现的涉及法律诉讼的局面。

5. 海事安全链理论阐明了船级社的地位和作用

海事安全是由一系列相互关联的因素紧密链接在一起的，这些因素构成了完整的海事安全链，船级社作为海事安全链的重要组成部分，充分发挥着技术

支持与保障的作用。中国船级社在国内海事界首倡的“海事安全链”的理念生动地描绘了船级社在海事安全中的地位与作用。自2001起，中国船级社开始与国内相关机构合作开展了“共铸海上安全链”活动，并签署了相关协议，将这一理论推向了生产实践。

2002年，中国船级社舟山办事处与舟山海星轮船公司签订“共铸海上安全链协议”

海事安全链理论的产生源于海上安全文化的需要。而海上安全文化的产生，是人们对海上安全的认识进一步发展的突出表现。今日的海上安全，已不再仅仅是人命财产的安全，而是涉及船舶质量、航运品质、水域环境、海洋生态、资源再生、可持续发展等诸多方面。另一方面，人们对海上重大事故的危害程度的认识也日益深刻。事实上，一艘VLCC折断所造成的污染，其灾难性的后果决不亚于广岛的原子弹。这种祸及全球的灾难，当然需要人们从更广阔的视野和更高的层次来关注安全。

将安全与文化相结合，对人类自身不啻是一种福音。因为人们交给自然什么，自然便还给人类什么。当人们从更广阔的领域和更深刻的层面关注海上安全时，那么海洋便会从更广阔的领域和更深远的未来回报人类。

安全和环保是海事界永恒的主题。在当今全球经济一体化日益广泛和深入的今天，为了维护社会整体的长远利益，共同寻求可持续发展方略，人们不仅关注海上安全保障系统中各行业的角色，而且也关注这些角色的关联及相互作用。

今天的海上安全保障系统是由不同国别、不同性质、不同行业组成的，它包括海事组织、港口国当局、引航、航运、造船、船级社、海上开发、船用产品制造、货主、租船人、海事法院、海事仲裁机构、船员、教育、保险、保赔、银行、船旗国当局等相互关联、相互依存的各个利益相关方。上述各环节各自担负起的责任形成了海事安全链。

海事安全链理论的出现，是传统的海上安全意识向安全文化升华的重要标志。同传统的安全意识相比，海事安全链有其强烈的闪光点。一是将各自为政、各行其是、自扫门前雪式的作坊般的安全意识上升到关注全部船队、全部水域的高层面、大视野上来。二是摒弃了那种酿就灾难后，推托诿过的陋习。三是安全状况已不再是自家的“内政”，因为在这一链条上，不允许哪一家的“内政”腐败、生锈、腐蚀而影响到整个安全链的价值、能量与形象。换言之，安全链一旦生成，它肩负的目标与责任要求其所有环节都应是铮铮发亮的、有效的和优秀的。这无疑对各方面的工作与品质的升华都是一个有力监督与推动。

在这一链条中，每一个环节都至关重要。船公司、租船人承担着海上安全最直接的责任。在其他链环中，有的负有履约责任、管理责任，有的负有技术责任、使用和维护责任。尽管船级社不是海上安全的最直接责任者，但船级社在维护海上安全方面所发挥的作用却越来越重要。船级社的专业地位需要进一步加强已成为共识。船级社同海事安全链所有环节都有着紧密的关系：履行船旗国的授权，并进行相关的检验；参与港口国检查，协调处理滞留事宜；帮助船东建立安全管理体系并获得相应证书；向保险商提供相应的技术资料和数据；向船员提供相应的技术服务等。在航运如此迅速发展、各种科技成果更大量地使用到航运业的今天，船级社同造船业的关系就显得更加紧密。

下表说明了安全链相关方的主要工作及最终产品。

表中所列安全链的作用，用下图清晰地表明了主要安全链环之间的相

安全链链环	主要承担工作	最终产品
船旗国政府	颁布船舶法定要求颁布认可组织要求颁布船员资质要求政府行政规定实施港口国监督检查	法令、规章授权证书资质证书
船级社	颁布入级规范进行入级服务与法定服务进行其他服务执行政府行政规定（非发证）	规范（包括指南和软件）入级证书法定证书符合证书认证证书
设计者	满足法定要求满足入级规范满足船东要求满足政府行政规定执行行业标准	设计图纸与技术文件
制造者（材料、设备、造船厂）	满足法定要求满足入级规范满足船东要求满足政府行政规定符合设计要求执行行业标准	材料、设备、船舶
船东或管理公司（船舶）	符合法定要求 符合入级规范 符合政府行政规定 适任船员及其配置 正确维修保养 正确操作 应急预案	运送乘客、货物、作业

互关系，可看出，船舶建造安全质量的优劣，主要决定于船舶及其设施设备的设计与建造；船舶安全航行的主要责任是船东。而船级社与安全链上的各个链环，都有着非常密切的关系。

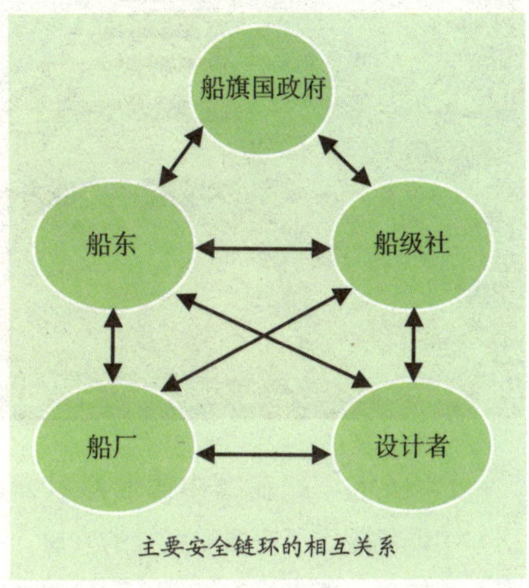

主要安全链环的相互关系

中国船级社十分重视海事安全链的整体性，为提倡安全文化和维护这一链条的完整性，做出了很大努力。近年来，我国的水上安全事故频繁发生，这说明水上安全链还未真正形成，还未发挥出应有的作用。中国船级社一方面积极促进安全链的形成并积极发挥作用；另一方面，努力把国际上有关安全链理论和成熟的做法引进到国内来，在海上安全方面忠实并创造性地开展工作。在制定规范标准、执行检验，帮助船东提高航行质量，协调港口国和地区组织与船东及各有关方面的关系，向有关方面提供技术服务、技术文献和相关信息等，都做出了努力。由于中国船级社为安全、质量、环境孜孜不倦地顽强工作，经中国船级社检验船舶的安全状况明显好转。

从更广阔的领域关注海上安全，从更深入的层面关注事故隐患，从更深远的未来关注船舶质量、航行安全、环境保护和对航海人文的关怀是中国船级社的宗旨和崇高目标。为此，中国船级社在制定发展战略时，已将海上安全文化和安全链理论融入其中，并努力使这种文化成为中国船级社文化和航海文化乃至海洋文化的重要组成部分。

（二）对中国船级社文化理论体系的探索与构建

作为中国船检文化的探索者，中国船级社将文化建设的首要任务放在了对文化理论体系构建上，并做出了积极的尝试。

正如第三章所述，船检文化系统由精神文化、制度文化、物质文化构成，中国船级社也是如此。但是，作为一个独立的机构，中国船级社的制度文化、物质文化更多地展现为员工和机构本身的行为过程，它的形象标识、视觉符号等。因此，我们在这里通过介绍中国船级社的行为文化和形象文化等，来透视其制度文化、物质文化的内涵。

精神文化，是指中国船级社独具的

核心价值、使命、宗旨、愿景、组织精神等，它是中国船级社文化的灵魂和核心，它奠定了中国船级社员工日常行为的理论基础和基本准则，它对制度文化和物质文化具有决定作用，并通过制度文化和物质文化表现出来。

行为文化，是指在精神文化统帅下中国船级社全体员工的言行和各项活动，它是精神文化的重要载体，它直接反映中国船级社精神文化的共性和特殊性。

形象文化，是指中国船级社独具的名称、标志等视觉要素。形象文化是中国船级社文化的静态表现，是一种具体化、视觉化的符号识别传达方式，是中国船级社文化中最形象直观、最具有冲击力的部分。它以视觉传播为手段，用形象的语言、符号将中国船级社的理念、行为具体化、形象化。

1. 中国船级社精神文化的探索

对中国船级社精神文化的探索主要包括对中国船级社的宗旨、共同愿景、船检精神、建社方针等四个方面的探索。

（1）中国船级社宗旨的发展。按照组织文化学的理论，组织宗旨是指一个组织或企业存在的主要目的和意图，也就是回答一个组织或企业主要从事什么的问题。它源于使命，同时又是对使命的具体注释。使命明确其所承担的社会责任，而宗旨则告诉员工应该做什么才能去完成所肩负的使命。因此，宗旨会随着使命的变化而变化。

1986年，即在《中国船级社章程》中明确规定了中国船级社的宗旨，即：对船舶、海上设施提供合理的安全可靠的入级标准和技术规范，并通过检验工作和技术咨询，为航运、海上开发及相关的制造业和保险业服务，为促进海上人命和财产的安全与保护海洋环境服务，不以营利为目的。

后经近20年的探索与发展，中国船级社在2006年年报中，向外界展示了其最新的宗旨，即：走以科研技术为先导的发展道路，对船舶、海上设施、集装箱以及相关的工业产品提供合理和安全可靠的技术规范和标准，并通过独立、公正和诚实的检验、认证和技术服务，为交通运输、海上开发及相关的制造业和保险业服务，为促进水上人命和财产的安全与保护水域及其他环境服务。

中国船级社的宗旨包含了三层含义。一是指明了发展方向，即走以科研技术为先导的发展道路。二是阐明了主要业务，即对船舶、海上设施、集装箱及相关的工业产品提供合理和安全可靠的技术规范和标准，开展独立、公正和诚实的检验、认证和技术服务。三是阐明了服务对象，即“三个服务”，为相关行业的发展大局服务，为交通运输、海上开发及相关的制造业和保险业服务，为促进水上人命和财产的安全与保护水域及其他环境服务。

（2）中国船级社共同愿景的构建。彼得·F·德鲁克说：“战略家的任务不在于看清企业目前是什么样子，而在于看清企业将来会成为什么样子”。企业将来是什么样子，即企业的愿景。因此，美国学者加里·胡佛在其管理学著作《愿景》一书中提出，愿景是企业永远为之奋斗并希望达到的图景。它至少包含了二层含义。一是企业的愿望，反映的是一种发自内心的、渴望实现的心理期望。二是将来的景象，反映的是未来企业的模样，它的要求是具体生动的，可以看得见的。

愿景是一种意愿的表达，它表达了人们对企业未来结果的良好愿望和美好期待，它回答的是将企业做成什么样的问题，它是企业使命和企业宗旨的必然延伸。它不同于企业各种类型的工作目标或短期的发展目标，它往往更为笼统，更为远大，它似乎遥不可及，却又实实在在。随着一个个短期目标的实现，或者企业生存环境的变化，企业的愿景也会发生着微妙的变化。

共同愿景凝聚了企业的决策者、管理者和普通员工一致的愿望，是组织里每一个成员愿意共同为之奋斗的理想，因此，它具有极强的凝聚力、感染力、

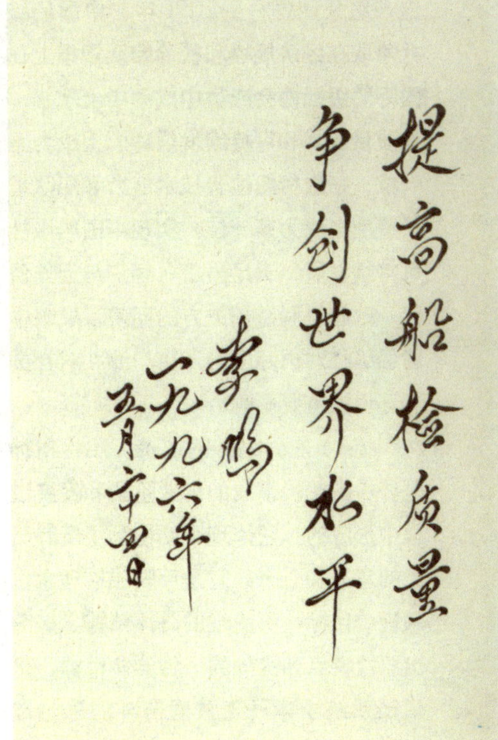

1996年，李鹏总理为中国船级社题辞

号召力。以最高管理者的名义强加给企业的愿景并不是真正的愿景。同时，共同愿景也是个人愿景的一种升华，它必须紧紧扎根于个人愿景之中才有生命力。

中国船级社的共同愿景为：建设国际一流船级社。即在服务能力上、服务规模上、员工受益上，达到国际一流船级社水平。

在2008年工作会上，中国船级社提出了2020年可持续发展愿景目标。这一愿景就是：到2020年，中国船级社争取在经济规模和检验船队规模上在国际船级社协会成员中成为中上水平，在质量品牌和可持续发展理念上成为第一位，在散货船检验技术能力和船队增长速度上成为第一位；实现中国船级社可持续发展，满足员工、客户与合作伙伴、政府等利益相关方的期望，展现中国船级社对国际国内海事产业、对社会和环境的重要影响。

（3）船检精神的提炼。船检精神是在中国船检事业的创业阶段和发展过程中形成的，它体现了船检系统所有员工的意志和心态。它是反映船检理念、宗旨、目标、价值观的总体精神，是突出船检特点和优势的一种群体精神，是船检系统全体员工共同奋斗的思想结晶，是船检文化的灵魂。

船检精神经历了两个发展阶段，并在不同的发展阶段发挥了积极的作用。

第一阶段：团结、奉献、公正、高效。在20世纪90年代，中国船级社面临严峻的内外部形势。外部：市场竞争的压力、国际船级社内部先进船级社的挤压、质量体系建设的严峻考验。内部：员工队伍素质及思想观念的参差不齐、管理水平的有待提高等。面对这样一种环境，中国船级社何去何从？中国船级社提出了“团结、奉献、公正、高效”的船检精神。时任中国船级社社长的董玖丰先生在1992年向船检政研会提交的题为《弘扬船检精神、开创美好未来》的文章，专门就“团结、奉献、公正、高效”的船检精神进行了深入的阐述。他强调：所谓团结，就是“党政团结、上下团结、同志之间团结”，要紧紧围绕“为船检事业兴旺发达”这一目标，党政一条心、上下一条心、全员一条心。所谓奉献，就是要以船检事业为重，比贡献、比进步，少讲个人待遇，少图个人回报。所谓公正，就是对客户公心、公道，对自己坚持正义之心，按章办事。所谓高效，就是增强紧迫感，讲效率、办实事。

在这一精神的鼓舞下，中国船级社全体员工以高昂的斗志，发起过质量体系决战，通过了国际船级社协会的质量体系认证，加强了中国船级社的质量体系建设，巩固了中国船级社在国际船级社协会中的地位。在这一精神的鼓舞下，中国船级社成功首次出任国际船级社协会主席的任务，在国际海事事务中发挥了积极的作用，加快了中国船级社的国际化进程。在这一精神鼓舞下，中国船级社对内加强管理，对外积极拓展市场，有力地加快了中国船级社从一个"国家"船级社到成为国际知名船级社的发展步伐。

进入新世纪，随着时代的前进，科技的创新，国内外情况的变化，中国船级社面临的形势以及船检队伍的人员与知识构成都发生了深刻的变化，这些变化客观上需要对船检精神进行重塑。为了中国船级社更好地适应今后的发展，更有效地凝聚和激励广大员工，中国船级社对原有的船检精神进行了深刻反思，并根据中国船级社所承担的使命及愿景，将船检精神重新提炼为：诚信、公正、严谨、创新。新的船检精神在保持公正要素的基础上，强调了诚信、严谨与创新的重要性。所谓诚信，就是诚实与守信，讲真话、办实事、守信用。所谓严谨，就是按章办事、做事认真。世界上最怕"认真"二字，强调认真，就是强调中国船级社在提供服务时，要努力做到"一次性将工作做对做好"，它充分体现了服务质量第一的理念。所谓创新，就是敢于突破，勇于实践。

（4）建社方针的确立。方针是在组织或企业在成长过程中应当遵循的指导思想或工作原则。它回答的是组织如何做的问题。在组织的使命、宗旨、愿景确定后，方针就被提上了议事日程。它是组织的使命、宗旨、愿景得以实现的保障，是针对组织所处的不同阶段、面对的不同内部环境而做出的具体思考，它会随着时代、环境的变化而变化。

中国船级社自成立以来，关于建社方针的思考也经历了一个不断发展的过

程。20世纪80年代，面对百废待兴的局面，中国船级社提出了“加强基础、健全体系、适应发展、面向全国、走向世界”的二十字发展方针。20世纪90年代，面对国内改革开放、面对国外船级社的大举涌入的形势，中国船级社及时提出了“保持、巩固、改革、发展”的八字方针。进入21世纪，面对世界造船中心的东移，中国船舶工业的快速发展及中国船级社的成长与壮大，中国船级社提出了“技术立社、诚信为本”的建社方针。2007年系统工作会上，交通部领导向中国船级社提出了要“与众不同、国际一流”的新要求。

1）技术立社。即走以科研技术为先导的发展道路。船级社作为“海事技术银行”，其立足之本即“知本”，也即技术力量。只有当你的技术水平超过别人的时候，当你成为行业技术权威的时候，你才能更好地为行业服务。因此，技术进步始终是中国船级社的发展方向和立社之基。

2）诚信为本。即时刻保持诚信。杰克·韦尔奇说过：“我并没有把企业利润放在首位，却总是能够赢得非凡的利润。这说明诚信、品牌、核心竞争力是一条价值链：有诚信才有品牌、才有竞争力。诚信是品牌和企业竞争力的基础。在客户经济时代，诚信是链主：以诚信面对客户、服务客户，这是企业制胜的法宝。”对中国船级社来说，诚信尤为重要。这是因为：只有保持诚信，才能保持自己独立、公正、权威的形象，提升自己的竞争力与品牌影响力；只有保持诚信，才能应对外部复杂的市场环境。中国的市场竞争仍处于成长阶段，免不了有一些不诚信的行为，特别是个别企业受利益的驱动，为了取得船级社的证书，无视诚信的存在，往往会采取一些非诚信的行为。如果船级社自身不能坚守诚信的原则，不仅会影响到船级社的声誉，还会助长市场环境中的不诚信，进而影响到整个行业的健康发展。只有保持诚信，才能培育出优秀的组织文化。孔子说：“人而无信，不知其可也”。企业也是一样。诚信是企业生存的基本法则，也是市场环境下企业文化的核心内容，只有建立了诚信体系，才能培育出健康的企业文化，才能产生长远的经济效益和社会效益。

3）与众不同。即具有中国特色，强调了中国船级社要走符合中国国情的独特发展之路，而不是机械照抄别国的模式或经验。尽管中国船级社可以借鉴国外先进船级社的成功经验，并将这些经验转化为推动自己走向国际一流船级社的动力。但经验无法复制，中国船级社要想在国际海事界保持自己的良好形象与声誉，必须探索出一条适合自身发展的成长之路，这就是中国特色。它的具体内容是：中国船级社是立足交通、服务相关行业发展的船级社，为客户提供相关服务的同时，还必须主动承担起更多的社会责任；中国船级社是由造船、航运大国走向强国进程中的不断崛起的船级社，它必须以振兴祖国的航运、船舶工业为己任，不断推动航运强国、造船强国梦想的实现；中国船级社是为全面建设小康社会、推进社会和谐进步而奋斗的船级社，它必须承担起传播先进船检文化、优秀民族文化的重任，在国际海事界树立中国政府的良好形象，不断推动建设和谐国际海事。当前，中国船级社正在以独立自主的方针，海纳百川的精神，吸收借鉴国外先进船级社的发展经验，抓住机遇，迎头赶上。

4）国际一流。一方面是中国船级社在服务能力上、服务规模上、员工受益上，达到国际一流船级社水平；另一方面为船旗国政府、船舶与海上设施及其相关产品的制造者和拥有者、其他有关方提供国际一流水平的服务。

2. 中国船级社行为文化的构建

中国船级社在长期的检验活动中，结合来自自身内外的需求，一直在努力探索建立一套完整的员工行为规范。目前，以中国船级社员工道德准则、员工行为规范及员工礼仪为基本框架的中国船级社行为文化已经基本形成。其具体内容如下。

（1）员工道德准则。道德是指人们共同生活及其行为的准则和规范。爱因斯坦指出：道德是人类一切价值的基础。因此道德元素就始终伴随人类社会成长，反过来又不断推进人类社会进步。德国哲学家康德曾经讲：“有两种东西，我们越时常、越反复加以思索，它们就会给人心灌注一种时时翻新、有增无减的赞叹和敬畏：头上的星空和内心的道德法则。”

任何一个企业或组织，作为人类社会的基本政治、经济、文化细胞，它既无法挣脱主流道德规范的约束，又会在自己独具个性的生产实践中形成自己独特的道德准则。因此，所谓企业的道德准则也就是企业全体员工（或大多数员工）认同并在实际处理各种关系中所体现或遵循的善恶标准、办事原则或行为规范。它对员工的约束是隐形的、自发的，但它对企业发展的影响却是长远的、深刻的。

作为海事安全链中重要一环的船级社，其行为受到了自身发展及海事安全链各方的制约，正是在这样的一种发展驱动与外力制衡下，中国船级社形成了自己独特的员工道德规范，它具体包括：①本社员工在服务活动中，首先必须严格遵守《IACS道德准则》和《社会主义公民道德规范》；②针对中国船级社的业务性质及行为要求，中国船级社在其《质量手册》中，同时明确了全体员工必须时刻遵守的道德准则。

1）忠于职守。认真贯彻执行国家有关法律法规、政府主管部门的规定，遵守行业公认的职业道德和行为规范，立足本职、忠于职守，保障水上人命和财产的安全，防止水域污染。

2）独立公正。提供的检验结果不受任何行政干预及其他人为因素和经济利益的影响，在发现与服务对象存在利益关系可能影响检验公正性时，主动申请回避。

3）客观诚信。坚持原则，实事求是，客观正确地记录检验情况，确保提供的信息真实、准确、完整，未进行相应的检验和经过所需的适当程序，不颁发、盖印或签署任何证书和报告，不弄虚作假。

4）高效严谨。以所见事实为依据，标准条文为准绳，不主观臆断或偏听偏信，对于重要的和没有把握的事项请示报告，不擅自决策，工作不拖拉，不敷衍塞责。

5）严格把关。严格执行有关公约、法规、规范和标准，以及船旗国政府的有关法律规定，不因个人或者集体的私利，导致技术标准实施的降低。

6）有错必纠。持续改进服务质量，若发现因自身过错导致的服务质量问题，勇于承担责任，并本着实事求是、有错必纠的原则及时采取改正措施。

7）努力钻研。热爱本职工作，钻研专业知识和检验技术，具有与所承担检验工作相适应的技术水平，熟悉有关公约、法规、规范和标准。

8）遵守纪律。严于律己，有令则行，有禁则止，服从领导，保守在检验活动中知悉的国家秘密、商业秘密，以及申请方提供的要求保密的信息，不以私人名义或未经单位同意以单位名义，接受船旗国政府和其他机构的委托进行检验。

9）团结协作。树立全局观念，自觉维护船舶检验行业的整体形象，与本单位，以及其他单位的验船师加强协作配合，互相尊重，互相学习，互相支持。

10）清正廉洁。依法检验，正确行使职权，不以权谋私，不接受申请方的宴请、馈赠，克己奉公，清正廉洁，自觉主动地接受各级组织和客户的监督。

（2）员工行为规范。员工行为规范是员工在日常的工作、生活中必须时刻遵守的办事原则。中国船级社根据自己所承担社会责任的特殊性，在长期的检验活动中，形成了如下行为规范。

1）“四种意识”：安全意识、质量意识、服务意识、法律意识。

2）“四严精神”：严谨、严肃、严格、严密。

3）“四个不准”：不准做有损船检形象的事、不准做有偿中介、不准违规检验、不准发人情证和关系证。

（3）员工礼仪。礼节、礼仪是人类文明的重要标志，也是中国船级社文化建设的重要组成部分，它是员工个人素养的综合反映，也是组织核心价值、精神风貌的重要表现形式，因此，员工的仪表、言行直接代表了中国船级社的形象。中国船级社在长期的文化建设和生产实践中，十分重视员工礼仪的培养，并逐步总结、提炼出了系统性的员工礼仪规范。概括起来，主要表现在以下几个方面：

1）现场检验礼仪，包括审图、现场检验、客户交流、检验发证等过程中的礼仪。

2）规范科研礼仪，包括内容编写、意见征求、成果引用等方面的礼仪。

3）对外交往礼仪，包括国际交往、客户交往、同事相处等方面的礼仪。

4）日常办公礼仪，包括着装、仪容仪表、行为举止、办公环境、接听电话、见面介绍、待人接物、会议、宴会等日常办公诸多方面的礼仪。

3. 中国船级社形象文化的确立

中国船级社的形象文化是中国船级社文化中最形象直观、最具有冲击力的部分，是中国船级社精神文化和行为文化的具体化、视觉化。中国船级社的形象文化分为视觉形象和听觉形象两部分。视觉形象是指中国船级社的社徽和社标，听觉形象是指中国船检之歌。

（1）中华人民共和国船舶登记局局徽。中华人民共和国船舶登记局是中国船级社的前身。1956年8月1日交通部在北京正式设立中华人民共和国船舶登记局的同时，公布了徽标。局徽以一颗硕大的五角星为背景，前有船锚、锚链、铁锤，四周以圆形环绕“中华人民共和国船舶登记局”，基准色为红色，是中国国旗的颜色。

中华人民共和国船舶登记局局徽

（2）中华人民共和国船舶检验局局徽。1958年，国务院批准中华人民共和国船舶登记局改名为中华人民共和国船舶检验局。随后，中华人民共和国船舶登记局局徽也相应改为中华人民共和国船舶检验局局徽。两个局徽之间仅作了文字上的调整，其他内容未作改动。

中华人民共和国船舶检验局局徽

（3）中国船级社社徽。1993年，中国船级社对外公布了自己的新徽标。社徽采用标准色蓝色，呈椭圆型，中心图形为龙和锚，四周环绕“中国船级社”及英文“CHINA CLASSIFICATION SOCIETY”。

中国船级社社徽

1）蓝色：高远宽阔、兼容并蓄。整个社徽采用中国船级社的标准色蓝色。海至深为蓝，天至高为蓝，梦至遥为蓝，蓝色，是时代呼唤的生命律动的色彩，是博大的色彩，表现出一种美丽、文静、理智、安详与洁净，给人以高远与宽阔的感觉。

蓝色是大海的颜色。大海容纳百川、托举红日，每一束浪花都激荡着不断创造的力量。于日起月落中彰显蓝色的沉稳，于斗转星移间吞吐万千气象。

象征了中国船级社员工豁达的心胸、博大的胸怀和宏伟的志向，携着勇气、坚韧、追求与征服，在金色的航道上寄托蓝色的畅想，在蓝色的乐章里谱写金色的诗篇。

2）龙：兼容奋进、福生谐天。中国的龙，具有图腾的基本特征，它是各民族共同崇奉的图腾。龙的精神可以用团结凝聚的精神、奋发开拓的精神、造福人类的精神和与天地和谐的精神来概括。

中国人历来主张包容，多种图腾崇拜融合演进成的龙图腾可以看作是这一民族性格、民族精神的最好体现。龙图腾产生了一股巨大的向心力和凝聚力，使炎黄子孙共同为祖国繁荣富强而奋斗。就龙自身来说，也体现了一个“合”字，它是中国古人对鱼、鳄、蛇、猪、马、牛等动物，和云、雷电、虹霓等自然天象模糊集合而产生的，所以龙象征着“强而不息，拓而能容”的精神。我们讲龙的精神也就是团结凝聚的精神。

3）锚：安全护航、无私奉献。船锚是确保船舶安全的一种不可缺少的设备，主要作用就是固定、稳定船舶，将船舶安全可靠地停泊在预定的水域或海区。其过程大致是：船上以锚链或锚索连接的锚抛入水中着地，并使其啮入土中，锚产生的抓力通过锚链，把船舶牢固地系留在预定的位置。船舶有了锚，船上就有了安全感。

“海事安全链”的“链”就是锚链。因此，社徽中的锚反映的不仅仅是指船舶安全，而且也隐含系固船舶安全的各链环的共同安全责任。

同时，船锚是不怕埋没自己的，当人们看不见它的时候，正是它在为人们服务的时候。船锚的工作态度给我们以深刻的教育与启迪，又象征了中国船级社员工默默奉献、埋头苦干、扎实工作的可贵精神，也寓意着中国船级社为促进人命安全和环境安全所作出的不懈努力和贡献。

4）和谐意蕴。中国船级社社徽整体以椭圆型勾勒画面，笔画流畅而舒展，龙紧紧缠绕着船锚，更使得图案紧凑而具有凝聚力，这些都表明社徽中的每一个因素都是精心配置，综合完成的，象征了中国船级社的个性、和谐以及永无止境的进取之心。

（4）中国船级社社标。中国船级社社标于1993年由汉语拼音“ZC”改为以中国船级社英文缩写简称“中国船级社”为主体及中英文全称组成。社标以蓝、红两色作为基本色彩。

1）结构特征及含义。上部为中国船级社英文简称，下部为中英文全称。整体呈长方形，象征着庄严、权威。社标采用的中英文结合的方式，中文是中国的官方语言，英文表示中国船级社走向世界。

CCS
CHINA CLASSIFICATION SOCIETY
中国船级社

中国船级社社标

2）字体特征及含义。英文简称的三个字母，圆润、饱满，象征着中国船级社的自信与实力。同时使用英文简称，顺应了国际船级社内部工作惯例的要求，表示中国船级社的国际性。独创的中文字体，方正和谐，象征着中国船级社的创新精神与和谐理念。

3）颜色特征及含义。

蓝色：中国船级社的社标与社徽的颜色一脉相承，采用蓝色作为基调，突出了中国船级社蓝色文化的内涵。

红色：庄严、权威。从文化人类学角度来讲，中国文化中的红色源于太阳。因此，红色成了中国文化中的基本崇尚色，它体现了中国人在精神和物质上的追求，象征着吉祥、喜庆，庄严、权威，也象征着顺利和成功。

中国船级社社标中的红色，是中国国旗的颜色。代表着中国船级社行使国家授予的船舶检验的权力，象征着中国船级社船检行为的国家属性。

红色是太阳的颜色，火的颜色，暗含着中国船级社的立志高远、胸怀梦想，还代表中国船级社的技术权威性，代表中国船级社员工工作严谨、警醒的科学态度。

（5）中国船级社社歌。中国船级社社歌是由王健作词、刘诗召作曲的《共创新世纪的辉煌——中国船检之歌》。中国船级社社歌用精练的语言和婉转的曲调向人们描述了中国船级社员工始终如一为祖国航运事业、造船事业、相关行业发展大局服务；用美妙的语句和激昂的音乐告诉人们中国船级社员工无私奉献，爱岗敬业，服务社会。整首歌曲精悍、豪迈，让听者为之振奋，让中国船级社职工在歌唱时为自己是船检人而倍感自豪。中国船级社社歌具体词曲如下。

共创新世纪的辉煌

——中国船检之歌

1＝B 4/4

中速

王 健词

刘诗召曲

3 · 2 1 2 3 | 5 · 5 6 5 5 6 | 1̇ · 1̇ 6 5 3 1 |

海 风轻轻地 迎 接 我船儿 遥 遥把我 盼

5 · 1̇

潮 汐送走了 岁 月 留下 祖 先一个 梦

2 – – 3 5 | 6 · 6 6 1̇ 6 5 1̇ | 6 · 6 6 5 3 2 3 |

望。 海空 响 起 检 验 叮 当 的 钟 声 海浪

6 · 6 1̇

想。 今 天 船 儿满载 我 的 祝 福 驶向

5 · 5 6 5 3 2 3 | 1 – – 5 6 | 1̇·1̇ 1̇ 1̇ 2̇ 1̇ 1̇ 2̇ |

为 我 欢乐 歌 唱。 从 陆地 到 海 洋 到

水 天 相连 的远 方。 飞龙 抖擞 我精 神 抖擞

3̇ · 2̇ 1̇ – | 6 6 1̇ 2̇ 2̇ 1̇ 6 | 5 – – 5 6 |

海 洋 我们 的 天地 多宽 广， 啊

我 精 神， 铁锚 铸造 我灵 魂， 啊

1̇·1̇ 1̇ 1̇ 2̇ 1̇ 1̇ 2̇ | 3̇ · 2̇ 1̇ – | 6 · 6 6 1̇ 2̇ 2̇ |

祖国 的 重 任 捧在 心 上， 从 霞 光直 战斗

祖国 的 重 任 担在 肩 上， 共 创 新世 纪的

5 6 | 1. 1̇ – – (5 6 :‖ 2. 1̇ – – 5 6 | 1̇·1̇ 1̇ 1̇ 2̇ 1̇ 1̇ 2̇ |

到星 光，

辉 煌。 飞龙 抖擞 我精 神 抖擞

3̇ · 2̇ 1̇ – | 6 6 1̇ 2̇ 2̇ 1̇ 6 | 5 – – 5 6 | 1̇ · 1̇

我 精神， 铁 锚 铸造 我灵 魂， 啊 祖 国

1̇ 1̇ 2̇ 1̇ 1̇ 2̇ | 3̇ · 2̇ 1̇ – | 6 · 6 6 1̇ 2̇ 2̇ 5 6 |

的重 任 担在 肩 上， 共 创 新世 纪的 辉

1̇ – – – ‖ 1̇ – – 0 ‖

煌。

三、中国船级社文化建设的基本措施

中国船级社在文化建设的过程中，致力于根据自身的具体情况，制定并落实了一系列重要措施。这些措施主要是：转换管理模式夯实文化建设的体制基础，强化员工队伍建设构筑文化建设的主体基础，完善传播方式打造文化建设的载体基础。

（一）管理模式的变革夯实文化建设的体制基础

中国船级社不断加大管理模式变革及相关改革力度，通过体制、机制变革消除员工在思想观念、行为方式方面不适应中国船级社快速发展的不利因素，有力推动了中国船级社文化的形成和发展。

1. 局社分开实现了计划经济体制到市场经济体制的转换及员工身份、观念的转变

船检体制改革经历了由分散到集中，由局社合一到局社分开的过程。在船检事业的发展历程中，这样不断地根据形势和环境变化，改革旧的管理体制和机制，调整工作的指导思想，极大地解放和激发了内在活力、促进了船检事业的发展。20世纪80年代初，面对改革开放的新形势，交通部领导为中国船级社提出了“加强基础、健全体系、适应发展、面向全国、走向世界”的20字方针，使中国的船舶检验工作开始面向国内外全面发展，进入了新的发展征程。20世纪90年代后期，根据改革需要，中国船级社重新调整了指导思想，进一步提出了“保持、巩固、创新、发展”的工作方针，积极地进行研究、探索，改革、创新，开始了以中国船级社为实体的新的加速发展时期。1998年，按照国务院政府机构改革的要求和交通部关于水运管理体制改革的部署，实行了“局社、政事分开”的体制改革，改革后的中国船级社作为国家的船舶技术检验机构，是中国唯一从事船舶入级检验业务的专业机构，成为中国船舶检验的主力军。“局社、政事”分开的历史性变革奠定了中国船级社国家船舶检验机构的地位。

为了进一步明确改革后的定位，适应中国加入WTO后将面临的严峻竞争形势，保持并提升为我国的航运、造船、保险业提供相当于外国船级社的服务能力，创造有利于中国相关民族工业、事业加入国际竞争的环境，中国船级社与国务院发展研究中心共同在广泛调研的基础上，完成了《中国船级社改革政策体制环境研究》课题。针对船舶检验费纳入财政专户问题，中国船级社积极主动地与上级主管部门及国家有关部委沟通和汇报，取得了交通部、财政部的大力支持和理解，使这项工作取得了较大进展。2000年底，中国船级社获批准执行交通运输企业财务会计制度，深入贯彻、落实这一政策对中国船级社的发展产生了重大的影响。

2. 建立良好的内部管理体制提升自身的竞争能力

良好的内部管理体制，是增强自身竞争能力，保证中国船级社各项事业健康快速发展的前提。中国船级社自成立以来，随着内部环境的变化及中国船检管理体制的变化，始终坚持努力探寻适合中国船级社发展道路的内部管理体制，通过对国外船级社成功经验的学习与借鉴、对中国社会主义市场经济体制的深入分析、对中国船检管理模式现状的分析与研究，逐步明确了“一个业务核心、三条业务主线、两个支持保障系统”的内部管理体系，并据此进行了一系列内部管理模式的战略调整。

在检验业务管理方面。围绕“风险管理”，对原有的管理模式进行了调整，分别组建了入级事业部、国内船舶检验中心、工业事业部和科研中心、信息中心。同时明确了入级船舶事业部的工作重心要由传统的营运船检验转到新造船检验，并率先实施国际化运行模式；国内船舶检验中心要不断强化技术监督检验授权执行能力，积极实施国内船舶入级，推动船型标准化，在检验质量、技术含量和检验船舶数量等方面发挥主力军作用；海工事业部成为新的业务主线，以3000米深水项目为突破口，推动中国船级社整体科研技术水平提高；工业服务坚持走以认证、监理和检测等为主要业务、以风险管理为核心的发展道路，加速移植入级的核心业务模式，工业产品认证中心在获得国家认监委产品认证资质后积极拓展更大的“陆上船级社”业务发展空间。

在内部综合管理方面。引入了目标管理、绩效管理、目标型培训体系等现代管理技术，并通过“四项机制改革”，建立了先进的薪酬激励制度、岗位聘用制度，初步消除了计划经济模式下不适应市场竞争和国际化进程需要的管理模式。

3. 坚持科学发展理念，推动传统业务与陆上船级社的双重发展

中国船级社于1993年分别成立了具有独立法人资格的中国船级社质量认证公司和中国船级社实业公司，专业从事质量认证和陆上工业领域监理、监造、检测、评估及公正检验服务。2001年开始，随着中国产业升级和行业结构调整战略的实施，中国船级社

中国船级社承担监理业务的的重庆菜园坝长江大桥

果断做出了由中国船级社实业公司对全系统的陆上业务进行了有效整合的决策。一方面通过对“三产公司”的清理与整顿，防范了安全质量风险，消除了安全质量问题背后可能隐藏的党风廉政问题，另一方面通过加大对陆上工业的投入，不断增强中国船级社质量认证公司和中国船级社实业公司的发展潜力，并最终推进了两个支柱性产业公司的发展，为中国船级社积极拓展陆上业务打下了坚实基础。

（二）强化员工队伍建设构筑文化建设的主体基础

员工队伍是文化建设的主体，中国船级社的文化理念只有为员工接受并付诸实践才具有生命力，才会被赋予价值，因此，员工队伍塑造作为文化建设的基础始终贯穿于文化建设的全过程。在这一过程中，中国船级社结合自身业务特点及发展需求，将员工队伍塑造的重点放在了员工理念的教化、行为的固化和素质的强化三个方面。

1. 理念的教化

文化建设首先是理念的建设。中国船级社在长期的生产实践中，形成了包括安全理念、服务理念、质量理念等在内的众多的先进文化理念，这些先进的理念只有转化为员工的自觉意识，才能保证文化建设落地生根，取得成效。

（1）坚持持之以恒的宣传教育。长期以来，无论是最高管理者还是基层领导，无论是在各种会议、活动中，还是在日常的管理文件、与员工的交流与沟通中，都始终把向员工宣传先进的文化理念作为重要的战略任务，通过持续不断的宣传教育告诉员工什么是组织所倡导的，什么是组织所禁止的。

（2）理念的教化与生产实践紧密结合。在日常的管理决策、检验活动中，始终坚持以安全、质量、服务理念等为重心，用以指导、检视我们的工作是否真正落实了上述理念，并为此建立了包括质量体系、安全管理等在内的相关工作制度，通过制度的推行来强化员工的认识。

（3）发挥榜样的作用。无论是在日常的绩效考核，还是在各种类型的评比表彰中，始终将是否有效地贯彻落实了安全理念、质量理念、服务理念作为考核的重要因素。对在安全、质量、服务等方面取得成绩的员工充分给予肯定和表彰，通过肯定与表彰向员工传递着中国船级社的价值导向，鼓励员工不断转变自己的思想观念，自觉地与中国船级社的价值取向保持一致，以达到文化的统一。

全国巾帼建功标兵—中国船级社上海规范所毛欣维同志向全系统介绍工作体会

2. 行为的固化

文化建设的最终成果是要将先进的理念落实到员工的行动上，以保证员工的行为与组织所倡导的理念相一致。行为的固化必须以员工理念的教化为基础，同时又是一个长期而艰巨的过程。为此，中国船级社坚持做到了：

（1）通过规范工作流程固化员工行为。特别是通过长期的质量体系建设及相关检验管理信息系统的建设，在将先进的文化理念固化到日常的各项检验工作、管理工作中的同时，要求员工能够按照既定的工作流程开展工作，保证了员工行为的规范性和统一性。长期、重复性的规范化工作，保证了员工良好行为习惯的养成，也保证了员工行为与文化理念的统一。

（2）通过奖惩措施固化员工行为。对于努力追求并实践先进船检文化的行为及时给予表彰奖励，而对于不履行先进船检文化的行为则及时给予制止和处罚，保证员工行为不断向先进的文化理念趋同。多年来，中国船级社对安全意识强、服务质量好、检验水平高的员工的大力奖赏，对私改船龄、降低标准、收受好处行为给予处罚，培养了员工的荣辱观，使员工充分认识到不同行为的价值所在。

（3）通过建立相应的道德准则和行为规范固化员工行为。中国船级社道德准则和员工行为规范的建立，为员工行为的固化打下了坚实的基础。它从更高的层面上让员工认识到自身行为与组织利益之间的关系，使得员工能够自觉地按照中国船级社先进文化的要求规范自己的行为，保证自身行为和组织文化之间的一致性。

3. 素质的强化

员工素质是文化建设的内在基础。文化建设的过程同时也是“以文化人”的过程，即通过文化建设净化员工思想、固化员工行为的同时，也要不断提升员工的素质。作为中国船级社最宝贵的资源和财富，员工综合素质的提升一直是文化建设的重点。员工综合素质的提升是多方面的，中国船级社将重点放在了以下三个方面。

（1）工作技能的提升。通过岗位资质模型和目标型培训体系的建立、加大对培训中心的投入力度等，强化了以提升员工工作技能为主的培训体系的建设，为适应检验业务的飞速发展及保证检验工作质量输送了大批的合格人才。

中国船级社举办船舶遇险紧急处置培训班

参加产品认证培训的学员正在考试中

（2）综合能力的培养。人际交流、客户服务、市场拓展、项目管理、法律常识、英语、计算机等都是作为一名合格验船师必不可少的基本素质，多年来，通过组建研修学院、开展各种专业讲座、委托外部专业机构培训、鼓励员工自学等方式，不断拓展和提升了全体员工的综合素质。特别是许多优秀的现场检验人员，已经被中国船级社培养成为具备项目管理能力、客户服务能力等的复合型人才，他们为中国船级社的可持续发展奠定了坚实的人才基础。

(3) 国际视野的打造。中国船级社是国际化的船级社，为此，中国船级社充分利用驻外检验网点、参与国际交往与合作等各种机会，加大人员外派力度和人员培训力度，培养了一大批具有国际视野的国际化人才队伍。目前，在中国船级社员工队伍中，具有国外检验工作经历和正工作在驻外机构的验船师已占验船师队伍的43%，同时，许多具有国外工作经历的人员走上了管理岗位。国际化人才的建设，为中国船级社不断吸引西方先进的船检文化，努力向国际一流船级社的目标迈进提供了人才保证。

(三) 完善文化传播方式打造文化建设的载体基础

文化只有通过有效传播才能保证其为员工接受和传承，而文化传播方式或载体是多样的，中国船级社将文化传播载体建设的重点放在了以下几个方面。

1. 加强了文化传播媒体的建设

分别创立了中国船级社网站、中国船检杂志、中国船级社简讯、船检政工简讯、中国船级社年报等内外部文化传播媒体。目前中国船级社网站已经成为发布相关船检信息、提供相关规范与标准的重要的船检行业网站。中国船检杂志凭借对全球海事事件的敏锐把握及深度挖掘而成功进入中国期刊方阵，并被列入国家优秀期刊的候选刊物，成为海事界的品牌媒体。而中国船级社简讯、船检政工简讯、中国船级社年报等媒介则成为中国船级社员工及外部社会深入了解中国船级社的重要窗口和阵地。

2. 积极开展“文明创建活动”

通过文明创建活动推动文化建设的深入。以创建精神文明建设先进单位、先进集体和先进个人为主题的“文明创建活动”与中国船级社的文化建设互为呼应，互为促进。“文明创建活动”必须以先进的文化为指导，同时又会推进文化建设活动的深化与提升，而文化建设的不断推进也会推动“文明创建活动”结出丰硕之果。多年的“文明创建活动”，在全系统造就了全国文明

2003年CCS上海分社“共青团号”驻厂组向全社倡导质量过硬活动

单位、全国青年文明号等一大批的先进典型的同时，也深刻地影响和改变着员工的思想认识、行为方式，并进而在中国船级社的文化上打上了深深的烙印。

3. 加强了模范人物的塑造

文化传播的重要途径就是模范人物的塑造。那些产生于员工身边的模范人物，作为中国船级社优秀文化的具体化和形象化，一方面会向其身边的员工强烈地传递着组织所希望的行为和理念，另一方面也会让员工觉得成为文化的楷模并不是一件高不可攀的事情，从而不断地激励他们按照模范人物的行为方式去思考、去工作，保证优秀文化在员工间的持续传播和巩固。中国船级社成立以来，通过内部表彰和外部表彰相结合的方式，已在全系统乃至中国船检行业培养和塑造了包括全国五一劳动奖章、全国巾帼建功英雄、全国青年岗位能手、全国交通系统先进工作者、全国优秀验船师等在内的模范人物和先进集体。

4. 开展丰富多彩的员工文体活动，传播中国船级社文化理念

文体活动作为文化传播的载体与员工的工作生活密切相关，也最易受到员工的欢迎和喜爱。多年来，丰富多彩的文化活动一直是中国船级社文化传播的重要阵地。无论是以培养团结协作为主题的员工运动会，还是以增进交流与沟通为主题的各种联谊会；无论是出于人文关怀而对困难职工的救济与帮助，还是出于激励而组织开展的各类庆典与表彰，无不使广大员工时刻身处文化的熏陶之中。特别是2007年中国船级社成立50周年庆典的成功举办，在向全球海事界充分展示中国船级社50年发展成果的同时，也使中国船级社全体员工充分感受到了50年来中国船级社在艰辛的发展历程中所积淀的丰富的文化内涵。

2007年，交通部李盛霖部长（左三）亲临船检大厦参加CCS50周年纪念大会。右一为中国船级社总裁李科浚先生。

5. 积极参与社会公益活动，树立中国船级社的良好社会形象

基于船级社公益性的业务特点，中国船级社一直将积极参与社会公益活动作为对内凝聚人心、培育文化，对外展示中国船级社良好品牌的重要载体。与社区街道结对共建、为贫困地区捐款捐物、支持希望小学工程、在高校设立奖学基金、参加义务植树与献血、支援抢险抗灾等，广泛而扎实的社会公益活动收获的不仅仅是社会对中国船级社品牌与形象的认可，更重要的是培育了员工的社会责任感和使命感，使员工认识到只有回报社会，才能立足于社会。特别值得一提的是，自2006年以来，中国船级社推出的“百名焊工免费培训”计划更是得到了全社会的广泛关注与赞誉。中国船级社为河南洛阳贫困地区免费培训百名焊工并推荐其到江苏、湖北等船舶制造企业就业，不仅实现了贫困地区“送出一人，脱贫一家”的扶贫目标，更重要的是探索出了一条通过科技扶贫将社会主义新农村建设与中国船舶工业快速发展相结合的农村剩余劳动力转移之路，引起了包括地方政府、船舶制造企业、贫困地区优秀青年、相关媒体的高度关注，也为全国的扶贫工作创新和农村劳动力如何实现从乡村到城市的转移、从农民到工人身份的转变提供了范例。

2005年，中国船级社代表团赴河南省栾川市考察扶贫项目。右四为中国船级社时任党委书记胡金华，右二为中国船级社党办主任向良凯

2007年，中国船级社免费为河南省栾川县培训百名焊工欢送仪式

四、中国船级社文化建设科学实践的成效与经验

文化建设的大力发展对中国船级社的事业发展产生了巨大的实践效应，极大提升了中国船级社的品牌、地位和作用，促进了船舶安全质量水平的提高，推动了检验业务的快速增长，促进了企业的科技创新能力，促进了国际融合与

行业合作。同时，中国船级社的文化建设实践也积累了丰富的经验，这些经验本身也构成了中国船级社文化建设的重要成果。

（一）中国船级社文化建设科学实践的成效

中国船级社通过大力推进企业文化建设，打造核心文化理念，取得了积极的成效，为中国船级社抓住中国经济的腾飞及世界造船中心东移的战略机遇，推动各项事业的飞速发展，发挥了巨大作用。

1．中国船级社的品牌得以提升，地位和作用得到中国政府和相关行业的认可

中华人民共和国人大常委会吴邦国委员长高度评价中国船级社的地位与作用。2006年5月22日，吴邦国委员长访问了世界第一航运大国——希腊，并发表了重要讲话，对中国船级社的工作给予肯定，并举例说明中国船级社在鞍钢造船钢板和上海生产船用曲轴过程中起到的重要作用，随后还出席了希腊政府授权中国船级社开展法定检验的签字仪式。这说明，国家非常重视中国船级社这个民族品牌，十分关注和支持中国船级社品牌的发展。

2006年8月，国务院审议并通过了《船舶工业中长期发展规划》，首次将中国船级社的职责和作用在国家产业政策中突显出来，明确指出中国船级社要建立健全中国船舶工业技术标准体系，维护中国船舶工业的合法权益，做

2006年全国人大常委会委员长吴邦国（后排左二）在希腊出席希腊政府授权中国船级社法定检验协议签字仪式。前排左一为中国船级社总裁李科浚先生。

福建省宁德市船检业务交接仪式

好共同规范（CSR）的协调推广工作。2006年11月，中国合格评定国家认可委员会（CNAS）执行委员会首次会议在中国船级社召开，会议对中国船级社在认证认可领域取得的成绩给予了高度评价。中国船级社质量认证公司还在国家认监委组织的客户满意度调查中名列前茅。2006年，中国船级社获得国家认监委颁布的产品认证资质和获得国家安监总局颁发的海工第三方检验资质证书。

2007年，福建海事局船检业务按照交通部党组的部署移交中国船级社，中国船级社国内船舶检验主力军地位和作用进一步强化。国家资本方便旗船舶特案免税回国登记入级工作由中国船级社承担，使船级社服务国家资本船队发展、保障国家经济安全的作用进一步突显。中国船级社还建立亚洲首家满足新涂层标准（PSPC）的试验室并启动建设国际先进水平的无损探伤试验室，为适应中国海事、油气工业等领域发展需求搭建了新的服务平台；获得国家认监委产品认证服务资质并开展风电设备、防污设备、电机、普钢、桥梁钢等产品的认证业务；制定军（警）船入级规范，进一步拓展了服务领域；与中远集团、河北远洋、中船重工、中海油服、国家进出口银行、国家开发银行等行业大客户和利益相关方签署战略合作协议，进一步密切了中国船级社与相关行业大型企业集团和金融机构的战略合作关系；向交通部、国防科工委、中国船舶工业行业协会、中国造船工程学会等报送了新涂层性能标准推进方案，受到政府和行业组织的高度认可；积极参与国际海运年会、国防标准化论坛等高端论坛；在众多行业和领域交流海事规范标准新动态、新技术和新理念；探索维护民族产业利益新渠道。这些实践的成效使国内外相关行业对中国船级社的服务理念和服务能力认识更加深入。在国际海事舞台上，中国船级社通过IACS主席工作平台，积极参与技术标准的谈判和交流，做好散货船、油船的共同结构规范（CSR）、新涂层标准的协调、推广工作，使我国船舶工业与欧、日、韩站在了同一起跑线上，缩短了我国在设计制造方面与先进造船国家的差距。

交通部李盛霖部长在参加中国船级社2007年党委民主生活会时指出：“部党组对你们的工作是满意的，一是船级社在国际上的地位越来越高、影响越来越大；二是公共服务功能越来越明显，比较好地处理了服务和效益之间的关系。”

2. 安全文化深入人心，促进了船舶安全质量水平的提高

以安全文化的打造和推进为契机，

UNITED STATES COAST GUARD

QUALSHIP 21

Certificate of Eligibility
awarded to the vessel

COS CHERRY

T. H. GILMOUR
RADM, U.S. Coast Guard
Assistant Commandant, Marine Safety and Environmental Protection

Issued: 07/06/04
Expires: 07/06/06

美国海岸警备队为CCS级船舶颁发的“21世纪质量船舶证书”证书

中国船级社着重做了三方面的工作。

（1）不断加强入级船舶建造检验和营运检验质量，并取得了明显成效。中国船级社级船舶港口国检查（PSC）滞留率连续下降，进入国际船级社优秀行列，有41艘中国船级社级船舶取得了“21世纪质量船舶”证书，提升了中国旗、中国船级社入级船队的质量和品牌，在确保国内水上安全工作方面取得突出成绩。

（2）根据交通部的统一要求，不断加大对“四区一线”和“四客一危”船舶的检验质量控制力度，消除安全隐患，防范水上安全风险；积极参与了六部委联合开展的对低标准船舶的专项整治活动，努力提高国内船舶建造质量，防止低标准船舶进入航运市场；积极开展了长江、京杭运河船型标准化、对载客船的全面清理、国内危险品船舶的普查治理、相关船舶的附加检验、进口二手船勘验、海南乡镇船舶检验试点等工作，特别是采取措施大力推进了三峡库区的水上安全及防污染工作；积极推进国内船舶分级管理工作。上述工作的扎实推进，有效地防止了国内水上安全风险，受到了交通部及相关业界的广泛好评。建立了近100余艘次船舶ERS数据库的建模和应急手册编制任务。

（3）建立了国内航行船舶应急响应计划，为1257艘“四客一危”船舶建立了应急响应数据库。为“泰华海”、“平江轮”、“桃花山”、“大庆91”、“新福州”和“桐城”等船舶及时有效地提供了SERS服务。

3. 推动了中国船级社检验业务的快速增长

（1）船舶检验。截止2007年底，入级船舶总吨位达2564万总吨，总艘数为1973艘。船队结构得到改善，船型趋向大型化，一大批高技术、高附加值、超大型船舶加入中国船级社级。国内航行船舶总吨位达到1293万总吨，总艘数达9233艘。手持新造入级船订单达2135万载重吨、国内船订单284万总吨。

（2）产品检验。2007年，共颁发工厂认可证书357份，型式认可证书857份，审查图纸 3175套，颁发产品检验证书 136567份。完成51.55万TEU集装箱的检验，较上年增长28%，连续两年创历史新高。

（3）海工检验。2007年，在第三方新建检验项目竞争中取得绝对优势，共完成建造检验：固定平台18座，移动平台5座，FPSO 2艘，人工岛1座。完成营运检验：固定平台202座，移动平台42座，FPSO 14艘，拖航检验及海工设备检验等工作400余项。

（4）工业服务。“陆上船级社”初具规模，在特大型桥梁工程监理、大型港口码头设备系统制造与安装监理，以及特大型起重设备制造与安装监理三大领域，形成了领先优势。轻轨铁路、油气管线检验，风力发电设备检验，体系认证，产品认证等业务稳健发展。

4. 促进了科技创新

（1）规范标准。中国船级社成立以来，加大了规范、指南、公约、规则编制出版工作，逐步完善了规范体系；积极参与并推进了国际船级社有史以来第一部油轮和散货船共同规范（CSR）的研发制定，大大提升了中国船级社的技术能力，扩大了中国造船行业在国际上的“话语权”；船首高度推导公式等科研成果，纳入《1966国际船舶载重线公约》修正案，被当时国际海事组织（IMO）秘书长奥尼尔称之为“是全球海事界期待多年、里程碑式的结果”。

（2）船型研发。VCBP计划的实施，带动了中国船级社级新建船舶的发展，共计建造完工船舶488艘，629万总吨，921万载重吨。包括5艘30万吨VLCC油轮，22艘17万5千吨散货船，4艘159000吨油轮和5艘

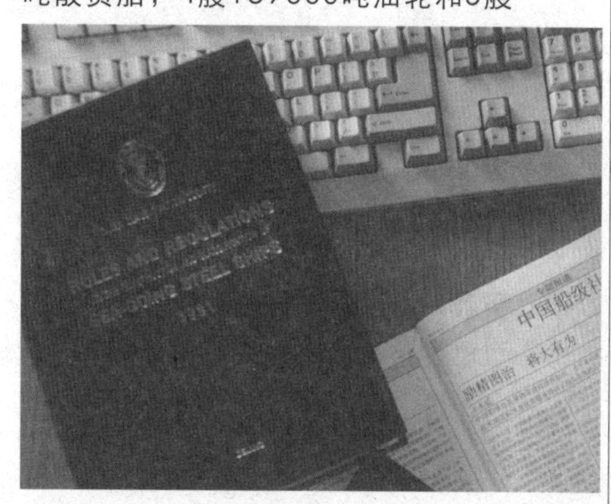

5688TEU，14艘4250TEU集装箱船等。组织开发了拥有自主知识产权的四类优选型散货船(OBC)。国际上最大吨位的50万吨矿砂船正在研究开发之中。

（3）大型软件。具有自主知识产权的大型结构计算软件“海虹之彩”（COMPASS）获中国航海学会科学技术二等奖；散货船共同规范项目（JBP）的计算软件已开发完成，在十余家大型造船企业当中试用；油轮共同规范项目(JTP)的计算软件即将开发完成；标志着中国船级社步入了国际船级社工程计算软件开发应用的先进行列。

（4）信息服务。信息技术应用由服务保障型向支持保障型转化。设在中国船级社的国家船舶结构数据库已获批准立项，交通部船型数据库正在申报中；中国船级社统一的数据平台逐步形成，初步实现入级船舶检验业务审图、检验、发证一体化管理与服务；中国船级社技术文件全文检索系统在中国船级社Intranet中成功试运行，形成中国船级社统一的知识库平台；中国船级社专网建设实现了数据、视频、语音电话三网合一；船舶检验服务管理信息系统实现了审图、检验、发证一体化服务。

（5）在诸多技术领域实现了质的突破。①全球第一艘入中国船级社级采用CSR（JBP）的5.45万吨散货船交付使用，标志着“新”散货船时代的来临，展示了中国船级社在散货船规范标准、审图和新造船检验上的新增实力。②参与了中国首次建造的两艘147210 M3LNG入级检验项目，逐步掌握了LNG船的核心标准与建造检验技术。③按照中国船级社入级规范审图与建造的中国第一艘新型大型客滚船“渤海金珠”轮投入渤海湾营运。④中国人民武装警察边防部队718型公边巡逻舰首次由中国船级社级进行审图、检验并入级。⑤中国船级社首次开展船型认可服务，推动了中国自主品牌船型的发展，其中包括中国自行设计的最大矿砂船30万吨VLOC船型，以及中国最大的绿色环保型JBP散货船（17.7万吨）等共43型船舶。⑥全球第一艘VLCC改装矿砂船的船舶“河北创新”号通过10航次的营运验证，证明改造方案安全可靠，这是中国船级社第一次在全球大型船舶改造技术领域取得突破性进展，展示了中国船级社在大型散矿船改建方面的能力。⑦中国船级社中标中国第一个深海项目“中海油3000米半潜式移动平台项目”的法定和入级检验。⑧承担了一批国家级重点科研项目，如国家船舶结构数据库项目、船舶性能数据库的研发、新型多功能火车渡轮设计建造关键技术研究项目、4型大型矿砂船（23万吨、30万吨、36万吨、50万吨）项目等。

5. 促进了国际融合与行业合作

（1）中国船级社于1994年获得了

国际船级社协会颁发的质量体系合格证书，中国船级社的最高船级符号也被伦敦国际保险商协会（ILU）纳入船级条款，获得中国船级社最高船级符号的船舶享受与入IACS其他成员船级一样的货物保险优惠待遇。

（2）中国船级社已接受包括主要方便旗国家在内的25个国家或地区的政府授权，为悬挂这些国家或地区旗帜的船舶代行国际公约规定的法定检验，并接受了25个国家或地区的政府授权，代行国际强制执行的ISM规则的认证工作，同时还与境外19家验船机构签定了相互代理检验的合作协议。中国船级社还先后得到美国海岸警备队（USCG）及欧盟（EU）认可。中国船级社的服务资格和能力不断受到国际海事界的认可，并进一步提升了为航运业、造船工业和金融保险行业服务的能力。

中国船级社获澳大利亚政府授权。图为授权签字仪式

（3）中国船级社共参加了国际船级社协会30多个工作组的活动，还接受中国政府委派出席IMO海上安全委员会（MSC）、环境保护委员会（MEPC）、以及消防等10多个分委会的活动。定期出席有关会议，对国际海事政策和技术信息有了全局性的、准确的和及时的了解与研究。随着中国船级社实力的不断提高，她在国际上的声誉也与日俱增，并与越来越多的国际机构和组织建立起了密切的联系。中国船级社是国际干货船船东协会（INTERCARGO）的联系会员，也积极参与国际劳工组织（ILO）、巴黎备忘录（Paris Mou）、东京备忘录（ Tokyo Mou）、国际独立油轮船东协会（INTERTANKO）、国际海事保险联盟（IUMI）、油公司国际海事论坛（OCIMF）、国际船舶结构会议（ISSC）等众多国际组织和机构的活

中国船级社李科浚总裁（左一）出席“国际海事法规高层研讨会”

动。中国船级社参加这些活动，既维护了中国航运业和造船业的国际地位与利益，又及时地将国际公约和更新的技术标准纳入到船级社的规范之中，并传达到国内海事界。

(4) 在国际海事界，中国船级社还积极倡导“和谐”理念，在亚洲造船国家积极倡导海事技术领域的合作，推进国际造船、航运、船级社三方协调机制的形成和实施，推动亚洲造船规范标准的统一、技术进步、船型研发和海事政策协商。

（二）中国船级社文化建设科学实践的经验

中国船级社文化建设的实践表明，要建设具有中国船级社特色的文化，必须始终做到“四个坚持”，即：坚持以安全质量为核心、坚持以提升核心竞争力为目标、坚持世界先进船检文化与优秀传统文化相结合、坚持全员参与。

1. 必须坚持以安全质量为核心

中国船级社在其《质量手册》开篇第一章总裁声明中即指出：我们认识到，安全质量不但是我们的生命线，更是我们的社会责任。安全质量始终是中国船级社的工作主线，离开了安全质量，中国船级社的生存与发展将面临威胁。文化建设最终的目标是为了推进工作，提升核心竞争力，为了中国船级社更好地生存与发展，因此，它也必须时刻与中国船级社的工作主线保持一致，也就是要以安全质量为核心。如果偏离了这一核心，它给中国船级社的发展带来的就不可能是推进，而只能是制约和阻碍。一直以来，以安全文化为核心建立起来的包括质量文化、服务文化、竞争文化在内的中国船级社文化体系，对于进一步强化员工的安全质量意识、进一步提高中国船级社的整体服务质量、不断拓展中国船级社的市场份额发挥了积极的推动作用。

2. 必须以提升核心竞争力为目标

文化建设的最终目标是要提升组织的核心竞争力，保证组织在激烈的市场竞争中脱颖而出，保持不败。中国船级社在文化建设中，始终将不断推动自身核心竞争力的提升作为目标。一是不断加大对规范科研的投入力度，组建了独立的规范研究所、规范科研中心和审图中心。二是通过质量体系建设、服务理念的宣传与确立、积极参与市场竞争、组织机构的调整、机制与体制改革等措施，不断加强质量文化、服务文化、竞争文化的建设。三是通过强化员工队伍建设，努力提高员工的综合素质与能力。文化建设对核心竞争力的推动，一方面促进了中国船级社的快速发展，另一方面，也使文化建设焕发出了勃勃生机。

3. 必须坚持世界先进船检文化与优秀传统文化相结合

中国船级社首先是中国的船级社，中华民族的优秀文化传统深深地影响和左右着员工的思想观念和行为方式，因此，中国船级社文化首先根植于中华民族的传统文化之中。同时，作为世界的船级社，中国船级社在不断的国际竞争与融合中，也广泛而充分地吸收着世界先进船检文化的元素与营养。特别是当中国政府借鉴原苏联、英国等国船舶检验管理制度组建自己的船舶检验机构时，就注定了中国船级社从成立之日起就始终以一种开放的胸怀、包容的心态，不断地接纳、吸引世界先进船级社的经验、制度与文化，并将自己的发展战略确定在了建设世界一流船级社的宏伟目标上。因此，中国船级社文化必将是在世界先进船检文化与中华民族优秀传统文化的融合中得到发展的。

4. 必须坚持全员参与

文化建设必须得到上至决策层、下至最基层员工的广泛而深入的参与，才会取得成效，才能落地开花。仅有领导的热情，没有员工的参与，最终的结果只能是空中楼阁。而员工激情再高，领导没有足够的重视，文化建设也无法推进。一直以来，中国船级社的各级领导干部十分重视文化建设。他们率先学习有关文化建设的基本理论，率先将先进的文化理念在自己的工作生活中加以贯彻落实，并在“十五规划”中及近几年的系统工作会议上明确提出要建立以安全文化为核心的中国船级社文化，同时就中国船级社的使命、愿景、建社方针、船检精神等文化建设的具体内容进行积极的思考与探索。各下属机构根据总部的统一部署也积极开展相关的文化建设，其中上海规范所还获得了“全国交通系统文化建设示范单位”的荣誉称号。广大员工也以强烈的责任感和使命感，积极投身到文化建设的具体实践中，以自己的实际行动创造灿烂的物质文化的同时，也不断丰富和推动着中国船级社精神文化、制度文化和物质文化的进步与发展。

第七章　建设中国特色的船检文化

任何文化形态都是一般文化元素与特殊文化形式的结合，都是世界性和民族性的统一。船检文化亦不例外。

中国特色的船检文化不是离开世界船检文化发展的大道而独立成长的，它是在借鉴世界船检文化优秀成果的基础上，在与世界船检文化的互动中，不断培育出具有中国特色船检文化生长的优良土壤。从这片土壤中生长出来的中国特色船检文化的建设思路与方法、趋势与原则，也势必为世界船检文化发展不断输出富有中国文化底蕴、具有中国特色的船检理念，从而推动世界船检文化的发展与进步。

中国特色的船检文化始终不断适应国家航海事业的整体发展要求，坚持以中国特色社会主义理论体系为指导，不断解放思想，努力实现科学发展，积极探索船检文化建设的新路。

随着中国交通事业的腾飞和中国船检事业的发展，中国船检文化的特色也越来越突出。中国特色的船检文化随着中国交通事业发展而腾飞，与中国经济发展同呼吸，与中国现代海洋文明共命运，强化团结合作，谋求多方共赢。

一、中国特色船检文化的科学内涵

经过新中国成立后近60年来的发展，中国特色船检文化已经初步形成，其内涵主要表现为中国特色的船检文化是与经济发展同呼吸的文化，中国特色的船检文化是与中国现代海洋文明共命运的文化，中国特色的船检文化是随着中国交通事业发展而腾飞的文化，中国特色的船检文化是强化团结合作谋求多方共赢的团队文化。

（一）船检文化是与经济发展同呼吸的文化

国家兴，则文化兴。同样，中国经济兴，则中国特色船检文化兴。船检文化是船检人生活生产方式的文化表达。作为一种生产方式的文化表达，船检文化与中国经济发展紧密相连。

新中国的成立开创了中国船检事业发展的新纪元。建国初期，为适应航运和造船业的发展，我国船检事业开始进行新的创建。全国各地先后相继接管了原国民政府的旧航政机构，并进行了必要的改造，建立起新中国的航务、港务管理机构，在开展船舶普查、登记，组织打捞沉船和修复旧船，在进行船舶检验和安全管理等方面做了大量的工作，对保障船舶航行安全，支援前线，恢复经济和安定人民生活起到了重要作用，促进了民族工业的发展，做出了重要贡献。20世纪50～60年代，随着航运和造船工业的发展，船检业务由修理旧船和营运船发展到建造新船，由内河、沿海船发展到远洋船，由非入级船发展到入级船，由船舶检验发展到船用产品的检验，为我国航运、造船和相关工业制造业的发展做出了重要贡献。例如，1958年先后在大连造船厂和江南造船厂建造的5000吨海船 “和平25号”、“和平28号”，分别由船检局大连、上海办事处检验。20世纪80年代后，我国航运事业加速发展，船舶数量不断增加，对中国船检在保障水上安全方面提出了更高的要求。广大船检人在实现船检行业自身发展的同时，以爱国主义的崇高精神、一丝不苟的工作态度和严肃认真的工作作风，积极投身到国家改革开放的历史进程中去。船检事业与祖国的发展紧密相关、船检文化与国家的经济发展紧密相联。

（二）船检文化是与中国现代海洋文化共命运的文化

改革开放30年来，中国的现代海洋文明逐步形成。这是一种面向大海、勇于拼搏的文明；这是一种亲和大海、勇于创新的文明；这是一种立足大海、善于开放的文明。中国特色船检文化是这种蔚蓝色文明的体现者，它承载着海洋文化的梦想。它是高度开放的文化，是拼搏奋进的文化，是不断创新的文化。

水是人类永恒的朋友，人类可以借助水来改善自身生存发展的基本条件；但是水也是冷酷的，它有自身的规律，人类利用水资源的同时也必须承受着各种水上风险。大海是宽阔的，人类建造的船舶可以在水上航行，大力发展航运业务；同时大海也是无情的，它也会给航运事业带来灾难。在发展航运事业的同时必须做好抵御水上风险的充分准备，而船舶检验就是抵御水上风险，把握安全质量极其重要的一环。中国的船检机构必须在实践中不断丰富海洋文化与海洋文明，以对海洋文化的科学认识促进船检事业的发展，丰富和发展船检文化。

（三）船检文化是随着中国交通事业发展而腾飞的文化

随着国民经济的发展，中国交通文化迎来了繁荣的时代。交通文化的百花园中盛开着朵朵鲜花：航运文化水运文化、站文化、桥文化、机关文化、路文化等等。船检文化就是这百花园中一朵芳香的花朵。中国交通文化作为一个整体，其突出特点是：①先导性，“要想富，先修路”，“交通是国民经济的先行官”，这样的理念体现了交通文化的先锋地位。②服务性，交通是国民经济的大动脉，是服务国民经济发展的，交通文化是这种服务理念的集中表达。③整体性，交通是一张大网络，讲究整体性，交通文化倡导的正是这种“全国一盘棋”的思想。

中国特色船检文化处处体现着交通文化的这些特征。它倡导先行的理念，主动先行一步，开拓进取；它倡导服务的理念，热情地服务祖国、服务客户、服务社会；它倡导整体的观念，自觉地以国家大局为重。

（四）船检文化是与环境友好的文化

目前，航运、造船工业正在全球范围内发起一场新的“绿色革命”。国家“十一五”规划纲要明确提出了“十一五”期间单位GDP能耗降低20%左右，主要污染物的排放总量减少10%。这两个指标是强化政府责任的指标。交通工作会议提出了发展现代交通业的新任务，提出了交通行业节能减排以及增强交通可持续发展能力的具体要求。从航运、造船等与船级社密切相关的行业来看，在欧、美、日的主导下，从传统关注水域的环境保护，更多的延伸到大气的排放，除继续强调已有的氮、硫化物排放和压载水公约等标准的修订和履行以外，船舶温室气体减排目标和标准、拆船标准正在加速制定，并成为新一轮国际标准权益竞争的焦点。《中国应对气候变化国家方案》也对船舶运输装备的节能减排提出了具体要求，交通运输部已确定了“十一五”期间营运船舶节能减排指标。中国在跨入世界第一造船方阵之后，正加速船舶产品的结构调整与优化升级，瞄准未来发展方向——绿色安全船舶，促进船舶从建造到运营、拆解的全寿命周期的绿色环保。资源节约和环境友好将是未来中国船检行业的重要使命，渗透到每个领域和环节。

（五）船检文化是与社会和谐的的文化

一方面，中国船检行业在长期的发展过程中，追求国内各船检机构合作，加强行业内部员工合作，形成中国船检的最大合力，共同推动中国船检事业的发展。另一方面，中国船检行业谋求同国际船检机构进行通力合作，以求吸收、借鉴国际船检的优秀成分，不断壮大发展自身，促进中国船检文化的加速发展，同时也必将推进世界船检行业的发展。

（六）中国特色船检文化是与法律相衔接的文化

严格依法生产经营，这是船检生产方式的一个鲜明特点。船舶检验工作的法律性非常强。这方面的法律有《中华人民共和国船舶和海上设施检验条例》和《船舶检验工作管理暂行办法》等，这些条例和办法对于船舶检验机构和验船人员详细规定了其法律责任。例如《中华人民共和国船舶和海上设施检验条例》第六章第二十八条规定：船舶检验机构的检验人员滥用职权、徇私舞弊、玩忽职守、严重失职的，由所在单位或者上级机关给予行政处分或者撤销其检验资格；情节严重，构成犯罪的，由司法机关依法追究刑事责任。中国船级社也承诺对自己检验的过失要承担检验责任。这种严格按照法律规范和技术规范行使自己职责的生产方式反映在船检文化上就是严谨的质量规范意识和法律规范意识，一切以技术规范为标准，一切以法律的约束为准绳。

（七）船检文化是强化团结合作谋求多方共赢的文化

船检行业是一个涉及面非常广泛的行业，它依托自身的技术能力纵横四海，服务于航运、造船、海上设施、工业产品、能源及制造业、保险业等，所从事的业务类型复杂，品种繁多，涉及诸多专业门类，几乎是整个现代工业水平的缩影。同时，船检行业又是跨地区、跨国界的行业，它必须立足于本国经济发展实际，同时又参与到国际相关领域，与世界相关行业进行合作。船检行业本身也是一个独立的领域，内部分为不同的分支，这些分支机构之间以及处于不同机构中的船检人之间也需要通力合作，才能保证船检行业本身的顺利发展。也就是说，船检行业是一个涉及多部门、多地区、多国家、多种利益主体的行业，这就需要船检行业所有相关主体必须进行多方面合作，才能实现多方共赢的良好局面。

一方面，中国船检行业在长期的发展过程中，在国内各船检机构间展开合作，加强行业内部员工合作，形成中国船检的最大合力，共同推动中国船检事业的顺利发展。特别是改革开放以来，为了适应形势的发展，我国船检体制发生了重大变革，形成了中国船级社、地

方船检和渔检“三支队伍”并存的船检体制。“三支队伍”密切配合，相互促进，形成了我国船检行业的合力，共同推动了我国社会主义船检事业的大发展。

另一方面，中国船检行业谋求同国际船检机构进行通力合作，以求吸收、借鉴国际船检的优秀成分，不断壮大发展自身，促进中国船检文化的加速发展，同时也推进世界船检行业的发展。

（八）中国特色船检文化是与船检人相濡以沫的文化

船检人在整个中国的社会阶层中是一个人数很少的“隐形群体”。说它“隐形”是说船检人在社会上鲜为人知。尽管“隐形”，但其作用非常突出。船检文化就是要讴歌船检事业的壮丽进程、船检人的喜怒哀乐。要在这种讴歌中，形成自己的文化体系、话语体系、核心价值体系，使船检人成为带有明确文化指向、特定文化符号的群体。伴随着中国造船工业和航运事业的发展，中国船检事业必然迎来自己的腾飞，彰显出独特的船检文化。船检人也必然从“隐形”走向“显形”，为社会所认知。

二、中国特色船检文化的发展趋势

随着全球化的深入、分工细化和生产规模的提升，资产和技术可流动性不断加强，同时不断追求与低成本的劳动力结合，航运、造船和相关产业也始终遵循各种生产要素在全球范围内实现最优配置的基本经济运动规律。全球海事产业链的一部分如造船、航运，在地域间发生分工调整和重心转移。

从下图看，部分产业中心在全范围

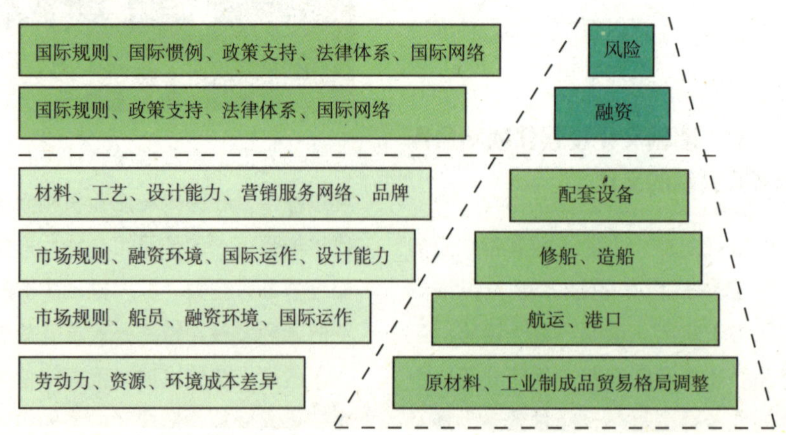

内分布（右边是产业中心，左边是产业中心形成的约束条件），越是低端的产业，其产业重心越容易在地域间转移，越是高端的产业，其产业重心转移的约束条件更多。

经历了30年改革开放的伟大历程，中国已成为贸易大国、航运大国、造船大国，并正向建设成为航运强国和造船强国而努力。船舶检验行业作为航运、造船等相关产业的技术和信息支持保障体系的重要组成部分，必将发挥更大的作用。

目前，我国的船检行业都在第一层面，即法定检验层面发挥着重要作用，为保障水上运输安全发挥积极作用；在第二层面，即入级和技术服务层面，中国船级社和其他船检机构正在发挥自己的技术专长；在第三层面，我国船检机构的作用正在进一步发挥。

船检行业未来的变化将为船检行业文化的发展带来深刻的影响，主要体现在精神、制度、物质这三个层面上。

（一）中国船检文化在精神层面的发展变化趋势

精神层面的发展变化主要体现在安全理念、环保节能、团结协作、自主创新、社会责任这几个主要方面。

1. 中国船检行业必须适应社会对航运安全的不断提升的需要

随着一个国家国民经济水平的提升，大众对安全质量事故的容忍度会越来越低，对事故后的经济赔偿要求也会不断增强，现代传媒对事故的快速传播更是加大了这种倾向，因此，必然会带来社会对安全、质量、环保意识的不断提升。

党的十七大提出我们必须适应国内外形势的新变化，顺应各族人民过上更好生活的新期待，把握经济社会发展趋势和规律，坚持中国特色社会主义经济建设、政治建设、文化建设、社会建设的基本目标，确保到2020年实现全面建成小康社会的奋斗目标。随着人均生活水平将达到中等发达国家水平，国际要求和国内要求不断融合，中国船检不仅要满足与履行现行的公约和法规，而且要使部分沿海（如渤海湾）和部分内河（如长江）规范和法规的要求高于国际公约和通行性做法。

2. 中国船检行业必须满足社会对资源节约和环境友好的要求

随着经济全球化的不断深入，人口、资源、环境问题已成为人类社会共同面对的巨大挑战。原油、矿石价格持续攀升预示着全球已进入资源危机的时期，温室气体排放带来的自然生态和生存环境危害促成了具有划时代意义的“巴厘岛路线图”。人口、资源、环境与经济相协调的可持续发展已成为全球不可逆转的潮流。我国也顺应着这种潮流，特别是党的十七大对实现全面建设小康社会奋斗目标提出了新的要求，要坚持科学发展观，坚持以人为本、统筹兼顾，实现全面协调可持续发展，走资源节约、环境友好的发展之路。这是中国政府的庄严承诺。

目前，航运、造船工业正在全球范围内发起一场新的“绿色革命”。我国明确提出了“十一五”期间单位GDP能耗降低20%左右，主要污染物的排放总量减少10%，这两个指标是强化政府责任的指标。2008年的交通工作会议提出了发展现代交通业的新任务，提出了交通行业节能减排以及增强交通可持续发展能力的具体要求。从航运、造船等与CCS发展密切相关的行业来看，在欧、美、日的主导下，从传统关注水域的环境保护，更多的延伸到大气的排放，除继续强调已有的氮、硫化物排放和压载水公约等标准的修订和履行以外，船舶温室气体减排目标和标准、拆船标准正在加速制定，并成为新一轮国际标准权益竞争的焦点。《中国应对气候变化国家方案》也对船舶运输装备的节能减排提出了具体要求，交通部已确定了“十一五”期间营运船舶节能减排指标。中国在跨入世界第一造船方阵之后，正加速船舶产品的结构调整与优化升级，瞄准未来发展方向——绿色安全船舶，促进船舶从建造到运营、拆解的全寿命周期的绿色环保。资源节约和环境友好将是未来中国船检行业的一项重要使命。

3. 中国船检行业必须适应越来越复杂的安全体系对加强团结协作的要求

随着全球化的深入发展和社会分工的细化，安全体系在国际和国内范围内

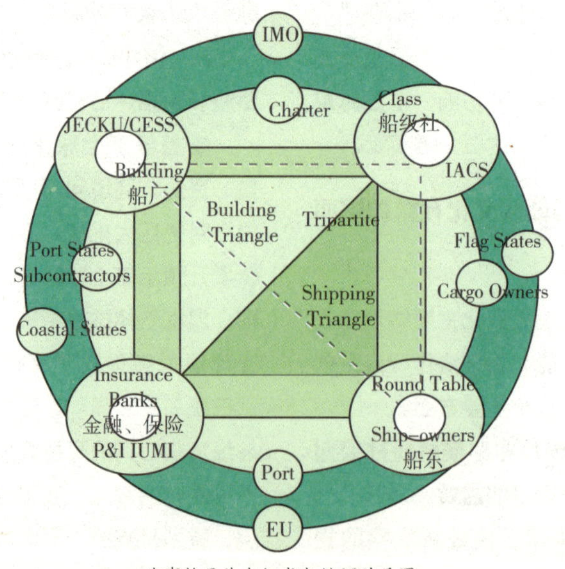

海事格局基本组成与协调关系图

更加复杂，每个环节上出错，都有可能诱发重大事故。只有各方加强团结协作，共同打造新型的“海上安全链”，才能达到安全、环保和保安的综合目标。

随着世界贸易和航运、造船的不断发展，致力于海上安全的新的组织和机构不断出现，各方责任不断细化。海事格局基本组成与协调关系图说明海事格局的基本组成和现存的协调关系，可以描述为两个链环、四个界面。

两个链环由内环和外环组成。内环是产业链环，由四个关键的利益相关方（船东、船厂、船级社、保险金融）以及分包方、港口、货主等组成。外环是由船旗国、港口国、沿岸国以及IMO、ILO等相关的国家、区域和国际组织组成的规制管理链环。

四个界面是造船界面、航运界面、规制管理界面和其他支持保障界面：①造船界面：船厂、配套、船东、金融保险、船级社等。②航运界面：船东、货主、港口、船厂、金融保险、船级社等。③规制管理界面：船旗国、港口国、沿岸国、EU、IMO、ILO等。④其他支持保障界面：法律、仲裁、教育、研究机构、咨询等。

基于市场需要，各行业自身的国际型和区域型组织都在发挥着重要作用，也通过区域性和国际型的会议加强行业间的协调，但在各界面中的自身协调、各界面间的相互协调方面，尚有相当大的发展调整需求。

4. 中国船检行业必须适应船检行业强化自主创新能力的需要

相对于一般服务行业而言，船检行业是“高附加值”服务业。船检行业是服务于交通、航运、造船、配套、海洋工程、金融、保险等相关行业的技术、知识、信息密集型服务业。船检机构的核心技术是集“规范标准研发制订、审图（设计图纸符合性）、建造符合性检验、检验报告和发证、证书有效性维护、信息服务”六大方面为一体的技术服务模式。船级社服务于海事产业链中各个环节消费者，相对于“最终消费者服务模式”，各方对船级社知识服务的需求会更高。

随着船舶的大型化、专业化，新技术、新工艺、新材料的不断采用，国际产业竞争越来越集中在技术水平和能力的竞争上，公约、规范、技术标准作为技术体系中的重要组成，越来越被航运、造船产业所看重，检验机构在参与制定标准、选择使用标准和把握标准技术内核方面的能力，就愈加显得重要。

2006年8月16日，国务院审议并原则通过《船舶工业中长期发展规划》，对船检工作提出了具体要求。规划第六条指出，“建立健全我国船舶工业技术标准体系。适应国内外船舶工业发展需要，及时制定、修订我国的技术标准，积极参与国际技术标准的谈判、制定工作，推动我国技术标准与国际标准全面接轨。近期要在国际船级社协会（IACS）组织推出的散货船、油船共同结构规范（CSR）框架下，抓紧研究建立我国同类产品的标准体系，推出我国的基本船型”。第十八条要求，“中国船级社要积极参与国际船级社协会（IACS）组织的技术谈判和交流，维护我国船舶工业的合法权益，做好散货船、油船的共同结构规范（CSR）的协调、推广工作。”

在航运方面，我国运输船舶总运力居世界前列，船队正向大型化、多样化、现代化的方向发展，但与我国第二贸易大国的地位相比，与我国需要大量的基础资源和极高的海外进口依存度相比，我国的自有船队仍需加速发展。随着大型集团的出现、民营企业的崛起，航运企业的经营管理水平都有了大幅度跃升，但金融、保险和信息服务产业仍主要把握在欧美国家手中，高端的利润被他人占有，在诸多领域还受制于人，如国际大型油轮公司对中国提供的油轮技术评估还不认可等。

在造船和配套方面，中国造船业规模总量大幅跃升，进入世界造船业第一方阵，但随着将来船市拐点的到来，全球产能过剩的压力会转变为更加残酷的竞争；若干骨干造船企业在部分成熟船型的造船效率已接近世界先进水平，但整体造船效率和造船模式上与日韩还有较大差距；一大批大型高技术船舶和海洋工程产品等高技术、高附加值船型的设计建造实现了历史性突破，部分船型已形成批量制造，但完整的系列化产品群尚未形成，在汽车滚装船、LNG、豪华邮轮等领域，仍不具备核心技术；船舶设备还不能自主配套，中国船舶配套设备实际装船率不足40%，国内制造的高技术产品基本采用西方的专利；从建造到运营、拆解的全寿命周期的环保与节约的绿色安全船舶研发尚处起步阶段。

以上这些方面要求我国船检行业必须不断强化自主创新意识，在自主创新方面有所突破，建设创新型的船检制度。

（二）中国船检文化在制度和行为层面的发展趋势

1．国际海事公约在国际、区域和国家层面的立法、执行和监督都在整合和加强

2001年在国际海事组织（IMO）第76次海安会上，希腊、巴哈马提出提

案，要求IMO制定有关船舶结构的设计标准，这就意味着国际公约将增加船舶结构设计标准的原则要求（这部分内容传统由各个船级社来制定），以便建造更加坚固、更安全、更易维护、适合用途的船舶。2002～2004年，在第77～80次海安会上，希腊政府提出提案反映船东要求统一船舶设计年限，即设计寿命统一到25年或更高。2002年，在IMO第89次理事会上，巴哈马和希腊联合提出提案，建议制定目标型的船舶建造标准（GBS）。

船舶领域的标准可分为五个层面：第一层是目标型标准的安全目标总的要求；第二层是目标型标准的功能要求；第三层是目标型标准的符合准则验证；第四层为IACS的共同结构规范，技术程序和指南；第五层为工业界的工业标准，即与船舶建造、营运、维护和培训相关的安全、质量和实践等。标准变化的核心是国际标准由以前被动接受工业标准，转变为今后主动为工业标准的制定设定目标，并通过国际公约的形式在全球范围内强制性实施。

随着经济全球化的深入和国际产业格局的调整，以标准化和信息化为特征的全球工业化进程正不断推进，国际海事格局和国际海事上层建筑正悄然发生深刻变化。国际海事公约在国际、区域和国家层面的立法、执行和监督都在整合和加强。（见下图）

以欧盟海事局和港口国备忘录组织为代表的区域性组织的作用正不断加强，对船级社的安全质量工作的监督力度日益加大，欧洲海事设备委员会（EMEC）对船级社的产品认可方式提出了挑战，IMO为规范检验机构行为的被认可组织规则（RO CODE）正在

国际海事组织、国际劳工组织等组织

国际层面	立法（国际）	GBS CSR CPI	执行（国际）	CSR CPI RO	监督（国际）	PSC CODE
区域层面 EU	立法（区域）	EU/RO EMSA	执行（区域）		监督（区域）	MOU PSC
国际层面 CHINA	立法（国家）	CMSA RO	执行（国家）		监督（国家）	PSC PSC

GBS(事故驱动模型到安全目标驱动)

酝酿中。

共同行为指数（CPI）的制定更进一步加强了对船检机构的监督。共同行为指数表明，对船检机构的监督已经从质量体系自身的审核扩展到运行结果的审核，从一个机构自身的提高到机构与机构之间的横向比较。检验机构的竞争从原来的检验市场竞争更多地向质量竞争和服务竞争转变。

2. 检验机构网络化和检验模式的一致性是适应新时期船舶工业发展的必然选择

社会对安全水平的要求始终无法脱离生活水平的现状。当前，我国人民生活总体上达到小康水平，同时收入分配差距拉大趋势还未根本扭转，城乡贫困人口和低收入人口还有相当数量，统筹兼顾各方面利益难度加大。协调发展取得显著成绩，同时农业基础薄弱、农村发展滞后的局面尚未改变，缩小城乡、区域发展差距和促进经济社会协调发展任务艰巨。这些经济发展的不平衡会变成各方对安全、环保要求水平的不平衡，也体现为船东、船厂、政府部门为追求局部利益和短期利益，对船舶检验要求高低的差异。具体表现为国际与国内之间，在国内又表现为沿海与内地之间、城乡之间、水网地区和非水网地区之间还存在很大差距，涉及到货主、船东、船员、船厂、设备厂、检验人员等。

这种船舶检验一致性非常符合水运的网络化和流动性特征，符合水上安全和环保的公共要求特征。随着全面建设小康社会目标的逐步接近，我国国际国内航行船舶安全要求将更加趋同，对船舶检验工作的要求也日益趋同。只有把不同的检验机构合并成全国性的船检机构，才能在为当地航运、造船、配套、金融、保险等行业提供服务时，更有效地从国家全局角度来考虑自身，促进统筹发展。如果检验机构有很强的地域特征，检验机构也会偏重于当地的经济发展。因此，按照科学发展观的要求，中国船检行业只有加强整合，才能克服服务偏重某个地方、或偏重某个行业的弊端。

3. 船检机构将强化法律意识

船检行业自我法律保护的意识在增强，法律意识正成为每位验船师的基本要求。在国际范围内，船级社的公正性和独立性比其他一般性认证、第三方检验等机构倍受关注，是因为在海事领域，船级社入级和法定检验的结果直接影响着船舶的安全。在方便旗盛行、国家主权弱化的情况下，如纯粹从船级社证书的作用来看，船级社现在的法律风险是很大的。船级社作为非政府机构，只有获得更多的法律保护，才能更好地发挥目前在海事界所应有的作用。同时船检机构自身也要认真履行法律义务，比如要严格遵守《中华人民共和国船检条例》、《中华人民共和国渔船检验条例》等，遵守法定要求的船舶法规。

4. 形成整体的中国海洋产业发展支持保障体系

船舶检验行业不仅仅是依附于航运、造船、保险等产业，更是与这些行业相对独立的现代服务业。以英国为例，英国的航运和造船产业已经转移，亚洲已经占有80%的造船能力，控制和经营的船队也超过了一半，但仍无法动摇伦敦世界航运中心领先地位，英国伦敦在海事技术及资金方面均达世界一流，同时在船舶租赁、融资、入级及法律仲裁等业务亦表现出色。伦敦逾400家船舶经纪公司涉及全球50%的油轮服务，30%～40%的干散货船服务，超过一半的新、旧船买卖都由他们经手。该城市占国际海事保险市场的23%业务，领先日本、美国及德国。2005年至2007年全球船舶融资金额已达2750亿美元，其中490亿美元即约18%的资金由伦敦的银行提供。在这些服务行业中船舶检验行业发挥着重要的作用。

随着我国工业化和现代化的深入发展，我国工业和科技水平的整体提升，我国在“高附加值”服务领域与发达国家的差距将不断缩小，为发展船检行业提供良好的发展环境。我国对外开放的水平必将进一步提升，我国的船检行业必须提高自身改革创新的水平，以适应新的环境。到2020年，中国应该形成一个国际一流的“海事产业群”（Maritime Cluster），它应该包括航运、造船、配套、融资、保险、船级社、航运经纪、信息服务、出版展会等。这样的产业群将更加有利于各行业的可持续发展。

5. 随着标准化在船舶建造领域的深入发展，军船和民船技术的互动将带来军船检验和民船检验的相互融合

民船技术与军船技术的互动影响，在西方直接体现在军船入级方面。军船入级指的是船级社对军船的非军事技术的“平台”部分（船体、轮机、电气）进行全过程、终生控制，使其处于即时可用状态。

从1997年开始，世界主要船级社与军方合作，陆续研究并颁布《军船入级规范》。军船、海警船（以下简称军船）入级，就是通过引入国际上通用的标准化、规范化的第三方公证的原则，使军船的非军事技术标准、监控及维护管理问题，能得到公正、高效的解决。西方各大船级社用实际行动传递了一个重要信息，即现代军民技术的相互渗透和共享促进了舰船领域的密切联系。一方面西方国家海军正在加强民用技术，寻求军船入级；另一方面西方船级社也积极与军方建立更加紧密的关系，提供军船入级服务。据资料分析，西方军船入级除了可以充分利用船级社先进的船舶入级服务体系及技术标准，还可以降

低军船（除武器、电子作战系统及特种装置等以外）的设计、建造和维护的费用，节省海军开支，既确保安全质量又能提高效率，又给国家军队带来整体综合效益。

挪威船级社（DNV）于1997年成立了“DNV海军水面舰艇委员会”，并于1999年7月1日颁布《DNV海军水面舰艇入级规范》。英国劳氏船级社（LR）于1999年成立“LR军船技术委员会”，并于7月1日颁布《LR海军舰船入级暂行规范》；于2006年1月1日正式颁布《军船入级规范与规则》。美国船级社（ABS）于2003年10月与美国海军签署了正式合作协议，共同开发《ABS军船入级规范》；此外还成立了“ABS海军技术委员会”，并于2003年颁布《ABS高速艇入级指南》、《材料与焊接——军船补充规定》和《建造与入级船舶指南》，美国第二代战舰和辅助船将按照ABS的《建造与入级船舶指南》建造。德国船级社（GL）于2003年颁布军船技术规范。意大利船级社（RINA）于2005年1月颁布《军船入级规范》和《军船材料与设备试验认证规范》。

由中国船级社（CCS）与公安部边防管理局联合研究编制的《海警舰艇入级规范》于2007年11月27日通过了专家评审。《海警舰艇入级规范》是CCS专门为中国人民武装警察边防部队海上执法舰艇提供的服务产品。CCS为武警边防部队提供海警舰艇入级服务，不仅使CCS能为加强我国海上执法力量建设做出应有的贡献，扩大服务领域，提高CCS的影响；而且使武警边防部队能保证舰艇具备安全执法的技术条件，降低舰艇建造、维修成本。这是一个双赢的

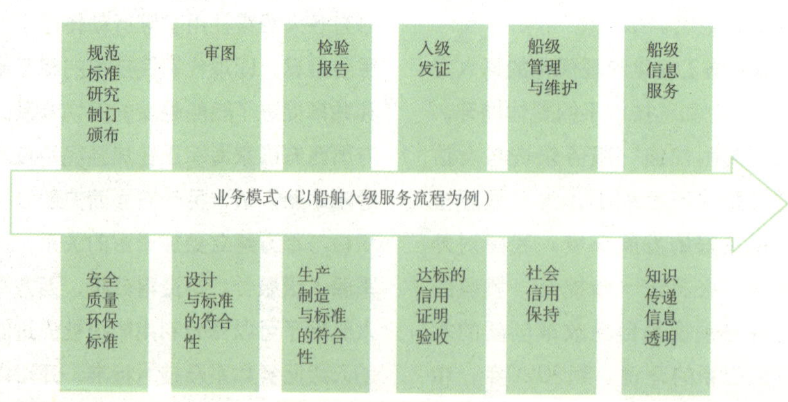

选择。

在当前国际社会普遍重视安全、环保的情况下，军船在和平时期满足国际上通行的各类安全、环保的要求显得尤为重要。军舰入级规范摈弃了传统观念中“国际公约不适用于军舰”的规定，大力鼓励军舰采用国际公约规定，例如采用MARPOL公约防油污的全部规定，采用SOLAS公约的逃生、救生、消防、避碰规则的适用部分和载重线公约的适用部分,以及采用《69吨位公约》规定。

（三）中国船检文化在物质层面的发展变化趋势

1. 信息化技术应用水平的不断提高，将根本改变船检业务的工作模式

船检机构的核心技术是以入级业务的六大方面为整体的技术服务模式。船级社采用风险管理的方式，提供了降低各类风险的技术解决方案，并以专业第三方的方式解决了各方交易中遇到的信息不对称。可以说船级社的起源是因为《船舶录》，船级社未来的发展还是紧紧围绕信息不对称，在新的信息技术支持下，业务模式会发生革命性的变化。

信息技术的应用已经扩展到公约、法规和规范条文自动检索、船舶智能设计、船舶建造检验、船级信息维护、电子证书发放和船检信息社会发布等。以中国船级社的SSMIS升级为例，已初步展现了这种方式，SSMIS整体升级架构图如下所示。

与此同时，中国船级社在担任国际船级社协会主席期间，还完成了IACS邮件系统的开发， 为IACS 成员工作更

SSMIS总体架构——数据和功能

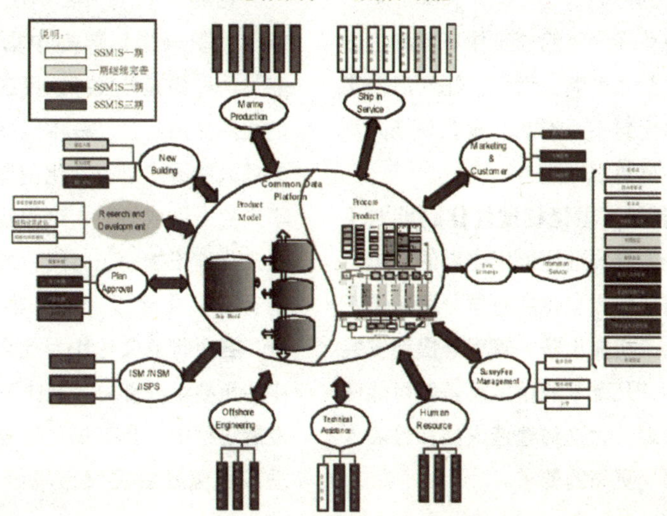

加顺利进行奠定了基础，进一步展现了作为IACS主席的信息实力和资格；中国船级社的CITIS已经在挪威（DNV）和韩国（KR）中得以应用；中国船级社帮助香港特别行政区政府海事处开发了船用品质管理系统，受到了他们的高度评价；目前正在承担的国家船舶结构数据库项目等，都展现了中国船级社在信息技术方面的业务特色。

数字造船技术正在不断发展，审图和现场建造检验正面临全新的信息技术变革；船上卫星通信的带宽不断升级，船公司、船舶、检验机构之间的信息沟通要求更多多媒体、电脑辅助工程（CAE）技术的支持；船旗国、港口国、沿岸国等政府机构都在加强信息化和数据库建设，各类海事相关国际组织和协会也正在加强信息化建设工作。这些都是中国船检行业未来信息化建设必须要考虑的方面。

信息化还会对船检工作环境和工作方式产生重大影响，远程工作和后台工作的技术含量不断增加，需要现场人员和后台人员更好地配合。

2. 船舶大型化和现代化制造对工作的准确度和标准化提出更高的要求

随着船舶大型化和整体分段建造工艺的引入，机械设备、管系等提前安装到分段中，几毫米的精度误差就可能使整个分段返工，这对建造人员和验船人员都提出了更高的要求。

一艘VLCC的甲板就有3个足球场大，如何在有限的时间内对船舶结构进行快速检查并完成报告，需要新检测技术的支持。可以说越来越多的工作已无法用传统的检验方式来解决，需要辅助设备或后台支持。

3. 国际公约和标准更加透明，更加统一

IACS推出了油轮和散货船共同结构规范，规范体系从经验性的规范到描述性规范，规范标准更加透明、更加统一，但在使用上也更加复杂，离开了专业软件几乎无法使用。设计院、船厂在使用新规范的过程中，必须同步使用船检机构开发的软件系统。

三、中国特色船检文化建设总体思路和主要原则

党的十七大报告指出：“中华民族伟大复兴必然伴随中华文化繁荣兴盛”，“要充分发挥人民在文化建设中的主体作用”，“在中国特色社会主义的伟大实践中进行文化创造，让人民共享文化发展成果”。这为我国的社会主义文化建设指明了方向，同时也为我国的行业文化建设提供了根本的指导方针。各个行业文化作为社会大文化系统中的重要组成部分，在推动社会文化的发展过程中，具有举足轻重的作用。为适应完善社会主义市场经济体制和构

面贯彻落实科学发展观，从中国特色社会主义事业总体布局和全面建设小康社会全局战略任务出发，深刻理解科学发展观的丰富内涵，不断增强贯彻落实科学发展观的自觉性和坚定性，真正成为科学发展观的坚定信仰者、忠诚实践者和科学发展的积极推动者。

船检文化的建设关键是认真落实科学建有中国特色社会主义文化体系的内在要求，船检文化建设要立足于当代中国的现实国情，从社会主义初级阶段的实际出发，从目前我国不断深化的经济体制改革出发，从海洋经济的不断发展出发，努力培育和塑造有中国特色的船检文化。

（一）总体思路

中国特色的船检文化建设，是指船检文化建设要符合中国国情，要具有中国民族性和文化传统，要与改革开放和社会主义现代化建设的实际紧密地结合起来。船检文化建设和发展必须始终坚持以中国特色社会主义理论体系为指导，坚定中国特色社会主义信念，全

发展观，转变发展观念，创新发展模式，提高发展质量。伴随着改革开放的深化，船检事业不断发展壮大，在全球海事界和国内安全环保等领域发挥着越来越重要的作用。船检文化建设要不断适应国家航海事业的整体发展要求，就必须发扬解放思想、与时俱进的创新精神，用新的观念、新的手段探索船检文化建设的新路。

（二）主要原则

1. 不断解放思想，强调自主创新

建设有中国特色船检文化是一个充满辩证否定的发展过程，在实践中必须不断解放思想，坚持自主创新的发展思路。船检文化建设要对原有的行业

文化进行改造，重塑新的行业文化。改造原有的船检文化格局，重塑新的船检文化，使之适合于发展社会主义市场经济的要求，这是建设有中国特色社会主义船检文化的必由之路。这里的改造与重塑是同一过程的两个方面，改造即为扬弃，就是吸收原有的文化中的合理成分，舍弃消极的东西；重塑即为创新，亦即根据社会主义市场经济的内在要求，从行业的实际出发，重新构建既有社会主义文化的共同特征，又有本行业鲜明个性的文化。

2. 坚持以人为本，突出船检员工主体

在建立和完善社会主义市场经济条件下，判断一个行业或者企业成功与否的主要标准是在生产经营中所取得的综合效益如何。当然综合效益的影响因素有多种，除了行业的体制、经营方式、生产技术、组织条件以及相关的外部联系以外，主要取决于行业成员内在潜能的发挥程度，而船检员工内在潜能的发挥程度又是以自身的素质水平为基础的。由此，全体员工作为船检生存和发展的本体，作为船检事业的活力之源，并不是完全被动的、等待开发的客体，而是具有主体性的本体，即它具有丰富和完善自身的欲求和愿望；有明确的价值取向与价值期待；有发挥自己的潜能，以达到改造客体、满足自身的需要等等。坚持以人为本，就是要关心人、培养人、使用人、尊重人、尊重员工的首创精神。只有员工的自我价值得以实现，并在事业发展的基础上，不断提高员工的生活质量和生活水平，才能建成一支高度自觉和精诚合作的船检团队。

因此，建设中国特色的船检文化首先就要突出船检员工在行业发展战略中所具有的本体地位与主体身份及其素质水平，为建设有中国特色的船检文化奠定现实基础。船检文化是一种高扬人的主体性的文化，它克服了以往传统计划体制下船检行政管理与服务职责不明确的弊端。将船检员工置于行业的中心位置，深刻地揭示了在市场经营和管理中的主体地位，并强调了人的自我完善、全面发展以及人生价值实现的意义。其次，中国特色的船检文化不仅仅是纯粹经济意义上的文化，而且也是一种社会文化。它从经营管理和社会的两个不同视角，肯定了船检员工的主体身份，客观地要求在实现行业的经营目标的同时，实现全行业的社会目标，即为相关行业服务，为经济社会发展大局服务。中国特色船检文化的经济意义与其他管理理论的经济意义是一致的，它已内含并体现于整个船检事业的经营运作之中。船检文化的社会意义则是特有的，即通过文化建设，树立崭新的船检形象，同时以人为中心，通过各种教育形式，不断提高船检员工自身素质。这是船检文化建设中形成稳固的凝聚力和坚

强的战斗力的客观要求。同时要不断地将其成功的因子辐射，扩散到社会中去，并与社会大文化相互作用。当一个强有力的文化群落形成以后，其中的精华部分将升华为社会大文化，促进整个社会文明的进步，甚至成为时代精神和民族精神的象征。如20世纪60年代我国石油战线的“大庆精神”和90年代的“邯钢模式”和21世纪的载人航天精神等都是这方面的代表。

3. 统筹协调发展，弘扬船检行业特色

相比西方船级社的历史，我国的船检行业建设起步较晚，但是发展速度较快，在空间上呈现多种形态共存的复杂局面。在船检文化的建设中，这种复杂局面就是船检文化必须要面对的现实状态，因此船检文化建设必须全面统筹、协调发展，在全面建设的同时弘扬船检行业特色。

（1）要弘扬船检核心价值理念。核心理念包括组织的使命、精神和核心价值观；船级社的发展方向是什么，员工对船级社的希望和期盼何在？等等。具体的管理理念应该包括为实现以上核心理念所应该具备的人才、领导、制度、沟通、学习、创新、服务、质量等基本理念。

（2）要建立船检制度文化。通过建立可行的制度，推进船检文化的构建。船检行业最为重要的制度应该包括用人制度、激励制度、风险控制制度和员工行为规范制度等等。中国特色的船检文化的建立过程是一个用全新的思想和行为代替固有思想和行为的过程，不是一蹴而就能形成的，必须依靠一套文化建设制度。比如风险控制制度必须让员工明确在风险较大的环境下，船级社面临重大事件或困难时，有什么应对措施或可利用的资源；在未来的每一个阶段，船级社的经营战略、经营思路、业务发展模式、业务组合是什么等。

（3）要强化船检文化行为。通过演示、学习、参观和教育，不断将船检文化渗透于员工内心，让员工了解应该遵循的行为规范和行业规范等，判断员工行为与船检对员工需求行为的差距，促使人本管理升华到船检行业价值的境界上。同时应加强对船检行业特色文化的传播。一方面，通过政府、顾客、员工等与业务、服务等相关的营销、服务渠道传播船检文化；另一方面，还应该通过电视、广播、报刊等公共媒体进行有意识的宣传，塑造公共形象。

（4）要建设一批物质文化载体。对船检行业来说，精神文化需要用物质表象来体现。物质文化包括环境、容貌、产品、建筑等一系列内容。例如中国船级社已经建立优秀的CIS标志，办公物品从尺寸到颜色，从文字的字体到字号和字间距，都有统一规定的标准，船级社的各类名片、招牌、信封、以及车辆、办公大楼的外装饰等都有统一的标准，还有公益广告宣传片等等。中国船级社大楼简洁明快的设计，规划整齐的标志，还有周围良好的绿化工程，构成了一个良好的建筑环境文化载体。

四、中国特色船检文化建设的对策

经济全球化以其强大的力量推动着世界生产体系的变革，与此同时中国向着社会主义现代化强国迅跑，这都要求中国文化的大发展大繁荣。党的十七大提出：“要坚持社会主义先进文化的前进方向，兴起社会主义文化建设新高潮，激发全民族文化创造活力，提高国家文化软实力。”中国船级社在中国加入WTO之后率先走上了面向市场的改革与发展之路。如今，中国的经济规模跻身世界前列，中国的主流企业已经走过了市场化的初期阶段，站在了二次创业和新一轮发展的新起点。顺应时代、乘势而上者兴；抱残守缺、不思进取者亡。人们在关注企业文化建设的同时，又从更高的起点关注由多个组织所构成的行业文化建设，以期在社会的变革、经济的改革与市场的竞争中站稳脚跟、立于不败。履行WTO承诺、处于对外开放前沿的中国船检行业尤其需要加紧谋划自身文化建设的思路与对策。

（一）引领“一个方向”——建立共同的价值观

核心价值观是一个组织最基本信念和长期的宗旨，是经过长期积累、强化、传承得以延续的一种内在的精神和观念。企业核心价值观具有独特性和不可模仿性，没有哪两家企业的核心价值观是完全相同的。索尼公司为什么能取得成功呢？深井大回忆说：他在当时做了一件对公司后来的发展起到决定性作用的事情，他为自己的公司制定了一套经营思想，一套核心价值观。他在计划书上写道：“如果有可能创造一种环境，使所有人都能以一种坚定的集体主义精神而团结在一起，尽最大可能发挥自己的技术才能，那么这个公司一定会迎来无限乐趣，创造无限利润。那些有共同理想的人会非常自然地聚在一起，共同为这一理想而奋斗。”企业的核心价值观是企业的生命所在，行业的共同价值观则是行业的生命所在。中国特色船检文化建设的中心任务就是探索建立有序的行业文化和统一的价值观，这一核心价值观包括确立行业的共同理想、行业的核心理念、行业的共同准则等。

（二）构筑“两个平台”——指导合作与交流互动平台

中国特色船检文化建设是一项既重大又紧迫的战略任务。客观上不允许其不计时间、漫无目的、缓慢随意地自然发展，而需要有目标、有方向、自觉地去加快建设。中国船检行业文化要实现从无序到有序，要构建统一的行业价值观，建立统一的文化建设指导合作与交流互动机制是不可或缺的条件。为此要着力搭建两个平台：一是建立指导合作平台。国内船检机构联合起来，组建船检文化建设领导（指导）机构，共同制定船检文化建设与发展战略，明确建设与发展的指导思想、基本原则、方法步骤，加强对船检文化建设的引领和指导。亦可利用中国航海学会船检分委会作为平台，与国内各船检机构一道谋划中国特色船检文化建设。二是建立交流互动平台。各船检机构部门间从对口业务、相关职能出发，通过签订共建协议等形式，组织开展共建船检文化的活动。通过多种活动，加强和促进人员的思想交流、业务交流和文化交流，进而促进船检行业内部理念趋同、认识趋同、行为趋同和价值观趋同。

（三）实施“三步走”战略——构建、实施、提升

在搭建两个平台的基础上，要实施“三步走”战略。

1. 构建中国船检文化体系

从理论与实践相结合的要求出发，导入组织文化建设的基本概念、框架体系、主要内容和基本程序，在深入调研船检行业基本情况、借鉴国外船检行业优秀成果的基础上，界定中国特色船检文化的内涵和体系，分析中国特色船检文化的结构、特点和历史沉淀，明确中国特色船检文化建设的指导思想、总体目标、重点任务和主要步骤，提出中国特色船检文化建设实施方案（纲要）。

2. 实施中国特色船检文化建设方案

首先，要根据行业实际制定工作计划和目标。其次，要在深入调查研究的基础上根据各自实际，找准切入点和工作重点，确定船检文化建设项目。第三，提炼船检行业精神、核心价值观和行业理念，进一步完善船检行业规范及各项规章制度，优化内部环境，导入视觉识别系统，进行船检文化建设项目的具体设计。第四，采取大规模培训及强化内外宣传的方式，持续不断地对船检行业广大职工进行教育和熏陶，使广大职工认知、认同和接受行业价值观念和行业精神，并养成良好的自律意识和行为习惯。

3. 提升船检行业综合实力水平

定期对船检文化建设情况进行总结评估，及时完善，巩固提高。评估的着眼点，对内看行业凝聚力是否增强了，对外看行业品牌、形象是否提升了。同时要与员工的创新能力、行业出成果的能力及发展的规模、速度等紧密联系起来，使中国船检事业的综合实力不断提高。

船检文化建设是一项长期而持久的工作。随着行业本身及环境条件的变化，船检文化建设还要进入新一轮“构建、实施、提升”阶段。在打牢根基的同时，要不断吸取中国传统文化的精华和国内外先进的管理经验；要及时总结行业领导者创造性思维所产生的管理思想，并融入到行业文化建设中去。领导群体的管理思想、经营理念在不断解决员工的价值观及工作中遇到的问题中不断升华。客观事物的变化引起管理者的管理思想和经营理念以及员工价值观的变化与提升，这种变化首先会在各种文化场合如会议、问题研讨与磋商中表现出来，并逐步达成新的共识和认同。这些共识会逐步导入到行业文化的各个层面上，同时通过制度与规范不断的制定、修订、完善，使行业文化得以不断充实和完善。

（四）整合四个层面——精神、制度、行为、形象

文化整合是指有意识地对行业内不同的文化倾向或文化因素通过有效地整理熔炼，使其结合为一个有机整体的过程。这个过程是文化主张、文化意识和

文化实践一体化的过程，是行业群体的共同意识、共同价值观调整、再造的过程，也是船检行业文化推陈出新、去劣存优的“扬弃”的过程。

当前船检文化整合的重点是：要抓好个体意识与群体意识的均一化。群体意识是一种组织意识，它是其成员对组织目标的认定和实现目标所具有的信念和意识，以及对组织的情感和归属感。船检行业文化整合，目的在于将个体意识与组织群体意识融为一体，形成一种能够得到全体船检员工认可的群体意识。对于每一个新进人员，要有意识地对其进行培训，使其自觉地接受和践行群体意识，用组织意识规范个人行为，用共性统摄个性。

1. 在精神层面，要义是“船检一家人”意识

要形成“船检一家人”的全局意识，履行“保障水运安全，防止水域污染”的神圣使命，积极“承载民生要求、履行社会责任”，把质量和信誉视为生存之本，坚持与时俱进、开拓创新，打造船检行业的核心价值观。

2. 在制度层面，要义是“一套标准规范”

要倡导“一套标准、一套规范、一套制度、一套准则”，加强各船检机构之间的技术、业务交流，推动标准与规范的贯彻和执行。

3. 在行为层面，要义是“一套行为准则”

要通过典型引导、制度约束、教育灌输及交流互动等手段，使“热爱船检、团结协作，老实做人、扎实做事，敬业爱岗、创新进取”成为船检员工的行为准则。

4. 在形象层面，要义是“一套形象识别体系”

在提炼共同价值观的基础上，征集并采用统一的船检行业标志、符号等一整套形象识别体系，提出一致的对外宣传用语和内部文化培训教程，使中国船检不断向着预期的“中国特色船检”迈进。

（五）推进五个方面的建设——诚信、质量、服务、和谐与创新

建设中国特色船检文化，在当前形势下，要着力推进以诚信、质量、服务、和谐和创新为主要内容的建设。

1. 诚信

诚实守信既是中华民族传统美德的一个重要内容，也是市场经济对道德建设的一个最基本的要求。“诚实守信”是人与人之间正常交往、社会生活能够稳定、经济秩序得以保持和发展的重要力量。诚信是船检行业中最具代表性的特征之一，对于船检行业员工来说，“诚实守信”不仅是一种道德品质和信念，更是每个员工的行为准则。对船检

行业来说，它是一种形象，一种品牌，一种信誉，一个使行业兴旺发达的基础。要通过大力弘扬诚实守信精神，提高船检行业整体职业道德水平，并最终实现建立统一的职业道德准则的目标，有效地防止和杜绝诸如降低检验标准、发“关系证”、“人情证”等问题的发生。

2. 质量

质量是关系到船检行业能否有效履行其职责和使命的关键问题。质量不到位，安全就没有保障。全部检验工作都是围绕质量要求进行的，质量是船检文化的核心，任何时候、任何情况下，都不可掉以轻心。

3. 服务

服务既是船检行业社会公益性的体现，也是落实“三个服务”要求，适应交通转型，强化市场和竞争意识的客观要求。

4. 和谐

推动和谐文化建设有赖于对现有的船检文化进行整合。首先，要加强船检文化的研究，认清当前船检文化的现实优点和缺陷。其次，要深刻认识国际船检与国内船检文化的精神品格。第三，要搭建文化交流与融合的有效平台，促进国内船检机构之间以及国内船检与国际船检之间的文化交流。只有这样，中国特色船检文化才能真正成为竞争与发展的强大动力，才能真正推动中国船检事业的腾飞，并屹立于国际一流船检之林。

5. 创新

在全球化背景下，创新能力日益成为文化竞争力的内核。民族文化的兴衰，取决于文化创新能力的高低，中国船检文化的兴衰也全系于创新能力的高低。船检是属于民族的，要不断总结以中华民族先进文化为依托的文化建设成果，对民族优秀文化的传承也是以创新的形式进行的超越性发展。船检是属于世界的，中国船检文化的创新也必须具备全球化的视野，要关注外国船检行业和其他行业文化建设走向，及时吸收其先进的文化建设成果。采众家之长，补自己之短，努力做到“人有我有，我有人无”。

（六）处理好六个关系——利与义、竞争与人和、制度与执行、人与物、短期与长期、愿景与实施

在船检文化建设过程中，必须贯彻“古为今用、洋为中用”的原则。由于东西方文化存在差异，中国传统文化与现代文化也明显不同，应当正确处理好以下六个方面关系。

1. 利与义的关系

中国传统文化是君子重义轻利，而市场经济的主体是经济人，他的行为是为了获得利润。因此，在处理利和义的关系上，要综合考虑，不能单纯强调一

个方面而忽视另一个方面。这至少包括三层意思：一是作为企业必须在法律、法规和政策允许的范围内，争取利益最大化。二是在员工和企业之间，必须强调企业的整体利益高于一切。三是君子爱财，取之有道。

2. 竞争与人和的关系

中国传统文化是以和为贵，市场经济是竞争，优胜劣汰。那么，在市场经济条件下，应该遵循的原则是：对外保持强劲的竞争态势，在参与国际竞争中，中国船检的服务是真诚的、及时的、超前的、高技术含量的，中国船检的服务是客户真正需要的和真正解决实际问题的；在船检内部则应在竞争的前提下讲团结，讲大局，讲整体利益。

3. 制度与执行的关系

没有规矩不成方圆。制度就是办事的规矩。有了制度就要严格执行，否则，就失去了它的严肃性。传统观念对执行制度是按“情—理—法”的顺序；而按现代观念必须是按“法—理—情”的原则。即制度高于一切，制度面前人人平等。同时，还必须注重法治与德治相结合，二者有机统一，去遏制那些不重视规则、不讲法制、不讲职业道德的不良现象，使船检行业不断在良性发展的轨道上运行。

4. 人与物的关系

船检文化建设最根本的是以人为本，做好一撇一捺的工作，形成持久的向心力和凝聚力。当然，以人为本，并不是忽视“物”，而是通过对人的因素的充分开发，最大可能地利用和发挥“物”的因素的作用。

5. 短期和长期的关系

船检文化建设既有长期的战略目标，也有短期的现实要求。两者要有一个合理的均衡，战略目标不能离开现实要求，现实要求也不能脱离战略目标。

6. 愿景与实施的关系

总部的愿景目标明确了，规划方案也制定了，但必须使所有分支机构都动起来。只有全员参与、全过程参与，纵向到底、横向到边，才能使船检文化建设建立在可靠的基础上，使船检文化建设既轰轰烈烈，又扎扎实实，并且持之以恒、经久不衰。唯有如此，船检文化建设之花才能结出丰硕之果，从而为社会主义物质文明、精神文明、政治文明建设做出更大的贡献。

建设中国特色的船检文化这一事业本身是不断丰富和发展的，中国特色的船检文化的内涵也是不断充实的，在特定时期选择的思路、手段、战略，既要遵循普遍的文化建设规律，符合中国船检发展的大趋势，也要随着实践的需要而不断创新。正如没有凝固的文化一样，也没有一成不变的船检文化。中国特色的船检文化必然要在国际航运背景和中国经济大发展的背景下不断创造出新的理念，并不断加以践行。

29
ZPMC
65t
28

附录　中国船级社文化建设成果巡礼

中国船级社作为中国船检文化建设的先行者，牢记祖国和人民的重托，始终以保证水上人命财产安全和防止水域环境污染为己任，时刻坚持团结、奉献、公正、高效的船检精神。中国船级社的员工以朴实而平凡的双手创造了一个又一个辉煌，以虽稚嫩但坚强的臂膀顽强地推动着中国船级社一步步走向了全球海事竞争的舞台。他们在不断攀登一个又一个业务高峰、攻克一个又一个技术难关、拓展一片又一片业务领地的同时，也创造了灿烂的属于船检人自己的文化建设成果。他们用自己的智慧与汗水构筑起来的文化之帆已成为引领中国船级社跻身国际一流船级社，展示中国作为航运、造船、工业产品制造大国形象的强大动力，中国船级社文化的绚烂之花正不断见证并推动着中国船级社向着更高、更远的目标迈进。

一、中国船级社出版的规范

中国船级社的跨越式发展，核心动力是其不断提升的规范科研和技术水平。多年来中国船级社加大规范科研投入，迅速提升规范科研水平和实力，向国际一流船级社快速前进。

中国船级社在现场经验积累与理论研究结合中推动规范技术发展，走过了由“引进借鉴”到“研发创新”，并积极参与国际共同规范的研究与制定的发展道路，形成了由主体规范、辅助规范和支持文件（通函和计算程序）构成的CCS规范体系，覆盖了船舶检验、海上设施检验、集装箱检验，以及有关产品检验、管理体系认证和风电设施认可等业务技术领域，有力地提升了中国船级社的业务技术能力，强化了中国船级社的品牌。

中国船级社的规范发展凝聚着检验实践经验和技术研究成果。其规范坚持以“安全、政策、市场”为导向，按照满足需求、适当超前的原则，依据业务

依据CCS2001版规范建造检验的30万吨超大型邮轮“新金洋”

依据CCS2001版规范建造检验的第一艘5688TEU大型集装箱船“新浦东”

开发和规范发展的需要，向全方位、多领域和自主知识产权方向发展。其中，VCBP超大型船舶技术的研究和开发，积极参与和推动的优选散货船型的研究和开发（OBC），“COMPASS”和“海虹之彩”大型计算软件开发，以及在国际船级社协会中积极参与的散货船共同规范的研究和制定等，对于完善CCS规范体系，推动CCS规范高技术化，改善中国船级社的船队结构，提升中国船级社的国际形象，增强船公司的竞争力，强化中国船级社在国际上的影响力，发挥了重要作用。

中国船级社主要规范演变 （1959～2007年）

年 代	规范编制、更新进程	主 要 成 效
20世纪50年代	《钢质海船建造规范》（1959）、《海船入级章程》（1959）； 《海船载重线规范》（1959）、《船舶吨位丈量规范》（1959）、《海船抗沉性规范》（1959）、《海船消防设备规范》（1959）、《海船救生设备规范》（1959）、《海船信号设备规范》（1959）、《海船航行设备规范》（1959）、《海船电力设备规范》（1959）、《海船无线电设备规范》（1959）、《船舶起重设备规范》（1959）、《船舶材料试验规范》（1959）、《船舶焊接规范》（1959）、《海船乘客定额规则》（1959）	颁布15种入级与建造规范，奠定中国船级社规范技术基础
20世纪60年代	《钢质海船建造规范》（1962、1967）； 《海船稳性规范》（1960）、《船舶材料试验规范》（1962）、《海船乘客定额及舱室设备规范》（1961）； 《长江钢船建造规范》（1962）、《内河航区划分等级标准》（1961）、《长江船舶乘客定额与舱室设备规范》（1962）、《长江钢船载重线规范》（1965）	颁布中国船级社首版内河船舶规范。
20世纪70年代	《钢质海船建造规范》（1971、1973）、《海船入级规则》（1977）； 《海船稳性规范》（1974）、《海船抗沉性规范》（1974）、《海船信号设备规范》（1974）、《海船救生设备规范》（1974）、《海船无线电设备规范》（1974）、《船舶起货设备规范》（1974）、《海船载重线规范》（1975）、《海船航行设备规范》（1975）、《船舶吨位丈量规范》（1977）、《使用<苏伊士运河船舶吨位丈量规则>的办法》（1977）、《使用<巴拿马运河船舶吨位丈量规则>的办法》（1977）； 《长江水系钢船建造规范》（1978）	取代《海船入级章程》（1959），制定中英文版《海船入级规则》（1977）； 首次出版中英文合订的《钢质海船建造规范》（1978）； 开始将规范科研试验成果写入规范

续上表

年 代	规范编制、更新进程	主 要 成 效
20世纪80年代	《钢质海船入级与建造规范》（1983、1989）； 《船舶起货设备规范》（1981）、《海船救生设备规范》（1983、1989）、《海船无线电设备规范》（1983）、《海船信号设备规范》（1984）、《海船航行设备规范》（1984、1987）、《海船吨位丈量规范》（1985）、《海船稳性规范》（1986、1988）、《海船防污染结构与设备规范》（1986）、《海船防火结构与消防设备规范》（1988）、《船舶与海上设施起重设备规范》（1989）、《<苏伊士运河船舶吨位丈量规则>使用方法》（1986）、《<巴拿马运河船舶吨位丈量规则>使用方法》（1988）； 《长江水系船舶稳性和载重线规范》（1980、1985）、《内河船舶吨位丈量规范》（1986）、《内河船舶乘客定额与舱室设备规范》（1981）、《内河船舶防污染结构与设备规范》（1987）	颁布第一部与国际接轨的《钢质海船入级与建造规范》（1983）； 成立规范研究所，开始以规范研究所为基地编制规范
20世纪90年代	《钢质海船入级与建造规范》（1996）； 《海船救生设备规范》（1990）、《散装运输液化气体船舶构造与设备规范》（1990、1996）、《散装运输危险化学品船舶构造与设备规范》（1990、1996）、《材料与焊接规范》（1999）、《海船法定检验技术规则》（1992）、《船舶与海上设施法定检验规则》（1999）、《船舶安全管理体系认证规范》（1995、1998）； 《内河钢船建造规范》（1991）、《钢质内河船舶入级与建造规范》（1996）、《内河船舶救生设备规范》（1992）、《内河船舶信号设备规范》（1992）、《内河船舶航行设备规范》（1992）、《内河船舶无线电设备规范》（1995）、《内河散装运输液化气体船舶构造与设备规范》（1998）	颁布第一部完整的《海船法定检验技术规则》（1992）和《船舶安全管理体系认证规范》（1995）； CCS科研成果开始写入国际海事公约
21世纪初	《钢质海船入级与建造规范》（2001）、《钢质海船入级规范》（2006）； 《材料与焊接规范》（2006）、《船舶安全管理体系认证规范》（2006）； 《散装运输危险化学品船舶构造与设备规范》（2006）；《国内航行海船建造规范》（2006）； 《国内航行海船入级规则》（2006）；《船舶与海上设施起重设备规范》（2001、2007）、《船舶安全管理体系认证规范》（2000、2002）、《无损检测人员认可规范》（2000）；《钢质内河船舶入级与建造规范》（2002）、《内河散装运输危险化学品船舶构造与设备规范》（2001）、《内河小型船舶建造规范》（2006）	颁布第一部具有超大型船舶高技术含量的《钢质海船入级与建造规范》（2001）和第一部纳入共同规范的《钢质海船入级规范》（2006）

二、中国船级社的科研项目

船级社是科技含量高、技术密集型的行业。创建之初，中国船级社员工不满足于中国船检事业处于弱小、屈居人后的状况，胸怀让祖国的船检事业自立于国际海事舞台的雄心壮志，发扬爱国主义精神和勇于创新、一往无前的开拓精神，大胆突破陈规陋习锐意进取，努力探索船检事业的发展规律。随着国家造船业和航运业的崛起，中国船级社员工抓住机遇，在科研中急起直追，一批批科研项目成果屡获国家、省部级奖励，推动着中国船检事业迅猛发展。

（一）IMO载重线最小船首高度和储备浮力研究——中国提案写进国际公约

在2002年7月召开的国际海事组织（IMO）关于稳性、载重线与渔船安全分委会第45次会议上，中国船级社（CCS）向大会提出了4项提案，其中有3项被采纳为国际海事界通用标准，标志着我国海事科研已经在国际技术标准领域拥有的一席之地。

大会的主要议题是关于大型散货船的安全问题。会上几十个国家的技术精英们纷纷亮出自己的提案，大会成了一场科研成果的竞技赛，成为展示各国海事领域科研成果和奠定各国在国际海事界地位的一次较量。由CCS科研人员提出的“船首高度和储备浮力”两项内容，成为参与国共同关注的焦点。

船首高度和储备浮力是影响船舶安全的重要因素。20世纪80年代以来，国际上的大型散货船频频发生海难，人命与财产损失惨重，这与船舶船首高度和储备浮力不够有关。虽然英美等国在研究船首高度上提出了许多新问题，但是并没有拿出切实可行的解决方案。而在此次会议上，CCS提出的“船首高度和储备浮力”两项课题，以简单实用而又科学严谨的推导公式解决了这一问题。经最终讨论，大会决定将CCS提交的公式纳入《国际载重线公约》修正案第39（4）条中，相应将第39条标题修改为“最小船首高度和储备浮力”，自2005年1月1日正式生效。

这是中国船检科技提案首次获得国际海事组织的认可，使国际三大著名的海事公约之一的《国际载重线公约》中首次写入了中国人推导的公式，被前国际海事组织秘书长奥尼尔称为“对国际载重线公约修订做出了重大贡献”。IMO载重线最小船首高度和储备浮力研究项目被《中国船舶报》评为2002年船舶十大科技新闻之一，是我国海事科技领域的重大突破，具有里程碑式的历史意义。此研究项目还获得了2003年度中国航海学会科技进步唯一的一等奖。

（二）“海虹之彩”科研项目——助推船舶大型化

船级社的主要目标是促进船舶安全和防止海洋污染。作为国际船级社协会成员之一，中国船级社通过不断提高自己的规范标准水平和检验技术手段，来保证船舶安全和防止海洋污染。这是中国船级社永恒的追求，也是中国船级社对航运业、造船业应尽的责任和应做的贡献。

随着世界航运业的蓬勃发展和世界造船技术的不断提高，大型、超大型船型相继问世，传统的船舶检验技术受到挑战。

2001～2003年中国船级社研究开发的“海虹之彩”（船舶结构分析与安全解决方案）是中国船级社为适应造船业和航运业高速发展、向用户提供高水平服务而开发的高起点、高技术含量的船舶专用结构设计和强度分析校核系统。

“海虹之彩”项目针对大型散货船、油船、集装箱船三大主力船型，完成了外载荷确定方法、强度与疲劳计算技术、强度标准、规范设计与计算和系统数据库的研究，为船东、船厂和船舶设计院提供全套的大型散货船、油船、集装箱船船体结构设计和强度分析技术和安全解决方案。

“海虹之彩”的成功开发，为三大主力船型的设计、校核、审图和建造检验，提供了有力、高效的技术支持和保障。目前，该项目已应用于我国三大主力船型的设计、建造和现有营运船舶的强度评估，产生了显著的经济效益。

“海虹之彩”科研项目已通过交通部科技司组织的技术鉴定，一致认为达到国际先进水平。

（三）ERS体系——为遇险船舶解燃眉之急

“船舶应急响应服务（ERS）”是指将船舶的线型、结构等数据录入数据库，当船舶发生海损事故时，借助于计算机软件，进行船舶稳性、强度与溢油量等评估，提出应急处理建议，协助船舶脱离危险。其核心技术主要包括：破损后的浮性、破舱稳性、剩余强度、搁浅分析等。

随着国际社会对船舶海难和漏油事件的日益关注，ERS日益受到国际海事界和各港口国的重视。国际海事组织（IMO）对MARPOL公约第26（1）条进行了修正，要求自2007年1月1日起，“5000载重吨以上的所有油船都应获得快速岸上破损稳性和剩余强度计算机程序支持”。继美国油污法OPA90规定“进入美国水域所有油船都应获得快速岸上破损稳性和剩余强度计算机程序支持”以后，美国海岸警卫队于2007年2月发布通告，要求所有400总吨及以上进入美国水域的非油船，在8月9日之前向其提交船舶应急响应计划，并且24小时可得到岸上服务机构（船级社）提供的计算船舶破损稳性和剩余强度的计算机程序支持。

为满足进入美国水域的所有油船、总吨400以上非油船和所有遇险船舶的要求，更好地为船东服务，CCS于2006年4月开始正式受理ERS。其流程大致如下：船舶遇险后，船东第一时间将遇险情况报告给CCS，CCS启动ERS，调用遇险船舶的电脑化数据分析技术状况，专家结合风险、海况和航线各方面进行计算分析，做出避灾、施救或减灾的方案，并反馈给船东或救助公司。

到目前为止，CCS已成功利用此项服务，在“TOP GLORY”、“JIN YING”等轮的重大海损事故中与船东或救助公司合作，为遇险船舶提供了强有力的技术支持，确保了遇险船舶的安全和避免船舶造成海洋污染。

（四）COMPASS系统——船舶安全评估的指南针

COMPASS软件系统是CCS在20世纪80年代初自主研发的关于船舶规范校核和审图计算方面的专用软件系统，先后用于上千艘船舶的分析计算和安全评估工作，在国内具有很高知名度和权威性。随着规范的不断更新与完善，1995年COMPASS软件系统进行了更新。更新后的软件系统，在船舶审图、辅助设计工作中得到了更为广泛的应用，计算结果达到国外同类软件的先进水平，获得了用户的信赖和肯定。

COMPASS软件系统由CCS海船规范计算系统和内河船舶规范计算系统两个子系统构成。

海船规范计算系统是CCS为了适应造船业和航运业的高速发展，根据CCS《钢质海船入级与建造规范》、国际船级社协会统一要求、海事局《船舶与海上设施法定检验规则》、IMO相关公约、规则等最新技术标准而开发的一个高起点、高技术含量的软件系统，包括四个具体的计算系统功能模块。曾先后成功用于大型油船、集装箱船、散货船的直接技术和各种新型船舶、新型结构的分析评估及轴系振动与校中事故分析，解决了大量的设计技术问题和船舶营运中产生的技术问题。

内河船舶规范计算系统是由船舶静力学计算及稳性衡准系统和甲板大开口船舶弯扭组合分析程序系统两个具体的系统功能模块，能有效地分析和解决船舶设计、审图和营运检验中的大量技术问题。

COMPASS软件系统的研发，为CCS的船舶检验和安全评估提供了强有力的技术支持，保障了海上航行船舶的安全。

（五）内河船型标准化研究——推进三峡库区船型标准化

三峡工程蓄水后，库区回水区域的航行条件和通航环境发生了根本变化，航道通航能力显著增加。但目前三峡库区营运的船舶船型较多且杂乱、老旧船舶多、技术状态差、船舶污染严重，对人民生命和财产安全造成巨大的威胁，运输安全难以得到保障，也给规范运输市场的管理、提高企业经济效益和有效合理使用船闸及三峡库区航道带来诸多不利影响。

为促进川江及三峡库区船舶技术进步和航运结构调整，保障人命财产安全，保护三峡库区水资源环境，提高三峡永久船闸利用率和通过能力，2003年交通部将京杭运河推广船型标准化作为内河船型标准化的示范工程。为配合交通部对京杭运河标准船型推广工作，为京杭运河船型标准化推广提供技术支持，中国船级社承担了内河船型标准化的研究工作。

这是我国对特定水域制定标准船型技术标准的首次研究。这个项目研究推进了三峡库区船型标准化，促进了内河船舶技术结构的调整，充分发挥了三峡通航能力，提高了三峡库区船舶运输效率和航运的竞争力，为三峡库区的船舶航行安全及防止水域污染提供了有力保障，促进了内河航运的发展。

《京杭运河标准船型示范推广工程》获2005年航海学会科技进步二等奖。

（六）《桥梁钢检验指南》研究项目——再造一个“陆上船级社”

“十五”初期，随着国民经济的快速发展和中国船级社业务发展多元化，为了早日实现中国船级社跨越式发展，中国船级社提出“三条业务主线”的发展思路和再造一个“陆上船级社”发展战略。中国船级社结合中国船级社实业公司在桥梁监理业务发展的情况，考虑到国内至今没有相应的桥梁钢检验发证制度和依据，桥梁钢的质量通常是通过生产厂家（钢厂）在生产过程中和出厂前按供货合同来控制，但没有第三方进行检验和签发相应的证书或质保证明；或通过业主聘用监理公司在施工现场对桥梁钢质量进行控制。这就带来了不同的监理公司在标准理解、检验程序、质量控制过程等方面存在较大差异等问题。为加速将中国船级社业务延伸到桥梁领域，以桥梁钢质量控制和检验程序为突破口，中国船级社2004年研究制定了《桥梁钢检验指南》，将成熟的检验发证体系引入桥梁质量控制，以期形成中国船级社整体技术合力，开拓新的业务领域。

《桥梁钢检验指南》对桥梁钢生产过程的质量控制、产品检验、工厂认可以及检验程序和服务方式提出了具体要求。并根据我国桥梁用钢的生产以及今后发展的趋势，在钢材品种、级别、化学成份及力学性能等要求方面不仅采纳了相关国家标准，还融合了中国船级社材料规范中的相应规定和成熟的技术条件。

《桥梁钢检验指南》的制定使桥梁钢检验工作有章可循，为桥梁建设、设计、钢材生产等各方搭建了一个很好的技术平台，对进一步规范桥梁钢的产品检验工作以及对桥梁钢生产质量控制和提高桥梁建造质量具有积极的作用。为中国船级检验发证业务领域的拓展提出了理论依据，从技术支持保障上为再造一个“陆上船级社”开创了一种有效的模式。

（七）有一批科研项目获各级奖励

具体见获奖统计表。

中国船级社历年来获国家、省（部）级奖励科研项目统计表

序号	获奖项目	获奖等级	颁奖单位	获奖时间
1	毛主席纪念堂消防工程	全国科技大会奖	1978年全国科技大会评奖委员会	1978年
2	船用柴油机轴系扭转振动	全国交通科技大会奖	交通部	1978年
3	船舶中低速柴油机轴系扭振应力计算方法的研究	三等奖	交通部	1982年
4	船用柴油机轴系扭转振动电算程序	三等奖	上海市	1982年
5	船舶轴系集成系统	二等奖	中船总公司	1983年
6	船舶交流电力系统的短路计算 GB 3321—82	三等奖	交通部	1985年
7	船舶复合型耐火甲板敷料	三等奖	国家科学技术进步奖评审委员会	1985年
8	GB 3471—83 柴油机动力海洋船舶系泊及航行试验通则	三等奖	交通部	1985年
9	GB 7060—86 船用电机基本技术要求	二等奖	国家机械工业委员会	1987年
10	海船稳性规范	一等奖	交通部	1987年
11	长江水系船舶稳性和载重线规范	二等奖	交通部	1987年
12	长江水系钢船建造规范修改通报	二等奖	交通部	1987年
13	内河钢质工程船建造规范	三等奖	交通部	1987年
14	钢质海船入级与建造规范(含修改通报)	二等奖	交通部	1987年

续上表

序号	获奖项目	获奖等级	颁奖单位	获奖时间
15	海上固定平台入级与建造规范	二等奖	交通部	1987
16	船舶轴系纵向振动	二等奖	交通部	1987
17	海船稳性规范	三等奖	国家科学技术进步奖评审委员会	1988
18	钢质海船入级与建造规范(1983/1986) (含船舶轴系纵向震动)	三等奖	国家科学技术进步奖评审委员会	1988
19	海船稳性规范	三等奖	国家科学技术进步奖评审委员会	1988
20	内河小型船舶建造检验规程	三等奖	交通部	1990
21	船舶破舱稳性计算程序	二等奖	交通部	1990
22	黏性土中横向受载桩“P–Y 曲线统一法”	三等奖	交通部	1990
23	船舶检验管理信息系统	二等奖	交通部	1991
24	堡字轮轴系故障分析与对策	三等奖	交通部	1993
25	内河钢船建造规范	二等奖	交通部	1994
26	曲轴断裂力学分析研究	三等奖	国家教委	1995
27	油船静电防护	国家科学技术委员会科学技术成果奖	交通部	1995
28	大开口船舶结构弯扭组合分析程序系统	一等奖	湖北省政府	1997
29	用光电编码器测量柴油机扭转振动的实验研究	三等奖	交通部	1998
30	海船系泊及航行试验通则	科学技术进步奖三等奖	国家质量技术监督局	1999
31	海上高速船入级与建造规范	三等奖	交通部	1999

续上表

序号	获奖项目	获奖等级	颁奖单位	获奖时间
32	内河高速船密加筋板格结构强度研究	三等奖	湖北省政府	2001
33	2001 版《钢质海船入级与建造规范》	二等奖	中国航海学会	2002
34	IMO 载重线最小船首高度和储备浮力研究	一等奖	中国航海学会	2003
35	船舶结构分析与安全性研究	二等奖	中国航海学会	2004
36	3000 吨驳船装运军事重装备改造	二等奖	军队科技进步	2004
37	ZDCL—Ⅲ轴系振动测量分析仪	三等奖	中国航海学会	2004
38	钢制高速船极限强度研究	三等奖	中国航海学会	2005
39	航运企业风险管理体系的建立与实施	三等奖	中国航海学会	2005
40	京杭运河船型标准化示范工程系统研究	二等奖	中国航海学会	2005
41	钢质高速船极限强度研究	三等奖	中国航海学会	2005
42	动力定位系统检验指南	三等奖	中国航海学会	2006
43	武器装备海上运输主要船型装载标准	三等奖	中国人民解放军总后勤部	2006
44	浅海固定平台检验指南	二等奖	中国航海学会	2007

三、媒体对中国船级社的重要报道

媒体报道是中国船级社理念识别和行为识别具体化、视觉化的传达形式，负载着传达中国船级社文化、中国船级社理念、中国船级社使命等的任务，媒体报道所形成的中国船级社形象是中国船级社地位、规模、力量、尊严、理念等内涵的外在集中表现，构成了中国船级社的第一特征及基本气质，充分、直接反映了中国船级社的核心价值观。

中国船级社在塑造自身素质和良好的形象的同时，还积极向社会广泛传播自己的形象。中国船级社形象的形成过程实质上就是通过媒体向公众传递中国船级社信息的过程。媒体报道作为传递、分享及沟通信息的手段，是人们感知、认识中国船级社的重要途径。中国船级社通过媒体传播将相关信息传递给公众，又把公众的意见反馈到中国船级社，在中国船级社和公众之间达到沟通和交流，从而实现塑造中国船级社形象的目的。

作为传播中国船级社形象的重要途径之一，媒体报道扩大了中国船级社的知名度，提高了中国船级社的美誉度，在社会公众中形成对中国船级社良好印象和积极评价。

近年来，随着世界海事技术向东方转移的发展趋势，中国船级社的快速发展和高质量服务受到越来越多的海内外媒体的关注。

1. 1993年10月，中国船级社质量管理体系通过国际船级社协会（IACS）认证审核，获得IACS质量体系合格证书。1994年，《人民日报》发表《锦帆应是到天涯》一文，回顾了中国船级社在创建《质量手册》、迎接IACS审核过程中付出的点点滴滴，为那一纸来之不易的证书流下的辛勤的汗水。

2. 2002年，中国船级社的“最小船首高度和储备浮力”研究成果，被IMO纳入《1996年国际载重线公约》修正案中，8月30日的《中国船舶报》予以突出报道，称这是中国海事界一个“里程碑式的突破”。

中國船舶報

CHINA SHIP NEWS

本期八版

2002年8月30日 国内统一刊号CN11-0018

第34期 国内邮发代号1-196

总第608期 国外代号D247

中国船舶工业集团公司
中国船舶重工集团公司 主办
中国船舶工业行业协会

为国际海事技术制定标准

21世纪的竞争就是技术标准的竞争。一个国家的技术标准被国际业界采纳的越多，说明其竞争力越强。中国提出的3项标准被IMO采纳，对中国海事界来说，这是一个——

里程碑式的突破

3. 2006年，在中国船级社（CCS）李科浚总裁出任国际船级社协会主席前夕，世界著名海事媒体——挪威《贸易风》周刊结合中国船级社50周年庆典，对李总裁就CCS的发展进行了独家专访，并于2006年6月30日刊登了相关系列报道。文章中提到CCS努力促进中国船厂更加国际化的视野，提升它们的造船标准，同时也在帮助中国船厂解决人力需求。文章还借用李科浚总裁的一句话“我们正处在新的起飞点上”，表达人们对其继续取得更好业绩的高期望值。

CHINA CLASSIFICATION SOCIETY

Catching up with the big boys

Upmarket step downtown

Reaping the rewards away from a life at sea

CCS nurtures 'saplings' for the country's future

Partnering the shipyards as they enter into a brave 'Western' world

4. 2006年7月1日，在美国召开的国际船级社协会（IACS）第53次理事会上，中国船级社总裁李科浚正式当选国际船级社协会理事会主席。7月6日，李科浚总裁以IACS主席身份接受了世界著名海事媒体——英国《劳氏日报》资深记者Michael Grey的独家专访，创造性地提出了“海事技术银行”这一概念，将船级社比喻为“海事技术银行”，凭借着几代技术资本的积累，为客户，包括船东、船厂、规则制定机构、船旗国和保险商提供多品种的“金融”服务。这一全新的理念在国际海事界产生了巨大的反响，深刻诠释了海事界长久以来“讲不清，理还乱”的船级社作用、角色问题以及船级社的“四性”，即权威性、公正性、国际性和公益性。Michael Grey撰写的专访《欢迎“海事技术银行”新理念的到来》刊登在2006年7月10日的《劳氏日报》上，在全球海事界掀起了一阵波澜。

5. 2007年6月28日，英国《劳氏日报》刊登《构筑沟通的桥梁》一文，对中国船级社总裁李科浚担任的IACS主席做了高度评价。文章指出，李科浚在他担任IACS主席的一年里，为IACS成员和政府和非政府组织之间的交流，为IACS成员和工业界之间的交流做出了巨大贡献。而这样的交流对船级社的工作而言是必须的。李科浚的人际沟通技巧和激情带给IACS内部更多的对话，也增进了IACS同外界的对话，让更多的人参与对话的做法使外界更了解船级社，也减少了船级社的神秘色彩。

6. 2007年7月5日，《中国交通报》发表中国船级社专题文章《CCS：推进船舶技术标准促进水上安全环保》，介绍了CCS的成果。文章指出，近年来，CCS大力开展理念、科技、服务、机制体制和管理创新，在诸多技术领域实现质的突破，特别是为促进国内水上安全、努力体现“资源节约、环境友好”、为中国水运发展营造更好的国际环境、参与国际标准竞争，维护我国航运造船权益发挥了积极作用，为建设国际一流船级社做出努力，为我国航运、造船和相关行业的发展提供了技术支持保障。

四、中国船级社大事记

1951年

4月，交通部决定成立船舶登记局。

1952年

9月，经时任中国政务院财经委员会主任陈云同志批准，成立中华人民共和国船舶登记局。

1956年

根据政务院财经委员会主任陈云同志批示，经过5年筹备，交通部于8月1日在北京正式成立“中华人民共和国船舶登记局”(Register of Shipping of the People's Republic of China)（简称船舶登记局），并以“ZC”为标志开展船舶检验业务。

颁布第一套国际航行船舶法定证书，首次外派验船师以船东监造组方式到（原）东德执行船舶检验。

1957年

6月，交通部明确船舶登记局对外起船级社作用，办理船舶入级和公证检验业务。

1958年

1月，船舶登记局由行政职能局改为职能事业局。

6月，船舶登记局改名“中华人民共和国船舶检验局”（简称船舶检验局）。

8月，首次完成江南造船厂建造的内河客船（“江蓉”号）和大连造船厂建造的沿海货船（“和平25”号）的建造检验与发证。

10月，交通部在上海召开第一次全国验船工作会议，强调ZC是国家对船舶的技术立法和技术监督机关，对外起船级社作用。

（原）苏联船舶登记局驻大连、上海办事处结束为期三年对我国船舶检验技术人员的三期培训，诞生了新中国第一批验船师65人。

11月，颁布第一套“海船规范”，涵盖了海船入级、船体建造以及有关材料、焊接、消防、救生等15种规范，其中“海船入级章程”确定★ZC1为最高船级符号。

1959年

1月，设立上海、广州、大连、天津、青岛船舶检验的办事处从事船舶检验。

2月，颁布第一版《船舶检验规则》和《长江区船舶检验规则》。

5月，开始代表中国政府签发国际航行船舶安全证书。

6月，ZC颁布第一版《船舶证书及技术文件规定》，统一船舶检验证件。

1960年

3月，开始对船用产品进行检验。

4月，完成对越南籍船舶“和平”号的代理检验，开始了对外国籍船舶的代理检验业务。

5月，设立长江区办事处，开展船舶检验工作。

12月，完成远洋客船“光华”号的初次入级检验，签发我国的国际航行船舶安全证书，开始了船舶初次入级检验业务。

1961年

完成11艘改装的国际航行货船和客货船的初次入级检验发证，形成自己的入级船队。

中国与缅甸、柬埔寨、锡兰、阿联、阿尔巴尼亚、印度等六国相互承认对方签发的船舶证书。

1962年

4月，颁布第一版《长江钢船建造规范》。

5月，与（原）苏联船舶登记局签订《相互代理船舶技术检验协议》，其后相继与波兰、朝鲜、罗马尼亚、南斯拉夫、（原)东德等国家的验船机构签订船舶技术检验合作协议。

7月，接管（原）苏联船舶登记局驻大连和上海的检验处。

1963年

10月，国务院颁布《中华人民共和国船舶检验局章程》，确立船舶检验局对我国船舶执行法定检验发证，办理船舶入级业务的法律地位。

1964年

4月，颁布第一版《关于船用产品监督检验范围暂行规定》。

1965年

8月，依据交通部《船舶检验局技术委员会组织规则》成立技术委员会。

12月，独自完成万吨级远洋货船“东风”号的建造入级检验发证，开始了船舶的建造入级检验业务。

1967年

1965年5月，船舶检验局在上海组成修改船舶规范工作组，由船舶设计、建造、船检三结合组成。工作组把有80多万字的4本规范《海船电力设备规范》、《钢质海船建造规范》、《船舶材料规范》、《船舶焊接规范》合并压缩成一本30万字左右的《钢质海船建造规范》。船舶检验局于1967手刻腊纸油印出版。

1968年

2月，为阿尔巴尼亚培训验船师，帮助其组建船舶检验机构。

1973年

上世纪七十年代是航运和造船工业迅速发展的时期，为适应发展，由交通部和六机部联合行文，组成钢质海船建造规范编写的工作组，由航运、造船、科研、设计、院校、船检等27个单位的100多人参加。这是首次凝聚了中国人自己科研试验成果的规范。船舶检验局于1973年颁布。

3月1日，中国政府批准接受《政府间海事协商组织公约》及其修正案，宣布参加政府间海事协商组织（IMCO），即后来的国际海事组织（IMO）。

7月，完成我国的一座自升式钻井平台“滨海”号的检验和发证。

10月，船舶检验局作为中国政府

代表团副代表出席政府间海事协商组织（IMCO）第八届大会，开始参与有关大会及其专业技术分委会会议。

11月13日，中国政府批准接受《1960年国际海上人命安全公约》和《1966年国际船舶载重线公约》，指定船舶检验局代表政府签发国际公约证书。

12月，颁布第一部《长江水系小型船舶建造规范》。

1974年

3月，举办首届船检技术培训班和船检英语培训班，百余人参加了有关培训。

11月，与法国船级社（BV）签订《船舶技术检验合作协议》，开始了与西方船级社的技术合作，随后相继与挪威、德国、英国、美国、日本、意大利、韩国、印度等国家的船级社签订合作协议。

1975年

3月，中国外交部部长致函联合国政府间海事协商组织秘书长，批准和接受政府间海事协商组织公约及其修正案、1974年国际海上人命安全公约、1960年国际海上避碰规则。

8月，为外轮完成第一个救生筏检修。

1976年

6月，交通部第一个计算机站，在广州办事处装配。

9月，船检局首次派李科浚作为国家公派留学生到加拿大麦吉尔大学学习2年的《海商法》。

1977年

9月，将《海船入级章程》修订为首版中英文对照的《海船入级规则》，入级最高船级符号改为★ZC，增加航区、用途、冰区加强以及抗沉性和稳性的船级附加标志。

10月，中国政府决定向联合国政府间海事协商组织提供中国的入级海船的吨位数字。

1978年

1月，在香港设立“远东船舶检验社有限公司”，开展船舶检验与发证。

12月，颁布了第一版英文版《钢质海船建造规范》。

颁布第一部《长江水系钢船建造规范》。

入级船队总量超过500万总吨，达到510艘、600万总吨。

首次派2名验船师去英国劳氏船级社（LR）伦敦总部学习用电子计算机管理船舶检验业务，派3人去LR在日本横滨培训中心学习验船业务。

1979年

8月，首次接受挪威发展援助署（NORAD）的援助项目，派4名验船师参加该署在挪威船级社（DNV）举办的“国际船舶检验”培训班学习。

12月，颁布第一部《集装箱检验

规范》。

1980年

7月，颁布《移动式近海钻井平台法定检验和入级检验暂行办法》和《海上移动式近海钻井船构造和设备规则》。

8月，中国外交部长致函联合国政府间海事协商组织秘书长，中国政府决定批准和加入1972年国际集装箱安全公约，并明确由中华人民共和国船舶检验局承担对船运集装箱的批准、检验和发证业务。

9月，船舶检验开始引入轮机循环检验办法。

1981年

8月，出版首版《船用产品录》。

1982年

1月1日，船舶检验局由职能事业局改为全能事业单位，其下属办事处定为分局或船检处，进行垂直领导管理。从此在“加强基础，健全体系，适应发展，面向全国，走向世界”方针指导下，开始自成体系建设和发展。

6月，颁布《船舶和船用产品监督检验条例》。

12月，颁布首版《海上移动式钻井船入级与建造规范》。

1983年

1月，依据国际海事公约全面修订、颁布第一部与国际接轨的《钢质海船入级与建造规范》，将船级符号分为船体、轮机和冷藏三个部分，最高船级符号改为★ZCA（船体）、★ZCM（轮机）和★ZCR（冷藏）。

6月，出版首版《船舶录》。

8月，在上海设立海船规范科学研究所，完成COMPASS（COMPUTER PLAN APPRAISAL SYSTEM FOR SHIP）软件的开发，并投入使用。

9月，颁布《海上平台安全规则》。

1984年

1月，颁布首版《海上固定平台入级与建造规范》。

7月，颁布《中国船舶无损检测人员资格认可条例》。

1985年

3月，在上海设立海船检验人员培训中心，在武汉设立河船检验人员培训中心。

5月，在武汉设立河船规范科学研究所。

8月，以中国船级社名义在日本、（原）西德、埃及设置常驻机构，开始了国外服务网点建设。

1986年

1月1日，交通部颁布《中国船级社章程》，认定中国船级社是船舶检验局内负责入级检验的机构，从事船舶和海上设施的入级检验和有关的公证检验，与船舶检验局一个机构两块牌子。

3月，中国船级社被列入《苏伊士运河航行规则》，埃及苏伊士运河管理局开始承认中国船级社签发的苏伊士运河专用吨位证书。

6月，国家海关总署认定，中国船级社签发的集装箱检验合格证书作为国际集装箱运输海关加封货物办理海关手续的必要文件。

8月，正式启用中国船级社印章。

入级船队总量超过1000万总吨，达到1062艘、1046万总吨。

1987年

7月，首届中国船级社董事会成立。

8月，启用首套完整的中国船级社的中英文证书报告格式。

1988年

5月，中国船级社被国际船级社协会（IACS）接纳为该协会的正式会员，成为该协会理事会理事。

9月，首届培训委员会成立。

1989年

以中国船级社的名义，颁布第一本《钢质海船入级与建造规范》（1989版）。

6月，中国船级社海船规范科研所建立“耐火材料及结构试验室”（又称远东防火试验中心）。

12月，启用船舶检验管理系统（SSMIS），入级船舶开始由总部统一控制。

1990年

7月，中国船级社与利比里亚共和国政府海事主管机关签订船舶法定检验全面授权协议，开始接受外国政府授权代行有关船舶法定检验。

1991年

9月，中国船级社首次派专家出席第十一届国际船舶结构力学会（ISSC），同时被接纳为该会设计准则专业委员会和防火防爆结构设计专业委员会的成员。

12月，颁布实施第一部覆盖全国主要内河的《内河钢船建造规范》。

1992年

7月，提出“团结、奉献、公正、高效”的船检精神。

10月，颁布首版《海船法定检验技术规则》，对统一海船法定检验工作起到良好作用。

1993年

1月，创办“中国船级社质量认证公司（CSQA）”，开始按国际标准（ISO）进行质量管理体系认证。

2月，国务院颁布《中华人民共和国船舶和海上设施检验条例》，进一步明确中华人民共和国船舶检验局和中国船级社的法律地位、职能和工作范围等。

2月，设立中国船级社船级委员会。

3月，进行CI设计，设计了中国船级社社徽、标识，组织编写了船检之歌，中国船级社英文简称由“ZC”改为“CCS”，全面更新CCS证书报告格式。

4月，设立中国船级社香港分社。

6月，投资组建中国船级社实业公司（CCSI），开展陆上工业服务。

6月，开始实现中国船级社电子邮件数据传输。

10月，CCS质量管理体系通过国际船级社协会（IACS）认证审核，获得IACS质量体系合格证书。

1994年

6月，CCS最高船级符号被纳入英国伦敦保险商协会（ILU）船级条款，CCS级船舶开始享受与世界著名船级社同等的保险费率优惠待遇。

7月，修定最高船级符号为★CSA5/5，轮机入级符号为★CSM，冷藏装置入级符号为★CSR。

10月，中国船级社设立CCS香港地区委员会，其后相继设立华南地区委员会、上海地区委员会、长江地区委员会和环渤海地区委员会。

CCS被美国海岸警卫队（USCG）认定为首批认可的船级社。

海南省船舶检验纳入中国船级社直接领导管理。

6月29日，召开第一次船检科技工作会议。

1995年

1月，公布首版《船舶安全管理体系认证规范》，开展ISM安全管理体系认证。

3月，交通部授权CCS执行《国际安全管理规则》（ISM Code）要求的船舶安全管理体系发证。

11月，设立中国船级社汉堡分社。

CCS发起组织亚洲船级社会议（ACS），增强亚洲地区船级社间的交流与合作。

1996年

7月，CCS依据国际船级社协会（IACS）第33次理事会决议，首次轮任该协会主席，任期一年。

10月，在北京主持召开IACS GPG41次会议。

11月，CCS被欧盟（EU）认定为首批认可的船级社。

1997年

3月，在北京主持召开IACSGPG42次会议。

10月，CCS开发成功具有自主知识产权的“海虹之彩”（散货船）船舶结构分析与安全解决方案软件系统（CCSS）。

入级船队总量超过1500万总吨，达到1907艘、1524万总吨。

1998年

6月，在国务院机构改革中，将中华人民共和国船舶检验局与中国船级社实行“局社、政事分开”，同时与中华人民共和国港务监督局（交通部港监局）合组中华人民共和国海事局（交通部海事局），中国船级社承担船舶与海上设施的具体检验业务。

6月，CCS网站正式开通。

9月，首次接受欧盟的评估审核。

CCS在广州设立远东滑油监测中心。

CCS在北京召开“造船与航运扩大内需研讨会”，倡导“国轮国造、国货国运、国轮国旗”。

1999年

1月，按国际航行、非国际航行、内河、起重设备、海上拖航和集装箱等6个领域，以法定证书为基础，包括证书及其签署、技术要求等，编制中国船舶法定要求体系，以中华人民共和国船舶检验局的名义，颁布《船舶与海上设施法定检验规则》。

6月，交通部认定中国船级社实业公司（CCSI）为交通基本建设工程监理机构，获得水运工程甲级监理资质。

7月，在交通系统政事分开机构改革中，交通部将过去授权的政府行政职能收回到海事局，认定中国船级社（CCS）是交通部直属一级事业单位，由政府授权执行船舶法定检验，原直属机构全部为CCS分支机构，撤消一个机构两块牌子。

10月，中国船级社质量认证公司（CSQA）获得ISO14000环境管理体系认证资质，开始从事ISO14000环境管理体系认证。

11月，渤海湾“大舜”号客滚船发生重大火灾沉船事故，其后交通部决定将跨省航运的客滚船全部交由CCS检验发证。

CCS承接厦门海沧大桥无损检测，开始进行桥梁工程检测服务。

开始启用计算机发证系统（CARCV）和移动平台管理系统（MOUMS）。

开始组织实施有关超大型油船（VLCC）、大型集装箱船（Container）、大型散货船（Bulkcarier）、海上平台和LPG、LNG（Plateform）的VCBP项目大型船舶检验技术研究。

2000年

3月，在广泛调研基础上，与国务院发展研究中心共同开展有关CCS发展战略及政策体制环境的研究，完成《中国船级社改革政策体制环境研究》课题。

4月，召开特别工作会议，开始对低标准船舶进行全面整顿。

6月，在北京设立CCS信息开发咨询中心。

9月，对FL600风力发电齿轮箱进行产品型式认可，开始了CCS在风电领域的技术服务。

12月，成立CCS北京技术研究所。

2001年

2月，确定以“检验、认可、审核、认证、监理”等风险管理为业务核心，以“入级船舶检验、国内船舶检验、工业服务为业务主线”，“技术和信息两个支持保障系统”的管理运作模式，确立“技术立社，诚信为本”的发展理念。

3月，CCS上海规范研究所和CCS武汉规范研究所独立运作，直属中国船级社领导。

6月，在北京成立“数码易知科技发展公司”，从事软件技术开发。

9月，基于VCBP研究成果编制、颁布第一部具有超大型船舶高新技术含量的《钢质海船入级与建造规范》。

9月，CCS欧洲区域中心成立。

12月，CCS开始对下属公司进行整合，形成由总部统一领导管理的工业服务体制。

中国船级社实业公司（CCSI）中标承接润扬长江公路悬索桥上部结构施工监理，开始了桥梁工程监理服务。

2002年

1月，召开第二次船检科技工作会议，确立“两个面向（市场、现场）和三个导向（政策、安全、市场）”的科技工作方针。

1月，在天津设立CCS海洋工程审图中心。

6月，成立“上海双希保险公估公司”，从事海事技术服务。

6月，在希腊雅典成立CCS海外第一个地区委员会“地中海地区委员会”。

7月，CCS上海规范所有关“最小船首高度公式”等研究成果，被“IMO稳性、载重线和渔船分委会”第45次会议采用，纳入《1966年国际载重线公约》修正案。

7月，CCS美洲区域中心成立。

8月，在北京召开船厂、船东、船级社共同参与的“优选型散货船项目”启动会。

9月，在北京召开了亚洲国际船级社协会（IACS)成员（CCS、KR、NK）会议，确定了散货船和油船规范的技术合作。

12月，完成第一艘CCS级30万吨VLCC超大型油船“远大湖”号的建造入级检验。

12月，参与国家发改委组织的“中国船舶工业中长期发展战略研究”，完成分课题“中国船舶工业支持保障系统研究”和“购船融资与租赁问题研究”。

2003年

1月，中国政府颁布实施《中华人民共和国船舶安全营运和防污染管理规则》（NSM），要求国内航行船舶及其船公司按NSM规则建立安全管理体系，授权CCS执行NSM安全管理体系认证。

2月19日，完成第一艘CCS级5668 TEU大型集装箱船“新浦东”号的建造入级检验。

3月，中国船级社质量认证公司（CSQA）通过英国皇家认可委员会（UKAS）认证审核。

6月，完成由入级船舶事业部、国内船舶检验中心、工业事业部，以及技术研究开发中心和信息开发服务中心构成的“三主两支持”创新建制，开始推动“陆上船级社”发展。

6月，与英国保赔协会（UKP&I）合资成立“北京中英衡达海事顾问有限公司（CMS）”。

9月，与美国船级社（ABS）合资成立“北京中美隆英风险管理咨询有限公司”。

10月，根据“国际船舶和港口设施保安规则”（ISPS）进行船舶和港口设施保安认证，签发了第一批“国际船舶保安证书”。

10月，完成第一艘CCS级17.5万吨大型绿色环保好望角型散货船“新旺海”号的建造入级检验。

10月，CCS东南亚区域中心成立。

开始VCBP项目二期研究计划实施。

在2002年上海分社试点基础上，全面推开并完成了“四项机制”改革。

2004年

3月，国家海关总署对用作装载海关监管货物的集装箱和集装箱式货车车厢颁布监管办法，规定其境内制造厂需持有CCS颁发的《工厂认可证书》，同时授权CCS统一办理我国集装箱通关牌照。

9月，初步完成历时两年的CCS“用人、分配、激励、约束”四项机制改革。

11月，中国船级社实业公司（CCSI）接受中国设备监理协会（CAPEC）设备监理资质评审，被认定为设备监理甲级资格单位，在港口、船舶、电力、铁道及城市轨道和石油石化五个工程领域内获得设备监理资格。

12月，修定最高入级符号为★CSA、轮机入级符号为★CSM、冷藏装置入级符号为★CSR。

2005年

4月8日，CCS入级船队总量突破2000万总吨，达到1827艘、2157万总吨。

4月，中国船级社专网投入使用，实现视频、语音、数据三网合一。

4月，CCS加入国际独立油轮船东协会（INTERTANKO）。

6月，CCS参与倡导的IACS《散货船和油船共同规范》，在法国巴黎举行的IACS成员首席执行官CEO会议上达成一致推进的协议。

6月，CCS在IACS第51次理事会上被选为2005年至2006年IACS理事会第一副主席，以及2006年7月1日至2007年6月30日的IACS轮值主席。

7月，在北京举办IACS共同规范中国研讨会。

7月，CCS对首批取得CCS入级认可的国内航行船舶签发入级证书，开始对国内航行船舶实施分级管理。

11月，与意大利船级社（RINA）合资成立“意中海事咨询有限公司”。

12月，与劳氏船级社（LR）合资成立“北京英华京伦海事咨询有限公司”。

参与中国首制14.7万立方米超大型LNG船“大鹏昊”号的检验和研究。

2006年

2月，确定了“技术立社，诚信为本，与众不同，国际一流”的建社方针。

4月18日，《中国船检》杂志社成立。

4月，颁布新版《钢质海船入级规范》，纳入首版IACS共同规范。

5月，“中国船级社上海科研试验中心”竣工投入使用。

5月12日，适应业务、科研、信息发展需要，迁入新建的综合办公大楼（北京东直门南大街9号）。

5月23日，全国人大常委会委员长吴邦国在希腊出席希腊政府授权中国船级社执行船舶法定检验的签字仪式。

6月7日，“中国海员工会中国船级社委员会”成立。

7月1日，在美国召开的国际船级社协会（IACS）第53次理事会上，李科浚总裁正式当选国际船级社协会理事会主席。

7月6日，李科浚总裁以IACS主席身份接受了世界著名海事媒体——英国劳氏日报资深记者MichaelGrey的独家专访，创造性地提出了“海事技术银行”这一概念，深刻诠释了海事界长久以来“讲不清，理还乱”的船级社的作用、角色问题以及船级社的“四性”，即：权威性、公正性、国际性和公益性。

7月7日，中国船舶工业集团公司下属沪东中华造船（集团）有限公司举行了阿尔及利亚海军训练“ATAKOR”(T50A)交船签字仪式。中国船级社完成了首次对军船“ATAKOR”(T50A)的建造检验。

7月27日，中国船级社（CCS）与中国长江航运集团（CSC）在北京签署了全面战略合作协议。双方将通过加强相关领域的合作，共同促进黄金水道的开发。

7月27日，中国船级社实业公司获中国合格评定国家认可委员会颁发的“实验室认可证书”。

7月28日，中国船级社（CCS）成立50周年系列庆祝活动在北京CCS总部举行。交通部李盛霖部长、徐祖远副部长及来自国防科工委、公安部、中国认监委、中国保监会等部委的领导，中国造船、航运、海上开发、港航装备工业、保险等业界的领导，国际航运公会（ICS）、波罗的海国际航运理事会（BIMCO）、国际干散货船东协会（INTERCARGO）、国际独立油轮船东协会（INTERTANKO）四大秘书长等国际海事界知名组织的领导人，中国港澳台海事界的同仁等嘉宾参加了本次庆祝活动。

8月11日，栾川焊工培训班如期开学，CCS为栾川县培训第一批10名农民焊工。交通部领导称此举为转移农村劳动力开创了新途径。

中国船级社实业公司（CCSI）获得中国国家认证认可监督管理委员会颁发的“计量认证证书"。

9月13～16日，CCS李科浚总裁以主席国身份主持了在韩国首尔召开的国际船东组织、船厂组织、IACS三方会议。

9月26日，按照CCS入级规范审图与建造的我国第一艘新型大型客滚船“渤海金珠”轮首航。“渤海金珠”轮首航并投入营运，标志着渤海湾客滚运输从主要依赖进口二手船的时代，顺利跨入到了依靠自主设计建造新型大型客滚船的时代，开辟了我国渤海湾“海上高速路”建设的新纪元。

10月9日，由CCS广州分社审图中心审图的“神州第一挖”的13500立方米自航耙吸式挖泥船“新海虎”号出坞下水。

10月18日，中国船级社地中海地区委员会2006年年会在北京CCS总部举行。交通部李盛霖部长会见了出席年会的全体成员。

10月24日至26日，在北京CCS总部召开国际船级社协会（IACS）综合政策委员会（GPG）第61次会议。

11月6日至7日，中国船级社（CCS）在桂林组织召开第14次亚洲船级社会议暨第5次亚洲船级社扩大会

11月15日，李科浚总裁在伦敦主持召开国际船级社协会战略委员会会议。

11月18日,全球第一艘入CCS级采用CSR（JBP）规范的54500DWT散货船开工建造。

11月23，我国第一艘按照国家军船标准建造的CCS级警用舰——中国人民武装警察边防部队718型公边巡逻舰下水。

11月24日，中国合格评定国家认可委员会（CNAS）执行委员会一次会议在中国船级社总部召开，李科浚总裁以副主任委员身份出席会议。

2007年

1月9日，中国船级社获国家认证认可监督管理委员会颁发的《产品认证机构批准书》，社及下属18家分支机构可以正式开展可再生能源、交通运输、基础设施等领域共计25大类的包

括动力设备及其零部件、橡胶、塑料、钢铁、纺织、油漆、沥青、玻璃、码头装卸、起重、挖掘等产品的认证工作。

1月21日，中国船级社组建工业产品检验认可中心、集装箱检验中心、研发中心、海工事业部，重组CCS全国统一管理的审图中心并开展工作。

1月22日，中国船级社和挪威船级社在挪威奥斯陆签署了双方合资建立技术研究所的协议，建立中国首家涂层新标准研究所。

2月9日，中国船级社在北京船检大厦召开了2007 年工作会。李科浚总裁做工作报告，首次提出了“走以科研技术为先导的道路，服务于国家相关行业的发展大局，建设创新型国际一流船级社”，并将“技术立社、诚信为本、与众不同、国际一流”作为新的发展战略，明确了CCS在相关业界的定位。

3月10日，交通部党组成员及全国交通系统“两会”代表、委员莅临船检大厦共商交通行业发展大计。

3月15日，中国海洋石油总公司和中国船级社在北京签署了“深水半潜式钻井平台检验合同”。中国船级社承担我国首座“深水半潜式钻井平台”检验项目。3000深水钻井船（DDU）是国家“863计划”的重点项目。

3月20日至22日，国际船级社协会（IACS）综合政策委员会（GPG）第62次会议在北京CCS总部召开。

3月20日，福建海事局船舶检验业务移交中国船级社。中国船级社理事长兼总裁李科浚、交通部海事局常务副局长刘功臣代表双方在协议书上签字。

3月27日，中国船级社顺利通过船旗国政府塞浦路斯审核。

4月4日，中国船级社大连分社与国家开发银行大连分行在大连签订了开发性金融合作协议。

5月15日，召开IACS EG/LAW法律专家小组会议，此次是IACS EG/LAW小组会议首次在亚洲召开。

5月25日，接到了建社以来数量最大入级合同，即河北远洋、中船重工建造的16艘18万吨好望角型散货船，总计288万载重吨，全部入CCS级。均按共同规范（CSR）建造，且为单一船级。

5月29日，中国船级社地中海技术委员会在希腊雅典正式成立并召开首次会议。

6月21日，为期3天的国际船级社协会第55届理事会（IACS C55）在中国船级社（CCS）总部圆满结束。中国船级社圆满完成IACS主席工作并受各方赞誉。

7月6日，“中国船级社产品认证首张证书颁发仪式”在总部船检大厦隆重举行，CCS向中国北车集团永济电机厂颁发了首张符合国家认证认可制度的产品认证证书。

8月6日，李盛霖部长参加CCS领导班子民主生活会。

8月9日，与长航集团签署了4艘9.25万吨散货海轮建造合同和武钢集团长期包运合同。此次合同项目涉及的4艘92500吨散货船均入CCS级。

9月3日，与中海油田服务股份有限公司（COSL）就技术交流、规范标准研发、入级检验发证、认证服务、装备和管理评估、人员交流等11个项目签订战略合作协议。

8月31日，与中国船舶重工集团公司第725研究所就涂层系统研发和试验能力建设、新型材料、压载水处理技术和设备研究、材料验证试验与产品认证等方面签订战略合作协议。

9月，签署卡塔尔授权中国船级社法定检验协议。

10月15日至18日，由IACS质量秘书带队的IACS审核组完成对CCS的质量审核。

10月29日，由中国船级社（CCS）和挪威船级社（DNV）共同出资成立的研究所——上海中挪海事技术有限公司在上海开业。

五、基本名词术语解释

1. 船舶：系指用于交通、运输、捕捞水生物、开发海底矿藏、港湾服务、运动游览、科学调查与测量、工程作业、救助、国防军事等水上、水面及水下各种运载工具的统称。

2. 船舶检验：系指船舶检验机构对船舶进行审图和检验，并签发相应证书或证明的过程。这是广义的“检验”，或简称“船检”。

3. 船检机构：系指经船旗国政府授权或法律授权，对悬挂其国旗的船舶实施检验的机构或组织。船级社是“船检机构”之一。

4. 船级社：是对船舶与海上设施进行入级服务、法定服务和其他服务的非政府机构和国际性组织。用“银行”的概念，船级社可称为世界“海事技术银行”。

5. 船旗国：系指船尾所悬挂的国旗所代表的国家，即对船舶进行注册登记并授予船舶国籍的国家。

6. 审图：系指船检机构为指定船舶的入级或/和法定要求目的，对船舶及其相关产品的设计图纸，用审查、计算评估或其他方法，把所得结果与规范或法定要求进行比较、批准的过程。也称图纸设计评审。

7. 检验（Survey）：系指船检机构为指定船舶的入级或/和法定要求目的，对船舶及其相关产品，用度量、检查、试验、测量或其他方法，把所得结果与批准的图纸进行比较的过程。这是狭义的“检验”。

8. 检验种类：入级检验、法定检

验、其他检验。入级和法定检验又包括产品检验、建造中检验、建造后检验（年度检验、中间检验、换证检验、船底外部检验，锅炉检验，螺旋桨轴检验、临时检验等）。

9. 入级：是船级社按其颁布的规范，对客户的产品质量、安全和环保技术进行控制的体系。这是对服务对象的整个生命周期而言的。

10. 入级服务：系指船级社按其颁布的规范，为客户提供的技术服务。过去习惯称“入级检验”，其实两者是有区别的。

11. 入级检验：系指入级的产品检验、建造检验、建造后检验。入级检验是对客户的产品——服务对象而言。

12. 法定要求：系指船旗国政府为保证其登记船舶的人命财产安全、防止环境污染，制定相应的安全技术规定的统称。

13. 法定服务：系指船级社或船检机构按船旗国政府的法定要求，为客户进行的技术服务。过去习惯称“法定检验”，其实两者是有区别的。

14. 法定检验：是法定的产品检验、建造检验、建造后检验。法定检验也是对客户的产品——服务对象而言。

15. 规范（Rules）或规范体系：系指经业界认可的并由船级社颁布的入级规范（Rules for Classification）、专门规范、指南、软件的统称。

16. 法定要求或法规：系指船旗国政府为保证其登记船舶的人命财产安全、防止环境污染，制定相应的安全技术规定，统称为船舶的“法定要求”或“法规”。

17. 标准：广义的标准系指“行业标准”——设计、制造与试验的具体标准。行业标准可分为：

公认标准：如IMO、IEC、ISO等颁布的标准；

接受标准：如国家标准、专业标准、其他船级社规范；

认可标准：客户提供的经船级社认可的标准。

后记

中国船级社作为我国四支船舶检验机构（地方船检、渔船检验、海事局船检机构、中国船级社）中的一支重要力量，在其50多年的发展历程中，积累了丰富的文化底蕴，为我国船检文化的发展做出了应有的贡献。在部党组的充分信任下，中国船级社有幸承担了《21世纪交通文化建设研究与实践》丛书之《船检文化》一书的编纂工作，这对我们既是鼓励，也是鞭策。

中国船级社对《船检文化》一书的编纂工作给予了高度重视，成立了船检文化建设研究领导小组、指导委员会及项目组，李科浚总裁、孙立成书记亲自担任领导小组组长和指导委员会主任。李科浚总裁还亲自兼任船检文化建设研究项目组组长，直接领导项目组的日常工作，并多次组织召开总裁办公会和船检文化建设研究专题会，研究部署船检文化建设研究工作，解决船检文化建设研究中出现的问题。

为保证课题的顺利开展，开辟了专门的办公场所，从系统内抽调了人员，落实了研究经费、建立了相关的工作制度。

在船检文化建设研究工作中，我们遵循了“放眼世界船检、立足中国船检、突出中国船级社”的研究方针，以“安全、环保”为核心，在对船检文化的基本理论进行阐述的基础上，就世界船检文化、中国船检文化，特别是中国船级社文化的实践、规律、经验进行了系统的梳理与总结，并据此提出了建设中国特色船检文化的基本思路、对策，以期对全国船检系统的文化建设工作提供些许借鉴。由于条件所限，就我们的研究主体而言，国内仅以中华人民共和国船舶检验局以及中国船级社的历史演变为主体，国际上仅以国际船级社协会的形成与发展为背景。就研究的时间跨度而言，国际上仅上溯至第一家船级社诞生之日，而国内，仅以中华人民共和国船舶检验局成立之日为研究的源头。因此，对地方船检、渔船检验及台湾、香港、澳门地区的船检文化研究，对世界各国船检文化的研究，对中国古代、近代船检文化的研究，仍然有待于日后的进一步挖掘与开拓。

为了保证研究质量，中国船级社特别邀请中国社会科学院马克思主义研究院成立了联合课题组，共同参与项目的研究工作。同时还分别邀请了系统内外的老领导、老专家担任顾问，直接参与到课题的研究工作中，专家顾问们一丝不苟、

精益求精的工作态度使我们受益匪浅。

在船检文化建设研究及全书的编纂过程中，交通部体法司及交通文化建设研究总课题组的领导同志也给予了极大的关心和积极的指导。中国社会科学院李慎明副院长、马克思主义研究院程恩富院长也多次就课题的研究工作给予了指导和帮助。同时，我们也参考了众多的文献资料，这些文献资料为船检文化建设研究工作的顺利开展打下了坚实的基础。在此，对为我们研究工作开展提供指导和帮助的各位领导、专家、学者一并表示最诚挚的感谢！

在《船检文化》中参照和引用的许多文献、图片、数据等资料，在此不一一列出，请有关作者谅解，并在此表示感谢。本书出版后，欢迎原作者与我们联系，我们将会表达我们诚挚的谢意！

船检文化内容博大精深，船检文化建设任重道远。我们的工作只是初步的探索与尝试，不当之处，在所难免，欢迎广大读者批评指正。

《船检文化》课题组

二〇〇八年十月